Corinna Koch & Claudia Schlaak & Sylvia Thiele
(edd.)

ZWISCHEN KREATIVITÄT UND LITERARISCHER TRADITION

Zum Potential von literarischen Texten in einem kompetenzorientierten Spanischunterricht

Bibliografische Information der Deutschen Nationalbibliothek
Die Deutsche Nationalbibliothek verzeichnet diese Publikation in der Deutschen Nationalbibliografie; detaillierte bibliografische Daten sind im Internet über http://dnb.d-nb.de abrufbar.

Bibliographic information published by the Deutsche Nationalbibliothek
Die Deutsche Nationalbibliothek lists this publication in the Deutsche Nationalbibliografie; detailed bibliographic data are available in the Internet at http://dnb.d-nb.de.

ISBN-13: 978-3-8382-1283-8
© *ibidem*-Verlag, Stuttgart 2020
Alle Rechte vorbehalten

Das Werk einschließlich aller seiner Teile ist urheberrechtlich geschützt. Jede Verwertung außerhalb der engen Grenzen des Urheberrechtsgesetzes ist ohne Zustimmung des Verlages unzulässig und strafbar. Dies gilt insbesondere für Vervielfältigungen, Übersetzungen, Mikroverfilmungen und elektronische Speicherformen sowie die Einspeicherung und Verarbeitung in elektronischen Systemen.

All rights reserved. No part of this publication may be reproduced, stored in or introduced into a retrieval system, or transmitted, in any form, or by any means (electronical, mechanical, photocopying, recording or otherwise) without the prior written permission of the publisher. Any person who does any unauthorized act in relation to this publication may be liable to criminal prosecution and civil claims for damages.

Printed in the EU

Inhaltsverzeichnis

CORINNA KOCH (MÜNSTER) & CLAUDIA SCHLAAK (KASSEL)
& SYLVIA THIELE (MAINZ)
Vorwort 05

Das didaktische Potential spezifischer literarischer Textsorten 11
SONIA SÁNCHEZ MARTÍNEZ (Madrid)
Potencial didáctico del teatro breve contemporáneo en el aula de
español. Unidades fraseológicas, fórmulas rutinarias y textuales 13
AGUSTÍN CORTI (Salzburg)
La mente en acción en el cómic. Narración y cognición
a través del ejemplo de *Nieve en los bolsillos* (Kim) 39
ELENA SCHÄFER (Frankenthal)
¡Tu decides! Spielbücher als interaktive Brücke
zu literarischer Kompetenz 61

Die Förderung interkultureller Kompetenz durch Literatur 79
JULIA PEITZ (Mainz) & CLAUDIA SCHLAAK (Kassel)
Zwischen Anspruch und Umsetzung bei der Unterrichtsplanung:
Förderung interkultureller Kompetenz mit dem Einsatz von
Literatur im Spanischunterricht 81
C. R. RAFFELE (Mainz)
Llámame Paula – Interkulturelle und soziale Kompetenz
im spanischen Fremdsprachenunterricht durch einen
zeitgenössischen Kinder- und Jugendroman stärken 101
UTE VON KAHLDEN (Heidelberg)
¿Literatura – mediadora entre los lectores y la vida?
Reale Herausforderungen in der Fiktion aushandeln 125

Der Einsatz theaterpraktischer Methoden im Umgang mit Literatur 147
EVA LEITZKE-UNGERER (Halle)
Collage de voces, recitación escénica, secuencia de imágenes fijas:
Einfache szenische Verfahren als differenzierender Zugang zu
Gedichten und kurzen narrativen Texten im Spanischunterricht 149

VICTORIA DEL VALLE LUQUE (Paderborn)
 ‚Pronunciar lo impronunciable y jugar a lo absurdo' –
 Métodos del teatro aplicado en el aula de ELE 181

Literarische Texte in zentralen Prüfungen 199
FRANK SCHÖPP (Würzburg)
 Wie steht's um die Literatur im Spanischabitur? Eine Analyse
 schriftlicher Abituraufgaben aus vier Bundesländern 201

Stellenwert und Einsatz von Literatur in der Lehrerausbildung 227
MANUELA FRANKE (Potsdam)
 Funktionen von Literatur im Spanischunterricht aus der Sicht von
 Lehramtsstudierenden 229
BERND TESCH (Tübingen)
 Schwere Texte leicht gemacht. Zum Umgang mit literarischen Texten
 in der Praxis des Spanischunterrichts und in der Lehrerbildung 257

Verzeichnis der Autorinnen und Autoren 273

Vorwort

Spanisch wird an deutschen weiterführenden Schulen häufig erst spät, als dritte oder gar vierte Fremdsprache, gelernt, so dass nur kurze Lernstrecken zur Verfügung stehen. Die Verwendung literarischer Texte leidet in diesem Kontext meist darunter, dass ihre Komplexität in der Regel über den sprachlichen Kompetenzen der Lernenden liegt. Lediglich denjenigen, die bereits durch Ereignisse in ihrer individuellen Sprachlernbiografie, z. B. längere Aufenthalte im spanischsprachigen Ausland, über gute Voraussetzungen verfügen, gelingt der Einstieg in die rezeptive wie produktive Arbeit mit literarischen Texten relativ problemlos.

Vom Anfangsunterricht bis hin zum Spanischunterricht im Leistungskurs bietet der kompetenzorientierte Fremdsprachenunterricht jedoch vielfältige kreative Möglichkeiten, hispanophone Literatur in einen kompetenz-, handlungs- und kommunikationsorientierten Fremdsprachenunterricht einzubinden, wobei sowohl inhaltliches als auch sprachliches Lernen effektiv vollzogen werden kann (vgl. Imbach 2011, 20). Literatur kann in besonderem Maße eine kognitive und gleichzeitig affektive Auseinandersetzung anregen, indem u. a. unterschiedliche Perspektiven sowie fremde kulturelle Elemente thematisiert werden (vgl. z. B. Bredella 2010). Hispanophone Kulturen und die Auseinandersetzung mit Verhaltensweisen und Äußerungen der Protagonistinnen und Protagonisten können dabei einen positiven Einfluss auf die interkulturelle kommunikative Kompetenz der Lernenden haben und sie in ihrem individuellen Habitus sensibilisieren.

Zudem gilt es, die literarischen Texte an sich als kulturelle Artefakte wertzuschätzen und ihr daraus resultierendes sprachliches wie interkulturelles Potential im Unterricht auszuschöpfen. Im Kontext curricularer Vorgaben fällt auf, dass literarische Texte „immer seltener um ihrer selbst willen […] Eingang in die Lehrpläne" (Caspari 2005, 15) finden. Literaturwissenschaftlerinnen und -wissenschaftler sowie solche Lehrkräfte, die vor allem textorientierte Analyseverfahren verwenden, kritisieren dies. Die Rede ist von einer ‚Zerstückung' des Textes, einer ‚Missachtung' der Autorin bzw. des Autors oder auch des Werks an sich sowie von ‚didaktischen Spielereien'.

Das Spannungsfeld zwischen der konkreten, zielgerichteten und für Lernende zu bewältigenden Literaturarbeit im fremdsprachlichen Unterricht auf der einen Seite und der Bewahrung des literarischen Guts bzw. der literarischen Ästhetik auf der anderen Seite ist nicht neu. Seit den 1990er Jahren sind zahlreiche Publikationen zum Umgang mit Literatur im Fremdsprachenunterricht erschienen (vgl. u. a. Schrader 1995; Caspari 1994 & 2005; Hinz 2003; Haberkern 2005). Durch die modernen, kommunikativ- und outputorientierten Verfahren des aktuellen Fremdsprachenunterrichts sowie die vielfach sehr freien und offenen Ansätze steht dieses Feld allerdings vor neuen Herausforderungen, die im Rahmen dieses Sammelbandes ausgelotet werden sollen. Der Band basiert auf einer Sektion, die im Rahmen des XXII. Deutschen Hispanistentags vom 27. bis 31. März 2019 an der Freien Universität Berlin stattfand. Ziel des vorliegenden Sammelbandes ist es, für die Literaturdidaktik des fremdsprachlichen Spanischunterrichts zu erörtern, wie eine Bewahrung des literarischen Materials im Rahmen einer textproduktionsorientierten Literaturarbeit möglich ist. Konkrete Fallbeispiele illustrieren dabei, wie dieser Spagat gelingen kann. Der Band gliedert sich dafür in fünf thematische Blöcke.

Der erste Block widmet sich dem **didaktischen Potential spezifischer literarischer Textsorten**. Zunächst beleuchtet **Sonia Sánchez Martínez** in ihrem Beitrag „Potencial didáctico del teatro breve contemporáneo en el aula de español. Unidades fraseológicas, fórmulas rutinarias y textuales" Herausforderungen, die authentische – wenn auch kurze – dramatische Texte für Lernende der Zielsprache Spanisch mit sich bringen. Die Autorin zeigt auf, inwiefern sich diese Texte besonders zur Förderung literarischer, sprachlicher, sozialer, kultureller, diskursiver und pragmatischer Kompetenzen eignen. **Agustín Corti** plädiert in seinem Beitrag „La mente en acción en el cómic. Narración y cognición a través del ejemplo de *Nieve en los bolsillos* (Kim)" seinerseits für den Einsatz von Comics, wobei er Möglichkeiten zur Identifikation mit Figuren, Handlungsabsichten und Werten eröffnet. Die Lernenden können – so Agustín Corti – u. a. unter Rückgriff auf ihr Weltwissen interkulturelle und soziale Kompetenzen bei der Beschäftigung mit narrativen Texten ausbauen. **Elena Schäfer** fokussiert in ihrem Beitrag „*¡Tú decides!* Spielbücher als interaktive Brücke zu literarischer Kompetenz" interaktive Lektüren, bei denen die Leserinnen und Leser durch ihre Entscheidung für eine der dargebotenen Wahlmöglichkeiten bestimmen, wie sich die Handlung weiterentwickelt. Dieses autonome Lesen eröffnet einen affektiven Zugang, durch den die Lesenden eine persönliche(re) Beziehung zum Text aufbauen können. Der Bruch mit traditionellen Lesegewohnheiten – und den unterschiedlichen Handlungssträngen – bietet zudem nicht zuletzt Gesprächspotential und Fördermöglichkeiten für die Text- und Medienkompetenz.

Der zweite thematische Block wendet sich der **Förderung interkultureller Kompetenz durch Literatur** zu. Zunächst arbeiten **Julia Peitz und Claudia Schlaak** in ihrem Beitrag „Zwischen Anspruch und Umsetzung bei der Unterrichtsplanung: Förderung interkultureller Kompetenz mit dem Einsatz von Literatur im Spanischunterricht" zum Roman *El Metro* von Donato Ndongo (2007). Mithilfe eines fünfschrittigen Modells, das spezifische Leit- und Kontrollfragen umfasst, zeigen sie auf, wie der Literaturunterricht strukturiert geplant und die interkulturelle Kompetenz bei gleichzeitiger Stärkung zielsprachlicher funktional-kommunikativer Kompetenzen gefördert werden kann. Der Beitrag von **C. R. Raffele**, „*Llámame Paula* – Interkulturelle und soziale Kompetenz im spanischen Fremdsprachenunterricht durch einen zeitgenössischen Kinder- und Jugendroman stärken", liefert einen wichtigen Baustein zur Sensibilisierung für das Thema „Transsexualität". Der Autor präsentiert eine Reihenkonzeption, die es Lernenden und Lehrenden ermöglicht, sich in einem (literarischen) ‚dritten Raum' mit einem – vom heteronormativ-binären System – abweichenden Verständnis von Geschlecht auseinanderzusetzen und sich individuell dazu zu positionieren. Im dritten Beitrag dieses Blocks, „*¿Literatura – mediadora entre los lectores y la vida?* Reale Herausforderungen in der Fiktion aushandeln", illustriert **Ute von Kahlden** anhand von Fernando Aramburus *Años lentos* (2012), Alfredo Gómez Cerdás *Barro de Medellín* (2008) und Philipp Potdevins *Palabrero* (2017) das Potential literarischer Texte, dass sich die Lesenden in die fiktive Situation hineinversetzen, sich mit Figuren identifizieren und so eigene Werthaltungen reflektieren. Fachwissenschaftliche Überlegungen sind dabei für die Autorin bei der Analyse und Aufbereitung der Texte eine zentrale Voraussetzung für den unterrichtlichen Einsatz.

Der dritte Block geht dem **Einsatz theaterpraktischer Methoden im Umgang mit Literatur** auf den Grund. **Eva Leitzke-Ungerer** zeigt in ihrem Beitrag „*Collage de voces, recitación escénica, secuencia de imágenes fijas*: Einfache szenische Verfahren als differenzierender Zugang zu Gedichten und kurzen narrativen Texten im Spanischunterricht" auf, wie durch Stimmencollagen, szenische Lesungen und Standbildfolgen literarische Ausgangstexte szenisch interpretiert und auf diese Weise gleichsam analysiert werden. **Victoria del Valle Luque**s Beitrag „,Pronunciar lo impronunciable y jugar a lo absurdo' – Métodos del teatro aplicado en el aula de ELE" fokussiert ebenfalls theaterpädagogische Methoden und legt den Fokus auf die *dramatización* literarischer Textvorlagen, die durch kreative Sprachproduktionen sprachliches Lernen ebenso unterstützt wie das Verständnis und die Analyse literarischer Texten.

Der vierte thematische Block wirft einen Blick auf den **Umgang mit literarischen Texte in zentralen Prüfungen**. **Frank Schöpp** beschreibt, analysiert und evaluiert in seinem Beitrag „Wie steht's um die Literatur im Spanischabitur? Eine Analyse schriftlicher Abituraufgaben aus vier Bundesländern" die Zentralabituraufgaben von Baden-Württemberg, Bayern, Hessen und Nordrhein-Westfalen. Er geht dabei der Frage der Vergleichbarkeit nach, untersucht Aufgabentypen und Operatoren sowie die Rolle textproduktionsorientierter, kreativer Aufgaben und stellt dabei durchaus Unterschiede für diese vier Bundesländer fest – gerade mit Blick auf literarische Texte, deren wichtige Rolle im Abiturkontext er nachdrücklich unterstreicht.

Der fünfte und letzte Block bezieht sich schließlich auf den **Stellenwert und den Einsatz von Literatur in der Lehrerausbildung**. **Manuela Franke** präsentiert in ihrem Beitrag „Funktionen von Literatur im Spanischunterricht aus der Sicht von Lehramtsstudierenden" die Ergebnisse einer empirischen Studie zu literarischen Genres. Dabei geht die Autorin der Frage nach, welche Genres nach Einschätzung der Studierenden vor und nach dem Praxissemester besonders relevant für die Erarbeitung im Spanischunterricht sind. Sie beleuchtet darüber hinaus, nach welchen Kriterien die Probandinnen und Probanden die Texte auswählen. Im Beitrag „Schwere Texte leicht gemacht. Zum Umgang mit literarischen Texten in der Praxis des Spanischunterrichts und in der Lehrerbildung" beschreibt **Bernd Tesch** zudem zwei Säulen eines interdisziplinären Projekts zur Arbeit mit ‚schweren Texten' im Fremdsprachenunterricht: Er beleuchtet Möglichkeiten der Modellierung von Textkomplexität sowohl durch die Textsemantik als auch durch fachdidaktische Überlegungen zur Förderung der Textkompetenz.

Der vorliegende Band liefert ein vielfältiges Panorama zu Fragen der aktuellen Diskussion rund um den Einsatz von Literatur im Spanischunterricht. In allen Beiträgen wird dabei deutlich, dass es auf die konkrete Auswahl des Textes sowie auf die gezielte Vorbereitung, Begleitung und Nachbereitung der Lernenden ankommt, um eine gelingende Passung zwischen literarischen Texten und Lernenden herzustellen und alle Kompetenzbereiche des Spanischunterrichts zielgerichtet und gleichzeitig motivierend zu fördern.

Corinna Koch & Claudia Schlaak & Sylvia Thiele
Mai 2020

Bibliographie
Bredella, Lothar. 2010. *Das Verstehen des Anderen: kulturwissenschaftliche und literaturdidaktische Studien.* Tübingen: Narr.
Caspari, Daniela. 1994. *Kreativität im Umgang mit literarischen Texten im Fremdsprachenunterricht: theoretische Studien und unterrichtspraktische Erfahrungen.* Frankfurt a. M.: Lang.
Caspari, Daniela. 2005. „Kreativitätsorientierter Umgang mit literarischen Texten – *revisited*", in: *Praxis Fremdsprachenunterricht* 6/2005, 12-16.
Haberkern, Rainer. 2005. „Zwölf Thesen zur Textarbeit. Textarbeit im Spannungsfeld von Lernerorientierung und Textanspruch", in: *Praxis Fremdsprachenunterricht* 2/2005, 2-5.
Hinz, Klaus. 2003. „Kreative literaturbezogene Textproduktion im Englischunterricht: Aufgaben, Textverstehen und Leistungsbeurteilung", n: *Praxis des neusprachlichen Unterrichts* 4/2003, 351-359.
Imbach, Werner. 2011. *Zeitgenössisches spanisches Theater im Spanischunterricht. Didaktische Relevanz und Methodik.* Hamburg: disserta Verlag.
Schrader, Heide. 1995. „Am Leser orientierter Umgang mit literarischen Texten", in: *Fremdsprachenunterricht* 4/1995, 264-269.

Das didaktische Potential spezifischer literarischer Textsorten

Potencial didáctico del teatro breve contemporáneo en el aula de español. Unidades fraseológicas, fórmulas rutinarias y textuales

Sonia Sánchez Martínez (Madrid)

Justificación e introducción

¿Por qué literatura en el aula de español? La literatura es un producto social y un medio de comunicación. Es la expresión de los sentimientos ya sean individuales o colectivos, es la contextualización de una época, de un estilo y de una tendencia, es lo trivial y lo importante, es lo social y lo evasivo, es, sin duda, la representación de una cultura, de una forma de vida, de un país y de un idioma; es un instrumento para comunicar mensajes externos e internos, para llegar a la intimidad más profunda, para comprender lo dicho e inferir lo que no se dice, … es la conexión entre el autor y el lector, es la transmisión de emociones y el establecimiento de vínculos… y ¿por qué teatro? Porque es la conversación efectiva, el decir lo posible y lo imposible porque en el teatro cabe todo. Es el diálogo, la comunicación y el ejercicio de la memoria. Dice Núñez Ramos (2005, 75) que "la lectura en voz alta, y, todavía más, la escenificación de las buenas piezas teatrales refuerza el aprendizaje por la comprensión de las implicaciones físicas (gestos y movimientos) y sociales (alteraciones en la correlación de fuerzas, en las actitudes de los otros) que acarrea".

Desde hace años existen diferentes posturas para acercar los textos íntegros al aula de español, hay profesores de idiomas que descartan las obras literarias auténticas, sin adaptaciones ni fragmentaciones, por su complejidad, porque no están escritas para la enseñanza de idiomas, argumentan que las obras literarias están escritas para iniciar un acto comunicativo y para suscitar el placer de la lectura. Sin embargo, esto es lo que me impulsa a introducir la literatura en el aula de idiomas, suscitar el placer de la lectura e iniciar un acto comunicativo. Además, una obra literaria es una fuente de recursos: gramaticales, léxicos, del conocimiento de la cultura, de las costumbres y de la sociedad y, como señala Albadalejo García (2007, 6):

> [L]a literatura es material "auténtico", lo que significa que las obras literarias no están diseñadas con el propósito específico de enseñar una lengua, y que por tanto el alumno

tiene que enfrentarse a muestras de lengua dirigidas a hablantes nativos […]; el valor cultural de la literatura, cuyo uso puede ser muy beneficioso en la transmisión de los códigos sociales y de conducta de la sociedad donde se habla la lengua meta […]; la riqueza lingüística que aportan los textos literarios.

Fernández García (2005, 66) escribe que:

> [P]ara preservar la especificidad del lenguaje literario, los textos han de ser auténticos. Las adaptaciones literarias de obras preexistentes o los textos literarios adaptados a diversos niveles son útiles en otras circunstancias (la lectura autónoma del alumno o las actividades relacionadas con el aprendizaje lingüístico) pero no para el acercamiento al hecho literario en el aula.

En mi aula, prefiero que los textos sean completos, breves a ser posible para poder trabajar la lectura durante la duración de la clase; pero, en ningún momento, desprecio el resto de recursos pues son útiles para trabajar otras competencias: los textos no literarios que pueblan los libros de texto, los fragmentos y adaptaciones de obras literarias de autores españoles que también se recogen desde hace unos años en los manuales del alumno, pero que no tienen el mismo fin ni la misma utilidad que el texto íntegro literario.

Para esta propuesta nos centramos en los niveles superiores donde el alumno ya es potencialmente competente y fija sus objetivos en la enseñanza de la gramática, concretamente en unidades fraseológicas con cierta frecuencia de uso y que forman parte del idioma como fórmulas rutinarias y textuales.

Contextualización

Antes de seguir con el teatro, de la didáctica y de la enseñanza del español, quisiera, brevemente, explicar con qué alumnado sí y con cuál no ha sido posible trabajar teatro breve y por qué. Los diferentes contextos que nos planteamos, por haber trabajado con ellos, son los siguientes:

1. en empresas: adultos en inmersión lingüística ya afincados en España o planteándose una estancia larga,
2. en institutos con dos tipos de alumnos: uno, adolescentes en inmersión lingüística en periodos de diez meses, duración del curso escolar, con nivel de español medio alto; y, dos, con adolescentes que entran a formar parte del sistema educativo español y no hablan el idioma, (español para migrantes)

3. y, por último, en un centro de educación de personas adultas en centros penitenciarios.

Nos encontramos con cuatro clases de alumnos: adultos, adolescentes, adolescentes migrantes y adultos en instituciones penitenciarias. En estos cuatro contextos se pueden trabajar los textos con todos ellos; sin embargo, con los adolescentes migrantes y adultos en instituciones penitenciarias es más complejo pues unos tienen la necesidad urgente de aprender el idioma para integrarse en el aula con el resto de sus compañeros, porque tal y como escriben Garrido y Montesa (1990, 449) "el estudiante -fundamentalmente el que vive en una inmersión lingüística- lo que prioritariamente desea es que le facilitemos la posibilidad de entrar rápidamente en contacto con los nativos en situaciones cotidianas"; y los otros, adultos en instituciones penitenciarias, viven una situación particular que no se sabe cuánto se va a prolongar; además, el centro al que nos referimos es un centro de preventivos, y no se da ni la asistencia continuada (pues un interno puede faltar a clase dos días seguidos y asistir uno y volver a faltar ya que o bien tiene diligencias, juicios, abogados o bis a bis) ni el tiempo necesario para poder trabajar un texto completo[1].

Ahora, en el primer caso, los alumnos adultos en empresas disfrutan con la lectura que nunca va a llegar a la representación; en el segundo, con los adolescentes en inmersión lingüística se puede llegar a la puesta en escena, si tienen interés y ellos desean hacerlo. Pero con ambos se pueden trabajar los textos dramáticos creando el ambiente propicio para ello. Este artículo se centra en los adolescentes que también pueden trabajar fuera del aula en talleres de teatro con alumnos nativos.

Objetivos de la propuesta

Antes de nada, necesitamos responder a las preguntas que el profesor de español se puede hacer en el aula al enfrentarse a la decisión de elegir para sus alumnos estos textos literarios: ¿por qué textos breves y textos teatrales? y ¿por qué

---

[1] No significa que no les interese, de hecho, uno de los proyectos que se ha incluido en el Departamento de Comunicación es poner en marcha la introducción del teatro breve para el aprendizaje del español desde niveles medios.

textos íntegros y no adaptaciones ni textos fragmentados? En ningún caso hablamos de textos escritos específicamente para el aula de ELE. Como ya hemos señalado, nos centramos en alumnos adolescentes, por lo que surge una nueva pregunta: ¿qué dificultades nos encontramos a la hora de introducir textos íntegros literarios en el aula de español con adolescentes?[2] Por ello, para que la literatura española entre en el aula de ELE, mi propuesta es trabajar textos breves teatrales contemporáneos durante la clase.

Una vez formuladas las preguntas, exponemos los objetivos:
1. Aproximar al alumnado a conocer a los dramaturgos españoles, desde los 80 y 90 hasta nuestros días, con especial atención a las dramaturgas por ser estas menos estudiadas y menos reconocidas en el mundo de la literatura española.
2. Reconocer el valor de la historia, la cultura y la sociedad española del siglo XX y XXI.
3. Fomentar y promover en el alumno la elaboración de textos escritos (especialmente teatrales) e identificar y crear figuras literarias y unidades fraseológicas que forman parte del idioma como fórmulas rutinarias y textuales.

1. Importancia y necesidad de la literatura en el aula de español. Aproximar al alumno a conocer dramaturgos contemporáneos

Los textos literarios tienen un gran potencial didáctico en el aula de español, pero ¿por qué se proponen textos contemporáneos y no clásicos? Considero que solo puede atraer el valor de lo clásico el conocimiento de lo nuevo. Si comprendemos la literatura actual, podremos valorar a los clásicos. Además, he descubierto a lo largo de los años, que intentar que un alumno nativo ame a los clásicos a los 15 años es poco probable, por no decir casi imposible. Solo podrán tener el gusto por los clásicos, querrán leerlos cuando hayan aprendido a

---

[2] He trabajado durante muchos años con adolescentes españoles y sé que muchos rechazan la lectura si esta ha de hacerse en su tiempo de ocio tal y como manifiestan Lluch y Sánchez-García (2017) o Torrego González (2011).

interpretar lo leído, a analizar el contenido, cuando hayan, en definitiva, aprendido el valor de la literatura y el placer de la lectura.

Si esto sucede con el alumno nativo, más sucederá con el alumno extranjero, al que solo podremos darle a los clásicos en el momento que maneje las cuatro destrezas, como apunta Soler-Espiauba (2005) por su difícil acceso lingüístico y contextual. Integrar las competencias, pero especialmente la literaria, hará que el adolescente desarrolle habilidades de comunicación orales y escritas, destrezas y desenvoltura del idioma, posibilidad de interactuar con otro, tener la posibilidad de un conocimiento extraordinario como es el de la cultura y las costumbres de un país; además de proporcionarle sensibilidad, creatividad y placer ante una obra literaria.

Los textos literarios en el aula de ELE son relativamente recientes, dejemos las décadas de los 60 y 70 y el estructuralismo pues la literatura en el aula desaparece por completo, y acerquémonos al método comunicativo de los 80. Es el momento en el que se renueva la didáctica de las lenguas y se usan textos que reflejan el día a día con un lenguaje cotidiano. Ya en los 90 la literatura como recurso irrumpe en las aulas, se reconoce el potencial didáctico en las cuatro destrezas básicas en el proceso enseñanza-aprendizaje.

Señala Luján-Ramón (2015, 1) que, "en la última década, gracias a la implantación de los modelos didácticos del enfoque comunicativo, la literatura ha regresado a las aulas, pero desde la perspectiva textual y no como literatura". No hay una necesidad de enseñar al alumno extranjero nombres, fechas, movimientos ni corrientes literarias, sino que aprendan lengua, literatura y cultura española a través de sus textos. Escribe también Luján-Ramón que en

> los últimos años los esfuerzos se han volcado en la necesidad de encontrar estrategias para hacer que la literatura forme una parte más significativa de los programas de enseñanza de idiomas. Surgen en los últimos años propuestas con el fin de revalorizar el uso de textos literarios y el desarrollo de una competencia literaria (2015, 1).

Ventajas de introducir en el aula la literatura en general y de los textos dramáticos, en particular:
- Proporcionar al estudiante el conocimiento de la historia, la cultura y la sociedad española.

- Aumentar el vocabulario del estudiante, no solo vocabulario general, sino construcciones de la vida cotidiana.
- Aportar un *input* escrito significativo e interesante y un *output* significativo a través de la escritura, es decir, proporcionar al estudiante herramientas para la comprensión lectora y habilidades para la producción de textos. Se desarrolla en él la compresión y la expresión escrita; además de la interacción oral.
- Trabajar todas las destrezas; además de las competencias comunicativa, literaria, lingüística, cultural, discursiva y pragmática.
- Facilitar habilidades interpretativas.
- Proporcionar materiales y recursos para que el alumnado pueda representar dicho texto ejercitando memoria, habilidades de interpretación y valentía o pérdida de vergüenza al hablar otro idioma.

Los objetivos que proponemos con la lectura de teatro breve contemporáneo para niveles B2, C1 y C2, son:

- Enseñar lengua, literatura y cultura española.
- Introducir los textos literarios en el aula de ELE, para poder incorporar la literatura posteriormente.
- Aproximar al alumnado al teatro español contemporáneo.
- Conocer la historia, la cultura y la sociedad de la España del siglo XX y XXI, necesarios para contextualizar la obra.
- Desarrollar, como ya hemos dicho, las competencias comunicativa, literaria, lingüística, cultural, discursiva y pragmática.
- Reconocer las técnicas de los lenguajes no verbales (proxémica, cinésica y paralingüística) para aplicarlos a la lectura y representación, si se diera, de la obra dramática.
- Aprender las unidades fraseológicas, fórmulas rutinarias y textuales y aplicarlas en sus contextos reales.
- Potenciar la creatividad en el alumnado.

Señalan Castro y Contreras (2011, 2) que la inclusión de textos literarios

> puede ser contraproducente debido a que los estudiantes sienten frustración ante la imposibilidad de comprender en su totalidad los textos. Por otra parte, muchas veces se sostiene la brevedad como sinónimo de sencillez, aunque lo no dicho habitualmente

complejiza de manera excesiva el texto para un hablante no nativo, cuestión que profundiza el sentimiento de frustración.

Sin embargo, considero que la brevedad de un texto no implica mayor complejidad, ni interpretativa ni estructural. Los textos breves, en este caso teatrales, al igual que los textos más largos, pueden originar después de la lectura un debate sobre el significado de la puesta en escena. Antes de la lectura de una de las obras dramáticas, es importante que el docente explique a los alumnos qué van a leer, quién lo escribió y cuándo lo escribió. Es significativo que haya una contextualización externa, una relación alumno-autor previa a la lectura del texto dramático. Se ha de buscar lo más relevante y representativo para que el alumno comprenda a qué va a enfrentarse. Se debe escoger un texto que sea acorde al grupo de alumnos en concreto. Ya sabemos que muchas veces, un texto que vale para un grupo no vale para otro, aunque tengan el mismo nivel de competencia comunicativa y de competencia lectora. En ocasiones encontramos que los textos son complejos para los aprendientes, e incluso dentro de un mismo grupo el nivel de comprensión es diferente, por ello, se proponen lecturas contemporáneas donde se plantean situaciones reales de la vida cotidiana reconocidas por los estudiantes para que surja el placer y el interés por la lectura. Se puede debatir con los alumnos, previamente, qué tema es más o menos interesante para ellos y escoger después la obra de teatro según sus intereses y preocupaciones.

Es importante destacar que no puede presentarse una obra literaria a un alumno extranjero como si fuera un nativo. Hay que seleccionar el texto con el nivel de dificultad acorde al nivel del alumnado, hay que pedir al alumno un esfuerzo para que su atención se focalice en la lectura. La literatura en el aula de español implica una concentración mayor que cuando se realizan otro tipo de actividades, pues el tiempo que dura la lectura necesita del discente un alto grado de interés para que se lleve a término positivamente la comprensión lectora. Señala Sequero (2015, 38) que

> la motivación ha de ser destacada como un factor fundamental en cualquier proceso de enseñanza, como un elemento facilitador del aprendizaje; por ello, es importante conocer los gustos y preferencias literarias de los alumnos a la hora de seleccionar el texto o fragmento con el que se trabajará en el aula.

Los textos literarios son materiales formativos, igual que cualquier otro tipo de material, con ellos se deben elaborar actividades para antes y después de la lectura, pues son instrumentos didácticos para la enseñanza de contenidos lingüísticos, culturales, comunicativos y generan conocimientos, destrezas y habilidades en el estudiante.

El teatro forma parte de la enseñanza del español, aparece así en el PCIC y en el MCER, sin embargo, tal y como escribe García Barrientos en el prólogo a la edición de Pellitero (2018), no existen libros que utilicen el teatro para la enseñanza de español[3].

Con la inclusión de obras cortas dramáticas en el aula, se pretende estimular la cooperación de los discentes, al ser pequeñas obras teatrales, el método comunicativo, así como la observación directa en el aula; además del método inductivo-experimental y el trabajo cooperativo. Se ha de trabajar en el texto dos aspectos fundamentales dentro de la obra dramática, por un lado, el diálogo de los personajes y por el otro, las acotaciones. La lectura es también una actividad lúdica, no solo didáctica, pues los aspectos relacionados con la puesta en escena también se encuentran en la obra: el maquillaje, el vestuario, la escenografía y la utilería…, por lo que, es imprescindible crear un espacio para la literatura, un "taller de lectura y de escritura creativa", taller entendido como lugar para la reflexión, para la imaginación, para la escritura y para dar pie a la puesta en escena. Se pueden incluir actividades, tales como:

Antes de la lectura:
- Actividad de investigación sobre el autor y el texto. Datos significativos biográficos y de producción dramática, además de buscar otros escritores generacionales.
- Contextualización de la obra, crear cuestionarios sobre el momento social y cultural en el que se contextualiza la puesta en escena, y sobre el momento social y cultural en la que el autor ha escrito la obra. Estas competencias (social y cultural) son imprescindibles para la adquisición de la competencia literaria. Si se proponen textos de los 80 y de los 90 del siglo pasado el alumno buscará el momento social, político y económico, los años de la movida madrileña, por ejemplo, la creación de nuevos espacios

---

[3] Como nota aparte diré que es interesante destacar la colección de libros de esta autora que ofrece materiales didácticos para la enseñanza y perfeccionamiento del español a través de adaptaciones de obras de teatro, clásicas y contemporáneas, con ejercicios de comprensión, expresión y elaboración.

escénicos, espacios alternativos de representación, llamados salas alternativas, la creación de sociedades de autoras dramáticas, ... Si lo que se proponen son textos de este milenio, los temas en los que el alumno ha de indagar son de la actualidad más absoluta: el paro, la corrupción, la migración, el cambio climático, etc.

Después de la lectura:
- Puesta en común del léxico que se desconoce, las unidades fraseológicas, que explicamos más adelante.
- Crear un debate, pros y contras del contenido, posturas diferentes para poner en común y discutirlas.
- Actualización del texto, modificar el final de la historia, cambiar personajes, eliminar situaciones y crear otras.
- Crear un taller de escritura creativa. Elaborar textos teatrales con situaciones similares a la leída o a partir de una breve conversación, o a partir de una unidad fraseológica.
- Desmembramiento del texto: el trabajo de las acotaciones y el del propio texto.
- Representación. La puesta en escena: escenografía, vestuario, utilería, música, iluminación, ...

Señala con acierto el profesor Fernández García (2005, 65) que

> ha de haber en ese taller una apertura a la conversación relajada tanto en lo que se refiera a la variedad de interpretaciones de los textos, como al mismo uso de un discurso expositivo y argumentativo que cada alumno utilice para explicar su opinión y punto de vista sobre el mismo, con deseo de corrección pero, ante todo, con voluntad de comunicar los aspectos más constitutivos o los más secundarios de su experiencia lectora.

Una vez concluida la lectura, se da la posibilidad de que cada alumno exprese su interpretación al hecho narrado, al diálogo, como en la obra de Pedro Martín Cedillo, *Edipo en Lavapiés*, donde algunos alumnos, adolescentes, interpretaron de diferente manera la intervención de Edipo y de Tiresias en la mente de Fabián. En este ejemplo, se crea una relación entre los personajes de la obra, dos muchachos de 17 años, y los jóvenes que la han leído, que inicialmente impactados por el contenido de la pieza, empiezan a desmembrar el drama hasta racionalizarlo en la medida de lo posible. En la plaza de Lavapiés, Lucas lee unos versos de *Edipo Rey* mientras Fabián lo recuerda como en "halo imaginario". Se relata desde la mente de Fabián el accidente de moto y la muerte de Lucas.

He elegido los últimos textos trabajados en mi aula de español, son los que la Asociación de Autores de Teatro publica una colección de ocho libros titulados *El tamaño no importa*, ya encontramos desde el título de la colección una unidad fraseológica sugerente. Son textos breves, que como reza la portada "Textos breves del aquí y de ahora. Teatro juvenil". Aquí caben todo tipo de apreciaciones y algunos de los textos que ofrece la colección no son únicamente textos de carácter juvenil, como la obra de Pilar Zapata, *Suertes paralelas* o la de Ramiro Pinto *Peceras de colores* o *Adiós con el corazón* de Mª Jesús Bajo Martínez donde se refleja, con sarcasmo e ironía, la realidad del joven más que cualificado pero que no encuentra trabajo y es empujado, por su madre, a irse al extranjero para buscarlo, por destacar algún ejemplo.

El primer volumen es de 2001 y último del año 2018. Se recogen en cada uno de ellos algo más de una veintena de textos donde se tratan diversos temas actuales, temas tratados con sarcasmo, ironía, humor, pero son historias más dramáticas que cómicas. Es extraordinario que entre el alumnado adolescente se prefiera escoger, si van a llegar a la puesta en escena, textos dramáticos antes que cómicos, para demostrar su capacidad interpretativa y conmover al público.

Indico a continuación algunos de los títulos y temas interesantes para trabajar en clase:

- La migración, la deportación o el asilo:
  - ¡*Pañuelos, pañuelos!* de María Jesús Bajo. Del miedo al diferente se pasa a aceptar la ayuda de un joven migrante que vende pañuelos de papel por dos niñas a las que sus padres no han venido a recoger a la salida del colegio.
  - *La verdad desvelada* de Alberto de Casso. La prohibición de ir con hiyab al colegio mientras en la mesa del despacho de dirección está la imagen de Santa Teresa con la cabeza cubierta con la toca.
- La homosexualidad:
  - *Rumores* de Santiago Alonso, el reconocimiento de estar enamorado de un amigo.

- *Mensajes* de Juan Pablo Heras, el reconocimiento de dos amigas y su homosexualidad.
- La adolescencia en cualquiera de sus facetas, problemas, necesidades, angustias, relaciones de amistad o sexuales:
  - *Quince* de Javier de Dios. Tres adolescentes de quince años, amigos y colegas viven la muerte de uno de ellos.
  - *Etiopía* de Yolanda Dorado. Diario de una adolescente que deja de comer, anorexia, bulimia.
  - *Todo controlado* de María Luz Cruz. La adolescencia en estado puro...: relaciones entre ellos, sus comportamientos, sus actitudes, ...
  - *Tierra mojada* de Javier de Dios. Una adolescente embarazada habla con su novio sobre qué han dicho los padres. Es la inocencia perdida.
  - *El secreto* de Alfonso Plou. Problemas, angustias adolescentes llevados al extremo.
  - *Hablemos de sexo* de Antonia Jiménez. De manera muy divertida se enfocan dos maneras de hablar con los hijos sobre el sexo.
  - *Monólogos estudiantiles* de Maxi de Diego. Tres monólogos de tres adolescentes que reflejan sus inquietudes y sentimientos. Propone el autor que sea el propio alumno el que escriba un sueño, una ilusión.
- El acoso en la escuela:
  - *De Lope a López* de Antonio Miguel Morales Montoro. Mezcla del verso y la prosa, introduce el verso clásico con el rap. Inspirado por los versos de Lope, López consigue que le dejen en paz.
- La guerra y sus consecuencias:
  - *Enemigo* de Luis Araujo. Cruel relato entre dos soldados enemigos, la saña, la inquina, la violencia están presentes y hacen del relato un momento aterrador.
  - *Siria niño guerra* de Aurora Mateos. Historia de la muerte de un niño en la guerra de Siria. La angustia de la madre ante la imposibilidad de salvarlo en el hospital, ambos se preguntan si dios sabe qué está pasando.
  - *Huida hacia la nada* de Olga Mínguez. Una joven huye de España a causa de la guerra civil y un joven sirio quiere llegar a Europa. Se entremezclan los dos relatos con el deseo de no perder la esperanza.

- *No todo son colinas* de Pedro Catalán. Se trata con humor cómo una pareja de soldados no quiere tomar una colina en contra de las órdenes del general.
  - *XX: mujer* de Amaia Fernández. Relato durísimo. Contraste entre chicas adolescentes al hablar de sexo y las que han sufrido acoso y violación en la guerra y la mutilación genital.
- La política:
  - *Política* de Maxi de Diego. Cómo ven la política cuatro adolescentes.
- La crisis, el chantaje y la hipocresía de la sociedad:
  - *Un final feliz* de Tomás Afán, donde la mentira, la ocultación de un hecho censurable por parte de los abogados del poderoso hace que una mujer pobre e inmigrante se vea desprotegida.
  - *¿Sangre por petróleo?* También de Tomás Afán. Se trata con cinismo cómo una pareja que está en contra de la guerra, que va a manifestaciones y firma para que esta termine, invierte en bolsa pues con la guerra las acciones de petróleo subirán.
- Delitos cibernéticos y relaciones por internet:
  - *Mr. Hitchcock vs Carolina 16* de Paco Bezerra. Se muestra lo sencillo que es que un adulto sea capaz de engañar a una adolescente de 16 años para que muestre su cuerpo desnudo ante una cámara.
  - *La bata barata* de Susana Sánchez. Con ironía trata el tema de la joven a la que no le interesan las relaciones por internet y prefiere estudiar e ir a museos.
  - *(Des)ordenad@s* de Miguel Ángel Jiménez Aguilar, relata la relación por internet de dos jóvenes.
- Dominados por internet, el móvil, las últimas tecnologías:
  - *Ingrata memoria* de Concha Gómez. El protagonista mantiene una conversación con la memoria de su móvil que lo controla, vigila y le tiene completamente a su merced.
  - *Cien puntos* de Carlos García Ruiz. La odisea que es aceptar promociones en la telefonía móvil. Tratado con humor.

- Reciclaje:
  - *Reciclaje* de Yolanda García Serrano. Se explica, en tono de comedia, la dificultad de reciclar algunos residuos.
- La adopción y la burocracia:
  - tratado con sarcasmo la adopción y la cuantía, *Una pequeña formalidad* de Luis Miguel González Cruz.
- El alcohol y las drogas:
  - *Catarsis* de Leandro Herrero. La acción sucede el 11S, mientras tres jóvenes están en un bar y descubren que ella está enganchada a la heroína.
  - *La fiesta de los alucinados* de Alberto de Casso. Las consecuencias de las drogas.
- El alcohol y los accidentes de tráfico:
  - *Edipo en Lavapiés* de Pedro Martín Cedillo.
- Los celos:
  - *Tablas entre tú y yo* de Tomás Afán. Una pareja de adolescentes representa *Otelo* donde se reflejan los celos que en la realidad él siente.
- Violencia doméstica y maltrato a menores:
  - *Instrucciones para después de un día de dolor* de Miguel Ángel Mañas. Doloroso diario de unos muchachos que viven el maltrato de su madre y el suyo propio.
- El empleo:
  - *Empleo juvenil* de Yolanda García Serrano. Con ironía se trata la preparación de los jóvenes para el mercado de trabajo.

En el título de este apartado indicaba "con especial interés en las mujeres". Quiero destacar que en el teatro de hoy y ahora, es decir, el teatro del siglo XXI las mujeres van ocupando el mismo lugar que ocupan sus compañeros masculinos. Sin embargo, las mujeres escritoras no aparecen en los libros de texto, es decir, ya señala Sánchez Martínez (2019) que cualquier estudiante de secundaria (nativo) cree que solo existen mujeres escritoras a partir del Renacimiento, con la obra mística de Santa Teresa de Jesús, y que hay pocas mujeres escritoras y sin excesivo valor literario pues a María de Zayas, cuando se la nombra, no se le suele dar más que unas líneas en el tema del Barroco y no aparecen mujeres hasta el siglo XIX con Rosalía de Castro y Emilia Pardo Bazán.

El siglo XX no trata mejor a la mujer escritora pues ni se la menciona ni en las generaciones del 98, 14, 27, ni del 36. Tampoco aparecen mujeres en la posguerra hasta Carmen Laforet con *Nada* (1944). La mujer escritora no ha sido reconocida ni en los manuales de literatura española ni en los libros de texto. Al llegar al teatro contemporáneo de los 80 y de los 90, se crean asociaciones de dramaturgas y la mujer empieza ya a ser, poco a poco, visible en círculos que antes habían sido eminentemente masculinos. Las dramaturgas de los 80, Carmen Resino, Paloma Pedrero, Pilar Pombo, María Manuela Reina, Yolanda García Serrano, Concha Romero, Lourdes Ortiz, entre otras; así como las de los 90 como Encarna de las Heras, Itziar Pascual, Yolanda Pallín, Angelica Lidell, por ejemplo,

> escriben sus textos con otra mirada, aunque la estética siga siendo reflejo de la crudeza del mundo o la realidad que nos somete. Sus obras dan testimonio de la época en la que vivimos y pretenden mostrar la diferencia innegable entre las ilusiones y la realidad social (Sánchez Martínez 2005, 60).

He trabajado con alumnos extranjeros en mis clases de español y en el taller de teatro textos contemporáneos y destaco la presencia de la mujer dramaturga ya que su voz ha sido silenciada y sigue siéndolo pues aún no aparecen ni en los libros de texto ni en los manuales de literatura española.

2. Enseñanza de la gramática y unidades fraseológicas, fórmulas rutinarias y textuales

Hablar un idioma extranjero no es solo dominar el uso de la gramática y comunicarse, es también como señala Kuchkarova (2013, 189)

> saber cosas pragmáticas como cultura, tradiciones, modo de vida de la gente nativa del país de la lengua de aprendizaje. Un aspecto importante en el aprendizaje de lengua extranjera es saber los modismos, refranes y unidades fraseológicas, porque se utilizan mucho en la conversación cotidiana en cada país.

Para la clasificación de las unidades fraseológicas seguimos el modelo de Corpas Pastor (1996) donde las unidades se dividen en aquellas que constituyen actos de habla completos y aquellas que no lo son; aspectos formales (relaciones paradigmáticas y sintagmáticas) y los aspectos semánticos (significado denotativo y connotativo). Divide en esferas las unidades fraseológicas: la esfera I incluye las colocaciones que son actos de habla no completos que se ciñen a las normas de la lengua pero que tienen distinto grado de fijación según las normas de uso: "correr un rumor", "banco de peces", …; la esfera II recoge las locuciones, actos de habla no completos formados por combinaciones de palabras cuyo significado no es la suma de los componentes; tienen por tanto un carácter idiomático y frecuentemente nos hallamos ante paradigmas cerrados: "mosquita muerta", "de tapadillo", "de rompe y rasga", …; y, por último, la esfera III recoge las unidades fraseológicas que constituyen actos de habla completos, paremias y fórmulas rutinarias: "las paredes oyen", "y usted que lo vea", "pelillos a la mar", … (Corpas Pastor 1996, 270). Es muy interesante la publicación de Martín Salcedo (2017), *Fraseología española en uso. ¡Si tú lo dices! ¡Venga! Ya verás como sí*, en la que el autor hace un repaso por las distintas clasificaciones de las unidades fraseológicas de distintos autores (Julio Casares, 1950; Alberto Zuloaga, 1980 y Gloria Corpas Pastor, 1996) y se aborda la enseñanza de los fraseologismos con actividades y propuestas.

Aunque no es un texto breve el fragmento que se presenta a continuación, ni mucho menos puesto que pertenece a una obra de teatro bastante larga, sí es interesante una de las escenas que inician la acción de *Eloísa está debajo de un almendro* de Enrique Jardiel Poncela para ilustrar este punto. Este texto es muy aclaratorio y con refranes el autor construye un diálogo. Para crear la escena, Jardiel Poncela, con ingenio, crea unos personajes y unos diálogos que bien pueden sacarse de la obra pues no aportan nada más que ambiente, se pueden suprimir o utilizarlos como una obra breve dentro de una trama más compleja.

> La acción se desarrolla en los años 40 en Madrid son tres personajes de clase obrera que están en el cine esperando que se inicie la sesión.
> SEÑORA. —Es lo que yo digo: que hay gente muy mala por el mundo.
> AMIGO. —Muy mala, señora Gregoria.
> SEÑORA. —Y que a perro flaco to son pulgas.
> AMIGO. — También.
> MARIDO. —Pero, al fin y al cabo, no hay mal que cien años dure, ¿no cree usted?
> AMIGO. —Eso, desde luego. Como que después de un día viene otro, y Dios aprieta, pero no ahoga.
> MARIDO. —¡Ahí le duele! Claro que agua pasá no mueve molino, pero yo me asocié con el Melecio por aquello de que más ven cuatro ojos que dos y porque lo que uno no

piensa al otro se le ocurre. Pero de casta le viene al galgo el ser rabilargo; el padre de Melecio siempre ha sido de los que quítate tu pa ponerme yo, y de tal palo tal astilla, y genio y figura hasta la sepultura. Total: que el tal Melecio empezó a asomar la oreja, y yo a darme cuenta, porque por el humo se sabe dónde está el fuego.
AMIGO. —Que lo que ca uno vale a la cara le sale.
SEÑORA. —Y que antes se pilla a un embustero que a un cojo.
MARIDO. —Eso es. Y como no hay que olvidar que de fuera vendrá quien de casa te echará, yo me dije, digo: «Hasta aquí hemos llegao; se acabó lo que se daba; tanto va el cántaro a la fuente, que al fin se rompe; ca uno en su casa y Dios en la de tos; y a mal tiempo buena cara, y pa luego es tarde, que reirá mejor el que ría el último».
SEÑORA. —Y los malos ratos, pasarlos pronto.
MARIDO. —¡Cabal! Conque le abordé al Melecio, porque los hombres hablando se entienden, y le dije: «Las cosas claras y el chocolate espeso: esto pasa de castaño oscuro, así que cruz y raya, y tú por un lao y yo por otro; ahí te quedas, mundo amargo, y si te he visto, no me acuerdo». Y ¿qué le parece que hizo él?
AMIGO. —¿El qué?
MARIDO. —Pues contestarme con un refrán.
AMIGO. —¿Que le contestó a usté con un refrán?
MARIDO. —(Indignado.) ¡Con un refrán!
SEÑORA. —(Más indignada aún.) ¡Con un refrán, señor Eloy!
AMIGO. —¡Ay, qué tío más cínico!
MARIDO. —¿Qué le parece?
SEÑORA. —¿Será sinvergüenza?
AMIGO. —¡Hombre, ese tío es un canalla, capaz de to! (Siguen hablando aparte).

Encontramos 29 unidades fraseológicas, entre paremias y fórmulas rutinarias, además de vulgarismos y apócopes que pueden trabajarse también en el aula.

Como ya hemos señalado no propongo textos largos para trabajar en clase, pero no los descarto para hacer trabajo fuera del aula, ya sea a nivel individual o colectivo, incluso en trabajos entre alumnos nativos con alumnos extranjeros, representar obras de teatro en el instituto como una actividad extraescolar en el taller de teatro.

¿Por qué textos contemporáneos dramáticos breves en el aula de español? Primero por el lenguaje sencillo y actual que acerca a los estudiantes a situaciones cotidianas. Los personajes son pocos y se puede trabajar en pequeños grupos o en parejas con la misma o con distintas obras a la vez. La cantidad de registros, unidades fraseológicas, fórmulas rutinarias y textuales del español son perfectas para la enseñanza del idioma; así como los significados denotativos y connotativos, figuras literarias, etc.

Cuáles son los objetivos de enseñar gramática y unidades fraseológicas en una obra literaria, como señalan Muñoz Medrano y Fragapane (2014): aprender a comprender la fraseología contextualizada a través de la literatura e incorporar determinadas unidades fraseológicas a la interlengua de los discentes.

Es importante que a la hora de elegir un texto u otro que contengan unidades fraseológicas, hemos de tener en cuenta el nivel de los estudiantes para que puedan incorporarlo en su interlengua, además de lo dicho anteriormente, ser motivador e interesante. La trama debe atraer al discente y para que la lectura pueda hacerse completa, propongo que los textos sean breves.

Por ejemplo en *Un final feliz*, de Tomás Afán, donde se cuenta la historia de cómo un abogado le pide a otro que no reconozca todas las pruebas para que el acusado, un hombre poderoso, no vaya a la cárcel por abuso sexual a una mujer negra, pobre e inmigrante. Se descubre cómo *urden triquiñuelas* para *los trapos sucios* del abogado defensor le *amarren* y no defienda los derechos de la mujer, eso sí, se le promete un ascenso. La obra no solo tiene un único tema, *no tiene desperdicio*, es de una actualidad sorprendente y con muchas posibilidades de trabajo, pues no solo encontramos estas unidades fraseológicas: "Me ha tocado la vena sensible", "Con derecho a roce", "Hay que montárselo con tías estupendas", "¿Verdad, machote?", "¿Verdad, campeón?", "Ese tío está forrado", "¿Estás de coña?", "No tiene ni donde caerse muerta", "No jodas", "El mundo es como es", "El pez gordo se come al débil", "Permite que la naturaleza siga su curso", sino que se pueden proponer más actividades, además de las ya comentadas, como la búsqueda de textos periodísticos en los que se encuentren noticias que relaten hechos como los propuestos en el drama y escribir los alumnos otras realidades paralelas como: la conversación de la mujer con el abogado contando qué pasó, la conversación del poderoso con su abogado diciéndole qué tiene que hacer, la conversación final del abogado con la mujer *dejándola en la estacada*.

Interesante es el trabajo de la profesora Szyndler (2015, 199) sobre la enseñanza de la fraseología en el aula de ELE "a pesar de su complejidad interna y de su heterogeneidad conceptual, se pueden introducir en el aula de manera productiva y eficaz, incluso a partir del nivel inicial". También las profesoras Ruiz Gurillo (2002) y Velázquez Puerto (2018) plantean ejercicios para trabajar desde niveles bajos la fraseología en el aula. El término fraseodidáctica, de origen germánico (*Phraseodidaktik*) fue acuñado por Kühn en 1987 y consolidado entre fraseólogos alemanes. Como señala Szyndler no es un término muy usado en español pues se prefiere didáctica o enseñanza de la fraseología, aunque hay matices entre la fraseodidáctica y la didáctica de la fraseología, como indica González Rey (2012).

Utilizo el término fraseodidáctica, pues como señala Szyndler (2015, 201):

> la fraseodidáctica en los últimos años se ha convertido en un campo de estudio independiente, de carácter interdisciplinar que combina elementos de la fraseología, la enseñanza de lenguas, la lingüística contrastiva, así como la psicolingüística y la sociolingüística.

Y como escribe González Rey (2012, 76): "La fraseodidáctica consiste, ciertamente, en la didáctica de la fraseología de una lengua, pero también en la didáctica de una lengua a través de su fraseología".

Es prácticamente imposible dominar un idioma sin conocer las unidades fraseológicas, que aparecen en la competencia léxica del MCER y en el PCIC, denominadas aquí expresiones hechas, fórmulas fijas, proverbios, refranes, metáforas lexicalizadas, etc., contenidos que se asemejan a lo que RAE define como fraseología en su quinta acepción: "Parte de la lingüística que estudia las frases, los refranes, los modismos, los proverbios y otras unidades de sintaxis total o parcialmente fija". El conocimiento de unidades fraseológicas contribuye al desarrollo de la competencia comunicativa por parte del discente, pues proporcionan fluidez y espontaneidad en el discurso. Resuelve el carácter connotativo de las unidades fraseológicas y el estudiante puede introducirlas en distintos contextos.

Las unidades fraseológicas son parte del patrimonio social y cultural de un idioma que no solo se refiere a lo estrictamente lingüístico, sino que introduce al estudiante en la posibilidad de convertirse en un hablante de español con todas las competencias adquiridas para llegar a manejar un idioma con un discurso semejante al de un hablante nativo. Cabe recordar que en España a los estudiantes nativos de Educación Primaria y Secundaria no se les enseña fraseología en la escuela, como recuerda Núñez-Román (2015), por lo que algunos hablantes nativos no adquieren la competencia fraseológica en las aulas, sino fuera de ellas.

Las unidades fraseológicas aisladas, sin una contextualización, son difíciles de comprender para el alumno extranjero, y difíciles de enseñar para el profesor, pues, aunque el discente reconozca la estructura morfosintáctica, no podrá reconocer el significado pues este se refiere más a una realidad social o cultural específica, como "irse por los cerros de Úbeda" o "estar en Babia". Por eso en nuestra propuesta, queremos que esas estructuras ya sean colocaciones, locuciones, refranes, sentencias, proverbios, fórmulas rutinarias o metáforas lexicalizadas, se aprendan a través de un determinado contexto en el que el alumno pueda reconocer la estructura y aplicarla después en sus propios contextos y situaciones comunicativas.

Aplicamos los tres pasos fraseodidácticos propuestos por Kühn (1992) y modificados por Ettinger (2008), ambos citados por Szyndler en su artículo (2015, 207). En el primer paso es el reconocimiento de las unidades fraseológicas; el segundo, comprender el significado en una situación concreta y explicarlo; y, por último, el tercero, es el uso de esas unidades fraseológicas en un contexto parecido. Además, el alumno puede investigar la correspondencia, si la hubiera, en su idioma, pues como señala Velázquez Puerto (2018, 42) "Los estudiantes de una LE cuentan con una arraigada conciencia lingüística fraseológica de su L1" por lo que muchas veces intentan reconocer esa unidad fraseológica en su idioma y en ocasiones de forma errónea. Por lo tanto es necesario que el alumno sea capaz de comprender el significado en esa situación concreta y poder producir variantes de unidades fraseológicas y entender que modificar alguno de los elementos lingüísticos puede o variar el significado o hacerla agramatical. No es lo mismo decir: "Cuando las ranas críen pelo" que "cuando los sapos críen pelo" o "cuando las ranas críen melena", pues las dos últimas no tienen ningún sentido.

En la obra *Catarsis* de Leandro Herrero, donde tres amigos, dos chicos y una chica, se reúnen en un bar y allí descubren que ella está enganchada a la heroína, mientras ven en el telediario cómo caen las Torres Gemelas el 11S, los alumnos podrán reconocer estas unidades fraseológicas, entre otras: "Se me iría la olla del todo", "Cargarte las pilas", "Seguro que me iría de vicio", "echa un trago", "una piba legal y de puta madre", "un marrón de la leche", "¡Qué flipe colegas!", "Este rato es el más enrollado del día", "A mí me la trae floja", "No os mosqueéis", "Que no me toque las narices", "Te lo metes donde te quepa", "Mal rollo", "Mi vieja…", "La pillé echándole la bronca", "Estaba hecha un manojo de nervios", "Me temo que la he cagado", "¿Por qué te pringaste así?", y buscar, por ejemplo, unidades fraseológicas parecidas en los mismo contextos.

Como último ejemplo, *Absurdalia canina* de Ignacio del Moral, donde, como se ha dicho al principio, en el teatro cabe todo, lo posible y lo imposible. Un texto aparentemente intrascendente en contenido, aunque del Moral *lanza algunas pullas* como: "Me anunciaba en los periódicos como ladrón titulado, pero solo me ofrecían puestos de político…" Con este texto se pueden trabajar todas las competencias y realizar todas las actividades que se han propuesto, se puede buscar, también, el significado de la soledad y de la compañía, lo no dicho y sí lo inferido; el significado del sustantivo "absurdalia" del sufijo "-alia" que procede del latín, con sentido colectivo y que se utiliza para crear nombres propios como *Juvenalia* o comunes como *absurdalia* o utilizar los cultismos latinos como *animalia*…; entre otras opciones de actividades gramaticales como análisis de perífrasis verbales, de pronombres u otras muchas posibilidades morfológicas, sintácticas o semánticas; actividades de creación literaria a partir de figuras retóricas que se encuentran en el texto, los juegos de palabras, la denotación y la connotación; o cualquier ejercicio relacionado con la cohesión y la coherencia.

Por todo ello, lo que se intenta hacer en el aula de español es:
1. Lectura comprensiva del texto.
2. Identificación de las unidades fraseológicas.
3. Análisis de su significado.
4. Buscar contextos parecidos e introducir las unidades fraseológicas.
5. Búsqueda de equivalentes fraseológicos en su L1.
6. Otro tipo de actividades gramaticales, léxicas, …
7. Escritura creativa en la que, finalmente, el alumno, de manera individual o por parejas, escribe una breve pieza teatral en la que se incluye alguna de las unidades fraseológicas.
8. La puesta en escena, si se da el caso, de la obra leída.

Conclusiones

Destacamos las dificultades que encontramos al dar al alumno un texto breve, pero no fragmentado, ni adaptado, sino completo, pero en definitiva breve, y que esta brevedad hace que el alumno tenga que poner la máxima atención para la comprensión del mismo. Las dificultades que encontramos al pretender trabajar textos literarios en el aula de español, es que no podemos pretender enseñar literatura a alumnos extranjeros como si fueran alumnos nativos, lo que pretendemos es acercar la literatura a los intereses del alumnado extranjero para que pueda, si lo desea, profundizar en la literatura española, desde lo contemporáneo a lo clásico.

La propuesta que he acercado aquí no es algo sencillo que se trabaje en una sola clase ni en una sola hora, con una de estas obras teatrales podemos trabajar un trimestre entero con su puesta en escena. He llevado hasta aquí las obras *El tamaño no importa*, pero no es el único teatro breve con el que he trabajado. Virtudes Serrano hace la edición en Cátedra de *Teatro breve entre dos siglos* y aquí encontramos una veintena de textos desde los 70 hasta Diana de Paco ya del 2000.

Considero que el trabajo con obras literarias con determinados alumnos en algunos contextos ha generado, tanto en el aprendiente como en mí, satisfacción y enriquecimiento personal por lo aprendido como por lo enseñado, porque la lectura en voz alta de una obra de teatro produce, no solo actividades didácticas para el aprendizaje, sino placer y abre las puertas al conocimiento de lo que ha rodeado dicha lectura.

Bibliografía

ALBADALEJO GARCÍA, Mª Dolores. 2007. "Cómo llevar la literatura al aula de ELE: de la teoría a la práctica", en: *marcoELE. Revista de Didáctica Español Lengua Extranjera* 5, julio-diciembre, 1-51; https://marcoele.com/como-llevar-la-literatura-al-aula-de-ele-de-la-teoria-a-la-practica/, 10.10.2019.

CORPAS PASTOR, Gloria. 1996. *Manual de fraseología española*. Madrid: Gredos.

CASARES, Julio. 1992 [1950]. *Introducción a la lexicografía moderna*. Madrid: CSIC.

CASTRO, Mariana Elisa. & CONTRERAS, Mª de los Ángeles . 2011. "¿Para qué sirve la literatura en una clase de español?", en: *II Congreso Internacional de Literatura y Cultura Españolas Contemporáneas*. (La Plata, Argentina, 3- 5 de octubre de 2011). Diálogos Transatlánticos. Universidad Nacional de La Plata. Facultad de Humanidades y Ciencias de la

Educación. Centro de Estudios de Teoría y Crítica Literaria; http://www.memoria.fahce.unlp.edu.ar/trab_eventos/ev.2860/ev.2860.pdf, 10.10.2019.

FERNÁNDEZ GARCÍA, Alfonso. 2006. "El texto literario en el aula de ELE," en: *La competencia pragmática y la enseñanza del español como lengua extranjera: actas del XVI Congreso Internacional de ASELE (Oviedo, 2005)*. Servicio de Publicaciones, 63-37; http://cvc.cervantes.es/ensenanza/biblioteca_ele/asele/asele_xvi.htm, 10.10.2019.

GARRIDO, Antonio. & MONTESA, Salvador. 1994. "La literatura en la clase de lengua", en: *Español para extranjeros: didáctica e investigación, Actas del Segundo Congreso Nacional de ÁSELE,* (Madrid, 3 – 5 de diciembre de 1990). Málaga: ASELE, 449-457; https://cvc.cervantes.es/ensenanza/biblioteca_ele/asele/pdf/02/02_0447.pdf, 10.10.2019.

GONZÁLEZ REY, Mª Isabel. 2012. "De la didáctica de la fraseología a la fraseodidáctica", en: *Paremia* 21, 67-84. https://cvc.cervantes.es/lengua/paremia/pdf/021/007_gonzalez.pdf; 10.10.2019.

KUCHKAROVA, Kamola. 2013. "Fraseología. Una experiencia didáctica en las universidades e institutos en la era digital", en: *XLVIII Congreso. El español en la era digital*, Jaca; https://cvc.cervantes.es/ensenanza/biblioteca_ele/aepe/pdf/congreso_48/congreso_48_18.pdf, 10.10.2019.

KÜHN, Peter. 1987. "Deutsch als Fremdsprache im phraseodidaktischen Dornröschenschlaf. Vorschläge für eine Neukonzeption phraseodidaktischer Hilfsmittel", en: *Fremdsprachen lehren und lernen* 16, 62-79.

LLUCH, Gemma & SÁNCHEZ-GARCÍA, Sandra. 2017. "La promoción de la lectura: un análisis crítico de los artículos de investigación", en: R*evista Española de Documentación Científica* 40/4, e192; http://dx.doi.org/10.3989/redc.2017.4.1450, 10.10.2019.

LUJÁN-RAMÓN, Salvadora. 2015. "La competencia literaria en el aula de ELE/L2", en: *Revista Internacional de Ciencias Humanas* 4/1, 1-14; http://lascienciashumanas.com, 10.10.2019.

MARTÍN SALCEDO, Javier. 2017. *Fraseología española en uso. ¡Si tú lo dices! ¡Venga! Ya verás como sí* (Secretaría General Técnica. Centro de Publicaciones. Ministerio de Educación, Cultura y Deporte); https://sede.educacion.gob.es/publiventa/fraseologia-espanola-en-uso-si-tu-lo-dices-venga-ya-veras-como-si/ensenanza-lengua-espanola/22188, 10.10.2019.

MUÑOZ MEDRANO, Mª Cándida & FRAGAPANE, Federica. 2014. "De la literatura a la fraseología", en: *Biblioteca ELE*, 142-157; https://cvc.cervantes.es/ensenanza/biblioteca_ele/publicaciones_centros/PDF/napoles_2014/13_munoz-fragapane.pdf, 10.10.2019.

NÚÑEZ RAMOS, Rafael. 2005. "El texto literario en el aula de ELE. El Quijote como referencia"*,* en: *actas del XVI Congreso Internacional de ASELE (Oviedo, 2005)*. Servicio de Publicaciones, 67-76; https://cvc.cervantes.es/ensenanza/biblioteca_ele/asele/pdf/16/16_0067.pdf, 10.10.2019.

NÚÑEZ-ROMÁN, Francisco. 2015. "Enseñar fraseología: consideraciones sobre fraseodidáctica del español", en: *Didáctica. Lengua y Literatura* 27, 153-166; http://dx.doi.org/10.5209/rev_DIDA.2015.v27.51295, 10.10.2019.

PELLITERO, Mercedes. 2018. *Perfeccionamiento del español a través de textos teatrales*. https://play.google.com/books/reader?id=_xh9DwAAQBAJ&hl=es&pg=GBS.PP2; 10.10.2019.

RUIZ GURILLO, Leonor. 2002. *Ejercicios de fraseología*. Madrid: Arco Libros.

SÁNCHEZ MARTÍNEZ, Sonia 2008. *Aspectos semiológicos en la dramaturgia de Paloma Pedrero*. Alicante: Biblioteca Virtual Miguel de Cervantes; http://www.cervantesvirtual. com/obra/aspectos-semiologicos-en-la-dramaturgia-de-paloma-pedrero--0/?_ga=2.120957640.1726323931.1553025070-890988544.1553025070, 10.10.2019.

SÁNCHEZ MARTÍNEZ, Sonia 2019. "Olvidadas antes de ser conocidas. La ausencia de mujeres escritoras en los libros de texto en la enseñanza obligatoria", en: *Prisma Social* 25; http://revistaprismasocial.es/article/view/2676/3166, 10.10.2019.

SEQUERO VENTURA JORGE, María. 2015. "La literatura como recurso didáctico en la enseñanza del español como lengua extranjera", en: *Tejuelo* 21, 30-53; http://dehesa.unex.es/bitstream/handle/10662/4529/1988-8430_21_30.pdf?sequence=1&isAllowed=y, 10.10.2019.

SOLER-ESPIAUBA, Dolores. 2006. "El texto literario en el aula de ELE. El Quijote como referencia. La huella de Don Quijote en el personaje del perdedor", en: *La competencia pragmática y la enseñanza del español como lengua extranjera: actas del XVI Congreso Internacional de ASELE (Oviedo, 2005)*. Servicio de Publicaciones, 77-87; https://cvc.cervantes.es/ensenanza/biblioteca_ele/asele/pdf/16/16_0077.pdf, 10.10.2019.

SZYNDLER, Agnieszka . 2015. "La fraseología en el aula de E/LE: ¿un reto difícil de alcanzar? Una aproximación a la fraseodidáctica", en: *Didáctica. Lengua y Literatura* 27, 197-216; http://revistas.ucm.es/index.php/DIDA/article/view/50867, 10.10.2019.

TORREGO GONZÁLEZ, Alba. 2011. "Análisis de la afición a la lectura en usuarios adolescentes de la red social Tuenti", en: *Revista Interuniversitaria de Formación del profesorado* 72 (25,3), 123-136; https://www.redalyc.org/articulo.oa?id=27426521009, 10.10.2019.

VELÁZQUEZ PUERTO, Karen. 2018. *La enseñanza-aprendizaje de fraseología en ELE*. Madrid: Arco Libros.

ZULOAGA OSPINA, Alberto. 1980. *Introducción al estudio de las expresiones fijas*. Frankfurt a. M.: Lang.

Bibliografía textos teatrales

AFÁN, Tomás. 2011. *¿Sangre por petróleo?*, en: *El tamaño no importa. Textos breves del aquí y ahora. Teatro juvenil*. Nº 18 (I). Madrid: Asociación de Autores de Teatro.

AFÁN, Tomás. 2017. *Rumores*, en: *El tamaño no importa. Textos breves del aquí y ahora. Teatro juvenil*. Nº 24 (VII). Madrid: Asociación de Autores de Teatro.

AFÁN, Tomás. 2018. *Tablas entre tú y yo*, en: *El tamaño no importa. Textos breves del aquí y ahora. Teatro juvenil*. Nº 25 (VIII). Madrid: Asociación de Autores de Teatro.

ALONSO, Santiago. 2017. *Rumores*, en: *El tamaño no importa. Textos breves del aquí y ahora. Teatro juvenil*. Nº 24 (VII). Madrid: Asociación de Autores de Teatro.

ARAUJO, Luis. 2011. *Enemigo*, en: *El tamaño no importa. Textos breves del aquí y ahora. Teatro juvenil*. Nº 18 (I). Madrid: Asociación de Autores de Teatro.

BAJO MARTÍNEZ, Mª Jesús. 2015. *¡Pañuelos, pañuelos!*, en: *El tamaño no importa. Textos breves del aquí y ahora. Teatro juvenil*. Nº 22 (V). Madrid: Asociación de Autores de Teatro.

BAJO MARTÍNEZ, Mª Jesús. 2018. *Adiós con el corazón*, en: *El tamaño no importa. Textos breves del aquí y ahora. Teatro juvenil*. Nº 25 (VIII). Madrid: Asociación de Autores de Teatro.

BEZERRA, Paco. 2011. *Mr. Hitchock vs Carolina 16*, en: *El tamaño no importa. Textos breves del aquí y ahora. Teatro juvenil*. Nº 18 (I). Madrid: Asociación de Autores de Teatro.

Casso de, Alberto. 2015. *La fiesta de los alucinados*, en: *El tamaño no importa. Textos breves del aquí y ahora. Teatro juvenil*. Nº 22 (V). Madrid: Asociación de Autores de Teatro.

Casso de, Alberto. 2017. *La verdad desvelada*, en: *El tamaño no importa. Textos breves del aquí y ahora. Teatro juvenil*. Nº 24 (VII). Madrid: Asociación de Autores de Teatro.

Catalán, Pedro. 2017. *No todo son colinas*, en: *El tamaño no importa. Textos breves del aquí y ahora. Teatro juvenil*. Nº 24 (VII). Madrid: Asociación de Autores de Teatro.

Cruz, María Luz. 2017. *Todo controlado*, en: *El tamaño no importa. Textos breves del aquí y ahora. Teatro juvenil*. Nº 24 (VII). Madrid: Asociación de Autores de Teatro.

Diego de, Maxi. 2011. *Monólogos estudiantiles*, en: *El tamaño no importa. Textos breves del aquí y ahora. Teatro juvenil*. Nº 18 (I). Madrid: Asociación de Autores de Teatro.

Diego de, Maxi. 2017. *Política*, en: *El tamaño no importa. Textos breves del aquí y ahora. Teatro juvenil*. Nº 24 (VII). Madrid: Asociación de Autores de Teatro.

Dios de, Javier. 2011. *Quince*, en: *El tamaño no importa. Textos breves del aquí y ahora. Teatro juvenil*. Nº 18 (I). Madrid: Asociación de Autores de Teatro.

Dios de, Javier. 2015. *Tierra mojada*, en: *El tamaño no importa. Textos breves del aquí y ahora. Teatro juvenil*. Nº 22 (V). Madrid: Asociación de Autores de Teatro.

Dorado, Yolanda. 2011. *Etiopía*, en: *El tamaño no importa. Textos breves del aquí y ahora. Teatro juvenil*. Nº 18 (I). Madrid: Asociación de Autores de Teatro.

Fernández, Amaia. 2015. *XX: mujer*, en: *El tamaño no importa. Textos breves del aquí y ahora. Teatro juvenil*. Nº 22 (V). Madrid: Asociación de Autores de Teatro.

García Ruiz, Carlos. 2015. *Cien puntos*, en: *El tamaño no importa. Textos breves del aquí y ahora. Teatro juvenil*. Nº 22 (V). Madrid: Asociación de Autores de Teatro.

García Serrano, Yolanda. 2011. *Reciclaje*, en: *El tamaño no importa. Textos breves del aquí y ahora. Teatro juvenil*. Nº 18 (I). Madrid: Asociación de Autores de Teatro.

García Serrano, Yolanda. 2017. *Empleo juvenil*, en: *El tamaño no importa. Textos breves del aquí y ahora. Teatro juvenil*. Nº 24 (VII). Madrid: Asociación de Autores de Teatro.

Gómez, Concha. 2018. *Ingrata memoria*, en: *El tamaño no importa. Textos breves del aquí y ahora. Teatro juvenil*. Nº 25 (VIII). Madrid: Asociación de Autores de Teatro.

González Cruz, Luis Miguel. 2011. *Una pequeña formalidad*, en: *El tamaño no importa. Textos breves del aquí y ahora. Teatro juvenil*. Nº 18 (I). Madrid: Asociación de Autores de Teatro.

Heras, Juan Pablo. 2014. *Mensajes*, en: *El tamaño no importa. Textos breves del aquí y ahora. Teatro juvenil*. Nº 21 (IV). Madrid: Asociación de Autores de Teatro.

Herrero, Leandro. 2011. *Catarsis*, en: *El tamaño no importa. Textos breves del aquí y ahora. Teatro juvenil*. Nº 18 (I). Madrid: Asociación de Autores de Teatro.

Jardiel Poncela, Enrique. 2012. *Eloísa está debajo de un almendro*. Barcelona: Vicens-Vives.

Jiménez, Antonia. 2013. *Hablemos de sexo*, en: *El tamaño no importa. Textos breves del aquí y ahora. Teatro juvenil*. Nº 20 (III). Madrid: Asociación de Autores de Teatro.

Jiménez Aguilar, Miguel Ángel. 2018. *(Des)orden@das*, en: *El tamaño no importa. Textos breves del aquí y ahora. Teatro juvenil*. Nº 25 (VIII). Madrid: Asociación de Autores de Teatro.

Mañas, Miguel Ángel. 2018. *Instrucciones para después de un día de dolor*, en: *El tamaño no importa. Textos breves del aquí y ahora. Teatro juvenil*. Nº 25 (VIII). Madrid: Asociación de Autores de Teatro.

MORAL DEL, Ignacio. 2018. *Absurdalia canina,* en: *El tamaño no importa. Textos breves del aquí y ahora. Teatro juvenil.* Nº 25 (VIII). Madrid: Asociación de Autores de Teatro.

MARTÍN CEDILLO, Pedro. 2018. *Edipo en Lavapies,* en: *El tamaño no importa. Textos breves del aquí y ahora. Teatro juvenil.* Nº 25 (VIII). Madrid: Asociación de Autores de Teatro.

MATEOS, Aurora. 2018. *Siria niño guerra,* en: *El tamaño no importa. Textos breves del aquí y ahora. Teatro juvenil.* Nº 25 (VIII). Madrid: Asociación de Autores de Teatro.

MÍNGUEZ, Olga. 2018. *Huida hacia la nada,* en: *El tamaño no importa. Textos breves del aquí y ahora. Teatro juvenil.* Nº 25 (VIII). Madrid: Asociación de Autores de Teatro.

MORALES MONTORO, Antonio Miguel. 2018. *De Lope a López,* en: *El tamaño no importa. Textos breves del aquí y ahora. Teatro juvenil.* Nº 25 (VIII). Madrid: Asociación de Autores de Teatro.

PLOU, Alfonso. 2015. *El secreto,* en: *El tamaño no importa. Textos breves del aquí y ahora. Teatro juvenil.* Nº 22 (V). Madrid: Asociación de Autores de Teatro.

SÁNCHEZ, Susana. 2018. *La bata barata,* en: *El tamaño no importa. Textos breves del aquí y ahora. Teatro juvenil.* Nº 25 (VIII). Madrid: Asociación de Autores de Teatro.

SERRANO, Virtudes. 2004. *Teatro breve entre dos siglos*. Madrid: Cátedra.

ZAPATA, Pilar. 2018. *Suertes paralelas,* en: *El tamaño no importa. Textos breves del aquí y ahora. Teatro juvenil.* Nº 25 (VIII). Madrid: Asociación de Autores de Teatro.

La mente en acción en el cómic. Narración y cognición a través del ejemplo de *Nieve en los bolsillos* (Kim)

Agustín Corti (Salzburg)

Atribución cognitiva como fundamento para una didáctica de los textos narrativos

En las últimas décadas del pasado siglo y en lo que va de este, la Narratología, sobre todo de cuño cognitivo, ha llamado la atención sobre el papel fundamental que cumplen los estados mentales en la producción y comprensión de historias. Por un lado, cada vez hay mayor evidencia sobre las funciones que posee la narración en la cognición humana, fundamentalmente respecto a la producción de sentido en acciones que, de otra forma, aparecerían como elementos discretos. Por otro lado, los esfuerzos de la investigación actual se han centrado en la ampliación del instrumental narratológico a otros medios más allá de los vinculados de manera tradicional a la literatura, en lo que se ha dado en llamar una narratología posclásica (Herman 2009, 26) o una narratología consciente de los diferentes usos mediales (cf. Ryan 2014).

Si bien en la didáctica de la enseñanza y aprendizaje de lenguas segundas y extranjeras la narración cumple un papel importante, su integración suele estar ligada a una elección particular de materiales para el aula en el caso de la práctica y a la didáctica de la literatura en el caso de la investigación. Existen numerosos ejemplos que intentan, desde este punto de vista, integrar la narración en la didáctica de las lenguas. El volumen editado por Bredella, Delanoy y Surkamp (2004) presenta, por ejemplo, diversas propuestas para trabajar textos literarios, entre ellos narrativos, en el aula.

Ahora bien, la necesidad del aula de contar con un *input* y producir un *output* sugiere, a mi modo de ver, que la narración puede integrarse de manera más *básica* en la didáctica de lenguas extranjeras, si se atiende a los procesos cognitivos que subyacen a la misma. En el volumen antes mencionado, Hallet (2004, 207) resalta que la narración literaria "distribuye" cultura, ya que presenta esquemas de comportamiento, valores, etc. existentes en una sociedad.

Particularmente, se refiere a cómo presentaría este aspecto la literatura de carácter narrativo:

> Am Beispiel der erzählenden Literatur kann dies, vereinfachend gesagt, auf zweierlei Weise geschehen: zum einen dadurch, dass Handlungsweisen, soziale Prozesse, kulturelle Elemente und Modi ihrer mentalen Verarbeitung auf der thematisch-inhaltlichen Ebene Gegenstand einer Erzählung werden; zum anderen kann Literatur kulturelle Elemente dadurch zirkulieren, dass sie sich bestimmter Modi und Formen des ‚Weltzugriffs' bedient und diesen dadurch zu sozialer und kultureller Wirksamkeit verhilft (ibid.).

En el presente aporte pretendo integrar estos dos aspectos que señala Hallet en un marco epistemológico más amplio en relación con una novela gráfica. La narración, como fenómeno que hunde sus raíces en procesos cognitivos básicos y aparece en textos codificados de manera medialmente diversa, constituye una forma particular de organización discursiva que une aspectos del conocimiento lingüístico y extralingüístico presentes en el aula. Esta característica la vuelve particularmente útil para el proceso de aprendizaje de una lengua, dado que las lenguas segundas y extranjeras parten de una base cognitiva ya adquirida tanto a nivel lingüístico como sociocultural. El conocimiento previo de carácter universal, determinado por la ontogénesis, permite la comprensión de actividades básicas como atribuir una intención a una acción o a una aseveración. Dicha realización se configura de manera subjetiva, ya que la experiencia y los contextos de experiencia de los individuos, por definición, varían. Esta característica determina necesariamente las condiciones de la comunicación en general y de la comprensión textual que se encuentran en el centro de la didáctica de las lenguas extranjeras.

Gracias a mecanismos cognitivos básicos, los seres humanos comprenden acciones, pensamientos, deseos, intenciones de otros seres humanos, así como esas mismas actividades en personajes que aparecen en textos de diferentes tipos. A modo de ejemplo, el manual *Campus Sur* (A1-B1) (Varo et al. 2017, 24) contiene un texto con la presentación de un personaje femenino denominado Linda Ramírez, una breve descripción sobre su vida en Los Ángeles, su familia, los hispanos, etc. Sobre el final, dice el texto:

> Afortunadamente, cada vez más personas creen en la juventud hispana. Yo creo que todos los jóvenes que vivimos, estudiamos y trabajamos en este país tenemos derecho a

una vida con las mismas oportunidades. Por eso soy activista a favor de los derechos de los migrantes (ibid.).

Para poder comprender este texto con una estructura narrativa básica, es necesario tener la capacidad de decodificar el adverbio "afortunadamente", saber qué significa "creer" en los dos sentidos utilizados en el texto, en el primero de "tener esperanzas en" y en el segundo de "mantener una opinión". Pero, fundamentalmente, se debe entender el hecho de que estas creencias, estos sentimientos, esta forma de la experiencia, se consideran la causa de que tome su decisión de ser una activista de los derechos humanos. Como se puede ver, no se trata solo de tener las competencias receptivas para decodificar el vocabulario y la estructura sintáctica de dicho texto, sino también, y, sobre todo, de poder comprender el entramado de experiencias y estados internos que fundamentan la decisión final que se expresa. Paralelamente, el intérprete atribuye estos estados a una persona, que a su vez se asocia a una fotografía que se encuentra en el margen izquierdo del recuadro.

Algo similar tiene lugar en los textos literarios narrativos. La novela *Tierras de la memoria* de Felisberto Hernández (1965, 9), comienza de la siguiente manera:

> Tengo ganas de creer que empecé a conocer la vida a las nueve de la mañana en un vagón de ferrocarril. Yo ya tenía veintitrés años. Mi padre me había acompañado a la estación y en el momento de subir al tren nos venía a recibir un desconocido que me preguntó:
> - ¿Ud. es el pianista?
> - Es verdad.
> - Lo saqué por la pinta. Yo soy el "Mandolión".

También en este texto es necesario comprender qué significa "tener ganas", "creer", "conocer la vida", que alguien pueda ser un "desconocido" o que sea posible entender que un personaje pueda "sacar por la pinta" a otro, es decir, adivinar la identidad de una persona por su aspecto. El proceso retrospectivo de la memoria reconstruye en el pasaje, indirectamente, no solo los procesos mentales internos, sino que atribuye contenidos mentales a otros, en este caso, que el personaje piensa, y actúa en consecuencia, atribuyendo a un cierto aspecto exterior una capacidad en parte interna como es la capacidad de tocar el piano.

El mismo fenómeno se repite en el contexto de la narración gráfica; si se observa la viñeta de la figura 1 (Kim 2018, 9), es posible comprender cómo funcionan algunas atribuciones en un texto que combina los modos visual y verbal:

Fig. 1: Atribuciones cognitivas básicas en una viñeta (c) Norma Editorial (Kim 2018, 9)

En la parte superior de la viñeta se encuentra una didascalia con un texto que atribuye indexicalmente el tiempo ("20 de octubre de 1963") y el espacio ("carretera en el norte de Francia"); señala, asimismo, dos procesos perceptivos, que "el sol comienza a calentar" y "suenan las ocho". A su vez, estos dos procesos se encuentran asociados con dos marcas visuales: un sol que sale sobre el horizonte y la onomatopeya "dong dong dong dong dong", escrita en una grafía diferente, más ancha y redondeada. Pero la didascalia llama la atención sobre algo más, utiliza la primera persona del singular en el verbo "espero", que indica que hay un sujeto que "siente el calor", "escucha las campanadas" y "ve la carretera solitaria"; atribuimos a un ser humano – o de características humanas – estas capacidades básicas y otras, no tan básicas y de segundo orden, como interpretar la hora de acuerdo a la cantidad de sonidos que producen las campanadas o de utilizar la metáfora "perdida" para describir la carretera. Estos procesos, además, se atribuyen a un sujeto de la acción que se encuentra representado por un par de líneas que hacen referencia a una persona a la derecha del centro.

Dichas atribuciones no se encuentran en el texto, sino que se construyen en base a huellas textuales que permiten tales atribuciones. Quizás la más importante sea la atribución de una experiencia a un personaje conformado verbalmente, como en la novela de Felisberto Hernández, a su asociación con la foto de un rostro en el texto pragmático de *Campus Sur*, o a una mezcla de líneas, dibujos y texto que se interpretan como un protagonista teniendo experiencias y relatando una historia sobre el pasado. Ahora bien, que un texto verbal o visual pueda convertirse en una experiencia depende de los procesos mentales que se infieren de la información brindada visual y verbalmente. Como lo ha expresado Uri Margolin (2007, 71) respecto a *Don Quijote*:

> We are willingly engaging in a game of make-believe in which we pretend that there is a spatio-temporal domain in which the Don and his "world mates" exist and act independently of and prior to any narrative about them; [...] in a word, that we are reading a report about what independently and "actually" exists and happens in some domain.

Esta continuidad con un "dominio espaciotemporal concreto", con la "existencia" supuesta de dichos contenidos textuales y narrativos se da por supuesta, actúa de manera inconsciente cuando se lee un texto (narrativo) y se realizan las inferencias respecto al mismo. Como han afirmado Sanford y Emmott (2010, XI):

> Narrative requires readers to produce rich and complex mental representations. It offers one of the major means through which the experiences of other people, different cultures and distant times may be conveyed, and expands our virtual experience of the world. Typically, narratives manipulate not only our knowledge of things, but also our impressions of how people feel, judge and react in a multitude of situations.

Por ello es que los estados mentales resultan tan fundamentales para el proceso cognitivo y necesitan, a mi modo de ver, una mayor atención por parte de la didáctica de las lenguas extranjeras. En este aporte quiero mostrar algunos aspectos de esta estructura común entre cognición y textualidad en base a un texto verbal y visual para resaltar la función que puede cumplir la misma en la didáctica de las lenguas extranjeras, ejemplificándolo para ELE con la novela gráfica *Nieve en los bolsillos* (cf. Kim 2018).

La mente en acción en *Nieve en los bolsillos*

La novela gráfica *Nieve en los bolsillos* de Joaquim Aubert Puigarnau (Kim 2018) desarrolla una trama autobiográfica en la que coinciden autor, voz narrativa y protagonista, características básicas sobre las que, según Lejeune (1994, 27-45), se asienta el pacto autobiográfico. La historia, narrada cronológicamente, se extiende en el tiempo desde octubre de 1963 hasta un punto indeterminado cercano a marzo de 1964. A su vez, la instancia narrativa se encuentra presente verbalmente, como es usual en la novela gráfica retrospectiva, en un presente posterior a la trama, aunque indefinido temporalmente, cercano tal vez a su fecha de publicación en abril de 2018.

La historia principal comienza con el protagonista, Joaquín, que parte de España y se dirige a Alemania haciendo autostop, pasa por Francia, y posteriormente por las ciudades de Fráncfort y Colonia, quedándose a vivir en un albergue para trabajadores en el pueblo de Remscheid. El final coincide con su retorno aproximadamente seis meses después.

Sin embargo, la riqueza mayor de la novela gráfica radica en las historias entrelazadas que extienden la narración temporal, temática y socialmente. Con la integración de las mismas se produce un contraste entre la instancia narrativa, estructurada como una novela de aprendizaje o de *coming of age*, y la realidad retratada de los inmigrantes y trabajadores, procedentes en su mayoría de España. La dinámica de los contrastes funciona en varios niveles, las libertades de Alemania se oponen a la opresión de España, las posibilidades económicas del país germánico se diferencian de la pobreza y atraso en el país ibérico. Los significados de las diferentes experiencias se interpretan sobre la base del contraste social, económico y cultural realizado en torno a caracterizaciones nacionales, simplificaciones o estereotipos respecto a grupos que se negocian en el albergue de Remscheid. Dentro de este marco general, algunos personajes desarrollan cierta individualidad, detallando y complejizando el contexto de inmigración y trabajo a manos de extranjeros presentado por el narrador. El final de la trama lo marca el retorno del personaje a España con el fin de hacer el Servicio Militar obligatorio.

Los relatos dentro de la historia son seis y están narrados en primera persona por los propios personajes:

- Manuel relata sobre una violación que sufre su hija por parte del hijo del jefe para el que trabaja, la negación de los hechos por parte de estos, y la consiguiente pérdida del sustento económico;
- Andrés Nieto recuerda su traumática participación en la Guerra de Marruecos (Ifni), oculta para la opinión pública y su posterior deserción del Ejército;
- Paco habla, por su parte, de la represión homófoba, su trabajo como cabaretista transvestido en Barcelona y el castigo social a la homosexualidad en la sociedad española de la que huye;
- Purificación rememora los abusos sexuales en el hogar, una relación incestuosa de su padre con su hermana, y la necesidad de huir para que no le pasara lo mismo;
- Luciano recuerda su carrera como boxeador, terminada en fracaso debido al ostracismo causado por no aceptar tirarse a la lona y dejarse ganar una pelea;
- Matías cuenta su ascenso económico como empresario ligado a los círculos militares franquistas, pero su posterior huida por haber cometido adulterio y el temor a ser castigado con una pena de cárcel.

La suma de historias rurales y urbanas da una pauta de la sociedad que dejan atrás los inmigrantes que se encuentran en el albergue. La novela gráfica construye el discurso desde la perspectiva del protagonista y de los diferentes personajes que narran sus historias, por lo que, de la sociedad alemana en la que se encuentran hay solo algunas pinceladas, lo que muestra el cierto aislamiento respecto a otros grupos de la sociedad en el que viven los inmigrantes. El contacto con otros personajes fuera del albergue se produce sobre todo a nivel del trabajo, organizado fundamentalmente por otros extranjeros, o personajes locales que se presentan como excepcionales. En el presente artículo no se tratarán las diferentes historias individualmente, sino que haré hincapié en la complejidad sociocognitiva que introducen, como se verá más adelante.

La trama comienza, como ya he señalado, con el viaje del protagonista hacia el norte. En la figura 2 se puede ver el discurso verbal retrospectivo presente en las didascalias que brinda continuidad y unidad temporal al relato:

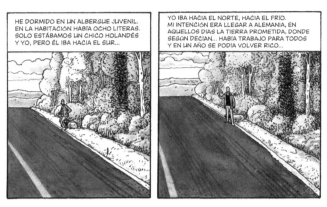

Fig. 2: Estados mentales en el discurso retrospectivo (c) Norma Editorial (Kim 2018, 9)

En estas primeras viñetas de la novela gráfica se puede ver con claridad el carácter básico del reconocimiento de estados mentales para comprender la narración. Ahora bien, ¿qué son y cómo pueden determinarse los estados mentales? Todo proceso mental (creencias, deseos, esperanzas, etc.) se atribuye a individuos a fin de explicar el comportamiento de los mismos de manera lógica. Se los caracteriza por una forma (cómo) y un contenido (qué): en la viñeta de la derecha de la figura 2 se postula un cómo ("mi intención era") y un qué ("llegar a Alemania"). La "intención de hacer algo" no puede observarse, es un estado que un individuo posee, se trata de una cualidad de la experiencia. A su vez, estos estados se pueden expresar en proposiciones del tipo "Joaquín tiene la intención de llegar a Alemania" o "Joaquín creía que Alemania era la tierra prometida". En base a estas proposiciones es que puede explicarse el comportamiento de las personas, en este caso, de los personajes.

Los intérpretes deben realizar la inferencia: el protagonista se encuentra en la carretera porque a través de la misma llegará a Alemania (el contenido de su deseo). Debido a eso se les llama intencionales:

> Allen intentionalen Zuständen ist aber gemeinsam, daß sie durch zwei Aspekte gekennzeichnet sind; durch die Art des Zustandes – sie sind Überzeugungen, Wünsche, Hoffnungen, etc. – und durch ihren Inhalt, d.h. durch das, was geglaubt, gewünscht oder gehofft wird (Beckermann 1999, 14).

Lo particular del vocabulario del cómic es que dichos estados intencionales deben construirse a partir de huellas visuales y verbales. Debido a este doble vocabulario se considera a los cómics multimodales. Un texto es multimodal cuando se caracteriza por "the use of several semiotic modes in the design of a semiotic product or event, together with the particular way in which these modes are combined" (Kress & Van Leeuwen 2001, 20). Modo debe comprenderse como un conjunto de recursos semióticos susceptible de ser utilizado en diferentes medios.

La constitución de sentido en el texto multimodal presupone, por su parte, los estados mentales. Para volver a la figura 1, los signos externos del sol y las campanadas, retrotraen a estados mentales y a una experiencia que, según algunos investigadores (Nagel 1979, 165-180; Fludernik 1996, 19-20), tiene que ver con el aspecto irreductible de qué es sentir el calor del sol o escuchar el sonido de las campanadas. Para poder interpretar el texto, es necesario comprender el cómo, algo que es posible conocer por la propia experiencia de haber sentido el calor del sol o haber escuchado el sonido de campanas.

Este segundo ejemplo señala también estados que en el lenguaje del cómic reciben una forma particular de representación, como pueden ser, por ejemplo, la incertidumbre expresada por un signo de interrogación (figura 3), la percepción de la oscuridad al cerrar los ojos (figura 4), sorprenderse al ver a una persona que se considera guapa, en este caso a Brigitte Bardot, en la pantalla del cine y realizar un gesto de sorpresa en el rostro (figura 5), tener la sensación de que algo es duro cuando se le golpea con un pico y del ruido que provoca al golpearlo, reconocerlo con la onomatopeya "toc" (figura 6).

Fig. 3: Incertidumbre (c) Norma Editorial (Kim 2018, 15)
Fig. 4: Oscuridad (c) Norma Editorial (Kim 2018, 55)
Fig. 5: Sorpresa (c) Norma Editorial (Kim 2018, 74)
Fig. 6: Dureza (c) Norma Editorial (Kim 2018, 102)

Como puede verse, el lenguaje multimodal del cómic utiliza diferentes recursos para brindar pistas a los receptores, sean verbales, visuales o una conjunción de ambas, conjugadas de manera dinámica. Es importante resaltar en este punto que se necesita algo más que conocer convenciones simbólicas; no se trata de manejar una enciclopedia amplia que permita decodificar esta información como signos, o de una competencia sintáctica, sino de la subsunción de esos signos en procesos que explican el comportamiento y la experiencia vivida de los personajes.[1]

De la mente a los personajes, de los personajes al mundo

Aunque parezca obvio que un proceso tan básico del conocimiento humano como la atribución de estados mentales y la consiguiente explicación del comportamiento esté directamente relacionado con la percepción de textos, existen también diferencias entre la lectura de textos narrativos, sobre todo literarios, y las inferencias que realizamos en la vida real.

El tipo de acceso a los estados mentales de los personajes presentes en una narración es una de las características más salientes de la ficción. La literatura, así como la narración gráfica, pueden alcanzar algo que las personas logran de manera más limitada e imperfecta (cf. Hamburger 1977; Cohn 1983; Fludernik 1996; Palmer 2004). Mientras que los seres humanos están obligados a inferir los estados mentales o necesitan que se los indiquen verbalmente, en la narración es característico que la voz narradora brinde pistas más precisas de dichos estados mentales. Por otra parte, las restricciones genéricas de la literatura juegan un papel importante en las atribuciones posibles dentro de un texto. En *Nieve en los bolsillos*, las expectativas implícitas en la lectura de un texto autobiográfico se unen a las atribuciones contextuales de cada lector en el marco

---

[1] Cohn (2013, 4-13; 65-89) defiende que es posible considerar el cómic de forma similar a un constructo lingüístico y, por lo tanto, hablar de una estructura gramatical y sintáctica del mismo. Si bien el análisis parece funcionar con los ejemplos tratados por el autor, con la ventaja de haber realizado estudios empíricos sobre su recepción, la estructura descrita no parece funcionar para ejemplos de mayor complejidad y dinámica. Los esfuerzos de la semiótica para delimitar el carácter simbólico de los elementos del cómic pecan, por lo general, de insuficientes. El ejemplo pionero y uno de los más conocidos es quizás el de Umberto Eco (1992, 153-210). Para una crítica del mismo cfr. Kukkonen (2013, 13-25) y, también, la discusión de Bateman (2014, 91-115) sobre la relación entre texto e imagen en el cómic, así como su posicionamiento respecto al modelo de Cohn.

de sus conocimientos sobre la época, sobre el sitio donde tiene lugar la acción, sobre la España franquista, etc. El filtro establecido por la perspectiva posterior, la mirada retrospectiva, que reconstruye el pasado, crea esta doble voz del ahora de la narración y del presente de lo narrado propia de la autobiografía (cf. Gilmore 1995; Baetens 2004; Whitlock 2006; Chaney 2011).

Las atribuciones, por ello, siempre dependen del acto de lectura (Iser 1994, VI-VII; 50-67), de la recepción de un texto. Esta necesidad de la actividad del receptor es el punto fundamental en el que las características de la narración mostradas hasta ahora se vuelven más relevantes para la didáctica de las lenguas extranjeras, al menos desde un punto de vista epistemológico. Diversos investigadores han resaltado la continuidad existente entre las capacidades cognitivas y el proceso de atribución de estados mentales en la recepción literaria, que puede perfectamente extenderse a la narración gráfica. Las lectoras y lectores pueden comprender estados mentales de personajes ficticios porque disponen de capacidades cognitivas para realizar atribuciones mentales en la vida diaria (cf. Zunshine 2006; Herman 2009; Caracciolo 2017). Se trata de una capacidad general de las personas – no autistas y sin ciertos daños cerebrales – de atribuir estados mentales tanto a sí mismos como a los demás (cf. Palmer 2004; Hutto 2012). Alvin Goldman (2006, 3) lo expresa de la siguiente manera:

> People attribute to self and others a host of mental states, ranging from beliefs and aspirations to headaches, disappointments, and fits of anger. Other creatures undoubtedly have pains, expectations, and emotions. But having a mental state and representing another individual as having such a state are entirely different matters. The latter activity, mentalizing or mindreading, is a second-order activity: It is mind thinking about minds. It is the activity of conceptualizing other creatures (and oneself) as loci of mental life.

También Hutto (2012, XI-X), desde una perspectiva distinta, resalta el desarrollo de esta capacidad en los niños de todas las culturas. Indica, además, que no solo desarrollan esta capacidad de comprender acciones en base a razones, sino que también lo hacen utilizando el mismo marco mental y conceptual, al que caracteriza como *folk psychology* (cf. también Taylor 1989; Bruner 1990). Esta capacidad de atribuir estados mentales tanto a sí mismo como a los demás, se encuentra en la base de la narratología de cuño cognitivo, que afirma que los modelos mentales de personajes que construyen lectoras y lectores se basan en la disposición de atribuir y comprender tales estados mentales en la vida diaria (Palmer 2004, 11; Hartner 2012, 115).

Fotis Jannidis (2004, 194) lo expresa de la siguiente manera: "Weil für Figuren der Erklärungsrahmen der *folk psychology* gültig ist, können aufgrund von gegebenen Informationen weitere Informationen ergänzt werden." Esta información tiene que ver con la causalidad que se reconstruye y que retrotrae a intenciones, emociones, deseos o convicciones de personas y personajes, es decir, a los estados intencionales mencionados anteriormente (cf. también Culpeper 2000; Herman 2007; Eder & Jannidis & Schneider 2010; Caracciolo 2012).

Los personajes, por su parte, pueden analizarse y comprenderse en diferentes niveles de acuerdo a Eder, Jannidis y Schneider (2010, 45-46); en primer lugar, a nivel personal se suelen construir como seres humanos o similares, con las restricciones genéricas correspondientes. En *Nieve en los bolsillos*, consideramos la vida del protagonista Joaquín como una vida posible en el contexto dado, pero a su vez aceptamos el pacto autobiográfico presuponiendo que aquello que se narra en dicha historia es referencial, sucedió de alguna manera y se narra de forma verosímil.

En segundo lugar, los personajes poseen siempre una relación con el universo narrativo (*storyworld*),[2] que se inserta en un contexto cultural en el que se pueden observar síntomas históricos, culturales y sociales determinados. También en este sentido la novela gráfica tratada es particularmente rica, ya que la meta de la misma parece ser incluso un repaso de la experiencia individual del contraste social y cultural que perciben los personajes.

Los personajes pueden, en tercer lugar, ser considerados como la corporización de valores o ideas, es decir, incorporan un significado simbólico. El lenguaje del cómic trabaja con numerosos elementos simbólicos, debido justamente a que las caracterizaciones estereotipadas forman parte de su lenguaje (McCloud 1993, 27-38; Eisner 2018, 103-114); en el caso de *Nieve en los*

---

[2] Herman (2009, 106-107) define universo narrativo (*storyworld*) de la siguiente manera: "Storyworlds are global mental representations enabling interpreters to frame inferences about situations, characters, and occurrences either explicitly mentioned in or implied by a narrative text or discourse. As such, storyworlds are mental models of the situations and events being recounted – of who did what to and with whom, when, where, why, and in what manner."

bolsillos, se encuentran presentes, por ejemplo, en la idea misma del viaje como aprendizaje, pero su significado se negocia de forma más compleja en el contexto de la trama.

Fig. 7: Complejidad sociocognitiva (c) Norma Editorial (Kim 2018, 35)

Para ejemplificarlo, en la secuencia que muestra la figura 7, se relata el encuentro con un antiguo combatiente alemán de la legión Cóndor, las fuerzas nacionalsocialistas que apoyaron militarmente el golpe del general Francisco Franco en la guerra civil (1936-1939) luchando en el bando nacionalista.

De los niveles discursivos en los que se puede representar a los personajes, el primer nivel sería en la novela gráfica el relato retrospectivo del viaje y la estadía en Alemania del protagonista, es decir, la narración de las peripecias de un personaje humano. No obstante, la historia se entreteje complejamente con otras historias, en este ejemplo, con una breve secuencia en la que el nuevo personaje también relata de forma retrospectiva una historia de su vida, creando una estructura de cuarto orden: el protagonista relata (1) que él se encontró con un personaje (2) que le contó los recuerdos (3) de su participación en la legión

Cóndor (4). Zunshine (2011, 124) ha denominado complejidad sociocognitiva a la representación de un estado mental incorporado dentro de otro estado mental, una capacidad que no se encuentra sin embargo limitada a la interacción de los personajes en la trama. La didascalia de la viñeta superior derecha es el recuerdo del estado mental anterior: "sabía que habían bombardeado Guernika y algunas ciudades más, y que los había enviado el mismo Hitler". Evidentemente, los estados mentales, por su propia naturaleza, poseen siempre una contextualización, no aparecen aislados. Se trata justamente de una contextualización, cognitivamente compleja, lo que distingue un texto narrativo de, por ejemplo, un texto informativo que presente los hechos históricos sobre la legión Cóndor y su participación en el conflicto hispano. Los aprendientes necesitan ciertamente información para poder comprender la trama, pero los significados se encuentran integrados en una estructura que promueve la negociación de los mismos, la polifonía de perspectivas que construyen los textos narrativos y que es característica también de los procesos de producción de sentido.

En el ejemplo se puede observar cómo existe un aspecto contextual relacionado a la trama que puede requerir conocimiento histórico tan general como saber quién fue Adolf Hitler, reconocer a los "comunistas" que menciona el personaje, así como un posicionamiento del intérprete frente a las perspectivas que construye el discurso. Son las lectoras y los lectores quienes deben decodificar dicho relato, ponerlo en relación con el juicio de la didascalia, que podría tener la forma siguiente: "conocía (cómo) la historia de la legión Cóndor (qué), pero discrepaba (cómo) del valor que les daba el personaje a sus hazañas (qué)".

Se puede ver así que la narración posee, por su propia continuidad cognitiva en el nivel de la atribución de estados mentales y causas al comportamiento de otros seres humanos y hechos, una complejidad mayor, mucho más cercana a la comunicación e interacción cotidiana, que la que podrían contener una serie de reglas sobre el comportamiento social asociado a una cultura y una lengua.

En Corti (2019, 29ss.) he criticado el presupuesto presente en la didáctica de la cultura e interculturalidad en ELE que pretende delimitar para una lengua prácticas determinadas, fijar el significado de la acción a normas que pueden aprenderse en una clase. Los textos narrativos muestran cómo el contenido (qué) de los esquemas conceptuales y prácticas están determinados por la realización del sentido (cómo) en los contextos y casos particulares. Que el conocimiento humano dependa de los mismos mecanismos de producción de sentido que se utilizan para la decodificación de textos narrativos da una pauta de que fijar límites para culturas, prácticas e, incluso valores, atribuibles a culturas y lenguas, no parece ser el camino adecuado para el aprendizaje de una 'cultura' asociada a la lengua meta.

La relación entre capacidades cognitivas, el comportamiento atribuible a estados mentales en el mundo del relato y en el mundo exterior al relato, se mantiene en la representación de modelos mentales de los personajes (cf. Schneider 2001; Sanford & Emmott 2010). Ello lleva implícito que, a su vez, en la recepción de textos narrativos, los presupuestos de los que parten los lectores, así como sus capacidades cognitivas, determinarán en cierta medida el *output*. Los análisis empíricos realizados por Bortolussi y Dixon (2003, 141) respecto a la recepción de textos narrativos sugieren que dicha continuidad no es explicable exclusivamente por los parámetros textuales, es decir, por las huellas que se encuentran en el propio texto, sino más bien de la experiencia previa: "readers commonly create representations of characters that are based on the same processes that are used for real people". Dentro de las características comunes que forman la base de las inferencias para ambos niveles, el narrativo y el del mundo real, los autores resaltan tres áreas: a) las interacciones y relaciones humanas, b) las convenciones, que detallan como convenciones, estereotipos, etc., así como c) el conocimiento del mundo.

Fig. 8: Convenciones sociales
(c) Norma Editorial (Kim 2018, 52)

Fig. 9: Expectativas socioculturales
(c) Norma Editorial (Kim 2018, 74)

La figura 8 es un ejemplo de la negociación de interacciones y relaciones; cuando se comprende un texto, se parte de la base de que las personas tienen relaciones entre ellas, de amistad, amorosas, etc., pero también de que existen expectativas sobre el comportamiento de los demás seres humanos. Es decir, los lectores solemos retrotraernos a códigos aprendidos para comprender el texto, a comportamientos adquiridos en base a los cuales también se construye a los personajes. Por ejemplo, en la historia a la que pertenece la viñeta sabemos que la chica lo ve en el ómnibus y lo invita al cine, pero como él no ha podido ir, luego lo va a buscar al albergue, un comportamiento que se presenta como no esperado dentro del universo del relato: "no me lo podía creer", "aquello era como un milagro". Evidentemente, el contexto cultural de los lectores varía lo suficiente como para que las posiciones frente a tal huella textual resulten diferentes. Si bien la voz narradora llama la atención sobre ese juicio, dirige la atención a las convenciones y valores implícitos, la interpretación de estos valores no está determinada por el texto y depende, en definitiva, de la interacción e interpretación con los lectores.

La narración tiene que ver, de esta manera, con la experiencia y con las formas que tiene esta experiencia de aparecer contextualizada. La experiencia perceptiva, corporal, emocional, aparece siempre codificada en ciertas funciones de un nivel superior (lenguaje) y dentro de ciertas prácticas socioculturales (creencias, valores, estructuras sociales, convenciones, etc.) (Figura 9). Los presupuestos culturales del texto y del intérprete suelen ser en parte generales, en parte compartidos, en parte concernientes al desarrollo (enculturación) personal. Una característica particular de los textos narrativos consiste en que, si bien estos niveles se encuentran integrados, de manera más o menos explícita, un texto puede dirigir la atención a ciertos procesos reflexivos. Según Caracciolo (2017, 68)

> [l]iterary stories […] can reveal the values that are entangled in everyday experience. They can do so through representational and expressive devices designed to direct our attention toward the socio-cultural practices […]. In other words, narrative can invite interpreters to pay attention to the cultural values implicated in our exchanges with the world in a more self-conscious way than is possible or likely during these exchanges.

La continuidad existente entre las "mentes ficcionales" y las capacidades cognitivas permite comprender y tener contacto con procesos comunicativos en los que participan los personajes, así como las personas, y que posee una realización concreta en los niveles discursivos que se han repasado para la narración multimodal de los cómics (cf. Schüwer 2008; Cohn 2013; Kukkonen 2013). Además, la necesaria participación de lectoras y lectores en los niveles reconocidos hasta aquí requiere de unas competencias que pueden adquirirse sobre la base cognitiva disponible.

La narración ante el marco normativo (austríaco)

Antes de concluir, quisiera enmarcar, a modo de ejemplo, las ideas señaladas hasta ahora en el marco normativo que establece uno de los planes de estudio que se utilizan en Austria en el nivel secundario superior (*Allgemeine Höhere Schulen, AHS*) y adelantar las conclusiones que me gustaría sacar de este análisis de ciertos procesos mentales en *Nieve en los bolsillos*. El Plan de Estudios mencionado indica en sus metas generales:

> Ziel des Fremdsprachenunterrichts der Oberstufe ist es, die Schülerinnen und Schüler zu befähigen, in der jeweiligen Fremdsprache **adäquate kommunikative Anforderungen des gesellschaftlichen Lebens zu erfüllen** und sich in den **Fertigkeitsbereichen** Hören, Lesen, Sprechen und Schreiben in einer breiten Palette von privaten, beruflichen/ schulischen und öffentlichen Situationen **sprachlich und kulturell angemessen zu verhalten**. [...] Durch **interkulturelle Themenstellungen** ist die Sensibilisierung der Schülerinnen und Schüler für die **Sprachenvielfalt Europas und der Welt** zu verstärken, **Aufgeschlossenheit** gegenüber Nachbarsprachen – bzw. gegenüber Sprachen

von autochthonen Minderheiten und Arbeitsmigrantinnen und -migranten des eigenen Landes – zu fördern und insgesamt **das Verständnis für andere Kulturen und Lebensweisen** zu vertiefen. Die **vorurteilsfreie Beleuchtung kultureller Stereotypen und Klischees, die bewusste Wahrnehmung von Gemeinsamkeiten und Verschiedenheiten sowie die kritische Auseinandersetzung mit eigenen Erfahrungen bzw. mit österreichischen Gegebenheiten** sind dabei anzustreben (Bundesministerium für Bildung 2018, s. p.; negritas propias).

Como los textos narrativos (literarios y multimodales) presentan una continuidad con nuestro comportamiento en el mundo, la didáctica de la literatura puede partir de la base de que los lectores despliegan las mismas capacidades cognitivas tanto para comprender comportamientos de seres humanos como para comprender personajes en las narraciones. Esta capacidad está ligada a la lengua. Por ello no es necesario buscar reglas fijas fuera de los propios textos e *inputs* de la lengua meta, ya que estos se encuentran implícitos, de manera más o menos clara. Más bien, se necesitan las competencias textuales, así como el conocimiento de una gran variedad de textos, para poder implementar los mismos en el aula de ELE. Si se comete el error de postular una cultura determinada, diferente a la de los aprendientes, y atribuirle reglas de comportamiento y esquemas fijos de prácticas sociales, como parece sugerir el Plan de Estudios, se elimina la necesaria riqueza de los procesos de significación propios de los fenómenos y prácticas culturales.

Las diversas historias dentro de la historia de *Nieve en los bolsillos* son una muestra de la riqueza que se puede encontrar en los textos narrativos, que, de acuerdo al modelo de continuidad cognitiva avanzado aquí, no necesitan de un entrenamiento particular para que su recepción sea posible. La otredad respecto a un texto correspondiente a 'otra cultura' no es necesaria en todos los niveles, ya que la base cognitiva común indica que gran parte de la codificación de nivel superior – lingüística, sociocultural, etc. – depende de procesos como la atribución de estados mentales a personas y personajes o de la atribución de causalidad a comportamientos y aseveraciones. Es por ello que se encuentran en la base de nuestro comportamiento y, por lo tanto, de la comunicación. Conceptos como el de adecuación (*adäquat, angemessen*) resultan así descriptivamente erróneos; también el hecho de resaltar que se trata de culturas delimitadas interior y exteriormente, que se pueden comprender de alguna manera exterior a través de un comportamiento funcional, parece ir en contra de la base cognitiva presente en procesos más básicos de la comunicación. Que estos se encuentren codificados 'culturalmente' no implica que dicha cultura deba determinarse previamente. La narración, por el contrario, parece ser un instrumento idóneo para el fomento y reconocimiento de estos procesos.

Los esquemas propios de las prácticas de un contexto cultural son, en un nivel superior, ciertamente la condición de posibilidad de la recepción de algunos aspectos de la narración. Por ello, el conocimiento del mundo, de carácter contextual, diferente para cada individuo, puede explicar en parte el efecto variable y procesual de los textos sobre lectoras y lectores. Los textos se encuentran codificados culturalmente, los lectores comprenden el texto y los personajes en relación con su propio conocimiento del mundo. Los textos narrativos son de este modo un contraste con los modelos de normas abstractas de comunicación intercultural y pueden dar cuenta, en contextos culturales cambiantes, de los elementos comunes y de la recepción particular de los textos narrativos.

La base cognitiva de la recepción de textos narrativos permite investigar y explotar didácticamente, en una continuidad epistemológica, aspectos que incluyen niveles de competencia textual, social y estética. El reconocimiento de esta continuidad epistemológica puede llevar no solo a un reposicionamiento de buena parte de la investigación y propuestas ya realizadas en el campo de la didáctica de la literatura, sino brindarles a los esfuerzos existentes una base común para la práctica docente y la investigación didáctica, que complejice el modelo de comunicación simplificado (Liddicoat & Scarino 2013, 13ss.) que se encuentra en la base de gran parte de la didáctica de las lenguas.

Bibliografía

BAETENS, Jan. 2004. "Autobiographies et bandes dessinées. *Belphégor*"; https://dalspace.library.dal.ca/handle/10222/47689, 15.11.2019.

BATEMAN, John A. 2014. *Text and Image. A critical introduction to the visual/verbal divide*. London: Routledge.

BECKERMANN, Ansgar. 1999. *Analytische Einführung in die Philosophie des Geistes*. Berlin: De Gruyter.

BORTOLUSSI, Marisa & DIXON, Peter. 2003. *Psychonarratology*. Cambridge: Cambridge University Press.

BREDELLA, Lothar & DELANOY, Werner & SURKAMP, Carola. edd. 2004. *Literaturdidaktik im Dialog*. Tübingen: Narr.

BRUNER, Jerome. 1990. *Acts of Meaning*. Cambridge: Harvard University Press.
BUNDESMINISTERIUM FÜR BILDUNG, WISSENSCHAFT UND FORSCHUNG. 2018. *Gesamte Rechtsvorschrift für Lehrpläne allgemeinbildende höhere Schulen, Fassung vom 01.09.2018;* https://www.ris.bka.gv.at/GeltendeFassung/Bundesnormen/10008568/Lehrpl%c3%a4ne%20%e2%80%93%20allgemeinbildende%20h%c3%b6here%20Schulen%2c%20Fassung%20vom%2001.09.2018.pdf?FassungVom=2018-09-01, 15.11.2019.
CARACCIOLO, Marco. 2012. "Notes for a(nother) Theory of Experientiality", en: *Journal of Literary Theory* 6/1, 177-194.
CARACCIOLO, Marco. 2017. *The Experientiality of Narrative. An Enactivist Approach*. Berlin: De Gruyter.
CHANEY, Michael. edd. 2011. *Graphic Subjects. Critical Essays on Autobiography and Graphic Novels*. Wisconsin: University of Wisconsin Press.
COHN, Dorrit. 1983. *Transparent minds*. Princeton, NJ: Princeton University Press.
COHN, Neil. 2013. *The Visual Language of Comics. Introduction to the Structure and Cognition of Sequential Images*. London: Bloomsbury Academic.
CORTI, Agustín. 2019. *La construcción de la cultura en el Español como lengua extranjera (ELE)*. Münster et al.: Waxmann.
CULPEPER, Jonathan. 2000. "A cognitive approach to characterization: Katherina in Shakespeare's The Taming of the Shrew", en: *Language and Literature* 9/4, 291-316; https://doi.org/10.1177/096394700000900401, 15.11.2019.
ECO, Umberto. 1992. *Apocalípticos e integrados*. Barcelona: Lumen.
EDER, Jens & JANNIDIS, Fotis & SCHNEIDER, Ralf. 2010. "Characters in Fictional Worlds. An Introduction", en: Eder, Jens & Jannidis, Fotis & Schneider, Ralf. edd. *Characters in Fictional Worlds: Understanding Imaginary Beings in Literature, Film, and Other Media*. Berlin: De Gruyter, 3-64.
EISNER, William. 2018. *Comics and Sequential Art*. Rev. ed. New York: W. W. Norton & Company.
FLUDERNIK, Monika. 1996. *Towards a 'Natural' Narratology*. London: Routledge.
GILMORE, Leigh. 1995. *Autobiographics. A Feminist Theory of Women's Self-representation* 2. print. ed. Ithaca, NY: Cornell University Press.
GOLDMAN, Alvin I. 2006. *Simulating Minds: The Philosophy, Psychology, and Neuroscience of Mindreading*. Oxford: Oxford University Press.
HALLET, Wolfgang. 2004. "(How) Can We Close the Gap? Zum Verhältnis von Literatur, Kulturwissenschaften und Didaktik am Beispiel der Intertextualität und Nick Hornbys Roman *High Fidelity*", en: Bredella, Lothar & Delanoy, Werner & Surkamp, Carola. edd. *Literaturdidaktik im Dialog*. Tübingen: Narr, 207-238.
HAMBURGER, Käte. 1977. *Die Logik der Dichtung*. 3. ed.. Stuttgart: Klett-Cotta.
HARTNER, Marcus. 2012. *Perspektivistische Interaktion im Roman. Kognition, Rezeption, Interpretation*. Berlin: De Gruyter.
HERMAN, David. 2007. "Storytelling and the Sciences of Mind: Cognitive Narratology, Discursive Psychology, and Narratives in Face-to-Face Interaction", en: *Narrative* 15/3, 306-334.
HERMAN, David. 2009. *Basic Elements of Narrative*. Malden, Mass.: Wiley-Blackwell.
HERNÁNDEZ, Felisberto. 1965. *Tierras de la memoria*. Montevideo: Arca.
HUTTO, Daniel D. 2012. *Folk Psychological Narratives. The Sociocultural Basis of Understanding Reasons*. Cambridge: MIT Press.

ISER, Wolfgang. 1994. *Der Akt des Lesens*. 4. ed. München: Wilhelm Fink.
JANNIDIS, Fotis. 2004. *Figur und Person. Beitrag zu einer historischen Narratologie*. Berlin: De Gruyter.
KIM. 2018. *Nieve en los bolsillos*. Barcelona: Norma.
KRESS, Gunther R. y VAN LEEUWEN, Theo. 2001. *Multimodal Discourse. The Modes and Media of Contemporary Communication*. London: Arnold.
KUKKONEN, Karin. 2013. *Contemporary Comics Storytelling*. Lincoln/London: University of Nebraska Press.
LEJEUNE, Philippe. 1994. *Der autobiographische Pakt*. Frankfurt a. M.: Suhrkamp.
LIDDICOAT, Anthony & SCARINO, Angela. 2013. *Intercultural language teaching and learning*. Malden, Mass.: Wiley-Blackwell.
MARGOLIN, Uri. 2007. "Character", en: Herman, David. ed. *The Cambridge Companion to Narrative*. Cambridge: Cambridge University Press, 66-79.
MCCLOUD, Scott. 1993. *Understanding Comics: The Invisible Art*. New York: HarperCollins.
NAGEL, Thomas. 1979. *Mortal Questions*. Cambridge: Cambridge University Press.
PALMER, Alan. 2004. *Fictional minds*. Lincoln, Neb. et al.: University of Nebraska Press.
RYAN, Marie-Laure. 2014. "Story/Worlds/Media: Tuning the Instruments of a Media-Conscious Narratology", en: Ryan, Marie-Laure & Thon, Jan-Noël. edd. *Storyworlds across Media: Toward a Media-Conscious Narratology*. Lincoln, Neb.: University of Nebraska Press, 25-49.
SANFORD, Anthony. J. & EMMOTT, Catherine. 2010. *Mind, Brain and Narrative*. Cambridge: Cambridge University Press.
SCHNEIDER, Ralf. 2001. "Toward a Cognitive Theory of Literary Character: The Dynamics of Mental-Model Construction", en: *Style* 35/4, 607-640.
SCHÜWER, Martin. 2008. *Wie Comics erzählen. Grundriss einer intermedialen Erzähltheorie der grafischen Literatur*. Trier: Wissenschatlicher Verlag Trier.
TAYLOR, Charles. 1989. *Sources of the Self. The Making of Modern Identity*. Cambridge, Mass.: Harvard University Press.
VARO, Rosales & MORENO, Teresa & MARTÍNEZ LARA, Ana & SALAMANCA, Pilar & BUYSE, Kris & MARTÍNEZ, Matilde & GARRIDO, Pablo. 2017. *Campus Sur. A1-B1*. Barcelona: Difusión.
WHITLOCK, Gillian. 2006. "Autographics: The Seeing 'I' of the Comics", en: *MFS: Modern Fiction Studies* 52/4, 965-979.
ZUNSHINE, Lisa. 2006. *Why We Read Fiction*. Columbus, Ohio: The Ohio State University Press.
ZUNSHINE, Lisa. 2011. What to Expect When You Pick up a Graphic Novel. *SubStance: A Review of Theory and Literary Criticism* 40/1 (124), 114-134.

¡Tú decides!
Spielbücher als interaktive Brücke zu literarischer Kompetenz
Elena Schäfer (Frankenthal)

1. Einleitung

Stellen Sie sich folgendes Szenario vor: Ihr Onkel besitzt ein Privatflugzeug und lädt Sie zu einem Strandurlaub ein. Sie freuen sich sehr über die Einladung und sagen zu. Der Tag der Abreise rückt näher. Unverhofft hat Ihr Onkel beruflich jedoch noch einiges zu tun, sodass Sie die Reise mit zwei weiteren Crewmitgliedern antreten. Der Flug verläuft ruhig. Plötzlich zieht sich der Himmel zu und es treten heftige Turbulenzen auf. Sie hören noch den Aufschrei des Piloten, bevor es um Sie herum schwarz wird. Sie verlieren das Bewusstsein. Als Sie die Augen wieder öffnen, stellen Sie mit Schrecken fest, dass die Maschine abgestürzt ist. Sie sind alleine auf einer anscheinend unbewohnten Insel. Um Sie herum sind nur das weite Meer und ein Dschungel. Von den anderen Passagieren fehlt jede Spur. Da entdecken Sie im Sand Spuren. Es könnten die des Piloten sein. Daneben sind noch weitere, kleinere Spuren, die in den Dschungel führen. Sie überlegen, was Sie als nächstes tun sollen. Dann treffen Sie eine Entscheidung:

A: Sie folgen den Spuren in den Dschungel. ODER

B: Sie setzen sich an den Strand und hoffen, dass bald jemand zu Ihnen kommt.

So beginnt das interaktive Leseabenteuer *El triángulo de las Bermudas* (2016) von Pérez Rodríguez, einem *librojuego*. Nach einem kurzen Einblick in die Entwicklung und Popularität von Spielbüchern widmet sich der vorliegende Beitrag ausgehend von ihren genrespezifischen Charakteristika dem didaktischen Potential von *librojuegos* im Spanischunterricht und der Frage, welchen Beitrag sie zur Ausbildung der literarischen Kompetenz leisten können. Die theoretischen Überlegungen bezüglich didaktisch-methodischer Herausforderungen und Potentiale werden durch die Vorstellung praxiserprobter Unterrichtsbeispiele ergänzt und reflektiert.

2. Spielbücher – ein fast vergessenes Genre?
2.1 Ursprung und Entwicklung

Spielbücher, international bekannt als *gamebooks, livres-jeux* oder *librojuegos* haben ihren Ursprung in den 1960er Jahren (vgl. Montfort 2003, 70). Wenngleich noch nicht endgültig erwiesen, geht man davon aus, dass es sich bei dem von Marc Saporta im Jahr 1961 veröffentlichten Werk *Composition 1* um eines der ersten bis dato bekannten Spielbücher im weitesten Sinn handelt. Im Unterschied zu anderen literarischen Werken der damaligen Zeit lag die Besonderheit seines Romans darin, dass dieser aus 150 Seiten bestand, die lose in einer Box lagen und in beliebiger Reihenfolge gelesen werden konnten (vgl. Badman 2004).

Unabhängig davon entstanden in den Folgejahren v. a. in Frankreich, Großbritannien und den USA weitere Formen interaktiver Literatur, die mit den traditionellen Lesegewohnheiten brachen und ihren Höhepunkt in den 1980er Jahren erreichten. Besonders populär waren die Werke von Steve Jackson und Ian Livingstone, die zunächst im Bereich Fantasy und Abenteuer zu verorten waren und sich vornehmlich an Erwachsene richteten (vgl. Ray 2015, 31). Für ihre Entstehung und Entwicklung nennenswerte Beispiele sind etwa die Werke *Un conte à votre façon* von Raymond Queneau (1967) und *Sugarcane Island* von Edward Packard (1976), die zum baldigen Durchbruch des Genres verhalfen.

Im Kontext ihrer Entstehungsgeschichte ist bemerkenswert, dass bereits in den 30er Jahren des 20. Jahrhunderts erste Hinweise auf interaktive Literatur zu finden sind. Hierzu zählen u. a. der Roman *Consider the Consequences*[1] von Doris Webster und Mary Alden Hopkins (1930) sowie die Erzählung *Examen de la obra de Herbert Quain*[2] von Jorge Luis Borges (1941), denen zu jener Zeit jedoch noch keine Aufmerksamkeit zuteil wurde. Zusammen mit dem Roman von Queneau können sie aus heutiger Sicht als Vorläufer der Spielbücher im

---

[1] In dem Roman *Consider the Consequences* von Doris Webster und Mary Alden Hopkins (1930) bestimmen die Leserinnen und Leser durch ihre Entscheidungen in drei miteinander verwobenen Handlungen über das Schicksal jeweils eines der drei Protagonisten.

[2] Jorge Luis Borges machte in seiner 1941 veröffentlichten Erzählung *Examen de la obra de Herbert Quain* auf die – heute aus *librojuegos* bekannten – Möglichkeiten narrativer Techniken aufmerksam, indem er exemplarisch auf einen fiktiven Roman mit neun möglichen Enden verwies, sie jedoch selbst nicht praktisch anwandte.

klassischen Sinn ihrer Definition bezeichnet werden, da die Leser durch die gezielte Integration von Entscheidungsmomenten erstmals dazu aufgefordert wurden, den narrativen Handlungsverlauf aktiv mitzubestimmen (vgl. Carpentier 2016).

Seit ihrem Durchbruch in den 1970/80er Jahren und der noch jungen Wiederbelebung des Genres gab und gibt es weltweit eine Vielzahl an Veröffentlichungen von Spielbüchern, die zu verschiedenen Subgenres mit unterschiedlichen Themen (z. B. Fantasy, Science-Fiction, Abenteuer, Liebe, Krimi), Formaten (z. B. Roman, Comic) und verschiedenen Ausrichtungen[3] geführt hat. Zu ihren Adressaten zählen mittlerweile auch Kinder und Jugendliche. Bevor die Arten von Spielbücher näher erläutert und voneinander differenziert werden (siehe Abschnitt 2.3), wird zunächst auf die allgemeingültigen, genrespezifischen Charakteristika von Spielbüchern eingegangen.

2.2   Charakteristika von Spielbüchern

Wie der Begriff vermuten lässt, führt das Konzept des Spielbuchs zwei Grundgedanken zusammen: den des Spielens und den des Lesens. Diese Besonderheit macht das Genre einzigartig: Spielbücher sind darauf ausgerichtet, dass die Leserin bzw. der Leser die Rolle des Protagonisten einnimmt, Teil der fiktionalen Welt wird und den Handlungsverlauf und damit den Ausgang der Geschichte aktiv mitbestimmt. Um dies zu gewährleisten, sind die Geschichten i. d. R. genderneutral in der zweiten Person Singular geschrieben, sodass die Leserin bzw. der Leser direkt angesprochen wird (siehe Abb. 1).

---

[3] An dieser Stelle sei exemplarisch auf Spielbücher in den Bereichen Biologie, Politik, Geschichte, Gesundheit o. Ä. verwiesen, die explizit auf pädagogische Ziele ausgerichtet sind (vgl. Tröppner & Bernhard 2018).

Abb. 1: Charakteristika von Spielbüchern

Anders als bei klassischen, linear strukturierten Lektüren mit Kapiteln besteht der Text von Spielbüchern (meist) aus nummerierten Abschnitten mit Bildern oder auch Seitenzahlen (siehe Abb. 2), an deren Ende die Leserin bzw. der Leser aus mindestens zwei „vorgegebenen Möglichkeiten wählen kann, die ihn [...] zum nächsten Spielabschnitt" führen (Bonczyk o. J.).

Abb. 2: Beispiele zur Mitbestimmung des Handlungsverlaufs in Spielbüchern (v.l.n.r. Mc y Manuro 2018; Shuky & Waltch & Novy 2018)

Aufgrund der Vielzahl von miteinander verzweigten Handlungssträngen, durch die die Lesenden im Text vor- und zurückspringen, ist der Ausgang der Geschichte im Vorfeld nicht festgelegt, sondern kann gemäß den Entscheidungen der Protagonistin bzw. des Protagonisten an verschiedenen Stellen eine andere Wendung nehmen. Wie anhand von Abbildung 3 ersichtlich wird, ist es dabei nicht unüblich, dass die Anzahl möglicher Ausgänge der Geschichte im zweistelligen Bereich liegt, wie hier mit 22 Möglichkeiten.

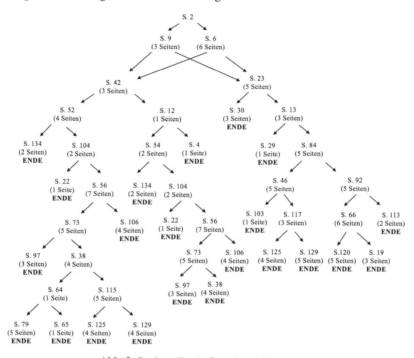

Abb. 3: Struktureller Aufbau eines *librojuegos* am Beispiel von *El triángulo de las Bermudas* (Pérez Rodríguez 2016)

2.3 Spielbücher mit und ohne Würfelsystem

Wie bereits angedeutet, umfasst der Bereich der Spielbücher mittlerweile eine Vielzahl an Subgenres mit unterschiedlichen Ausrichtungen. Aufgrund der damit einhergehenden begrifflichen Unschärfe, die neben einzelsprachlichen Übersetzungen v. a. durch Terminologien des anglophonen Raums geprägt ist, verstärkt sich der Bedarf nach einer Kategorisierung, die einen Überblick über das aktuelle Angebot an Spielbüchern und ihre Unterscheidungsmerkmale gibt.

Ohne den Anspruch auf Vollständigkeit erheben zu wollen, soll in Anlehnung an Fernández (2015) im Folgenden der Versuch einer vereinfachenden, orientierungsgebenden Kategorisierung unternommen werden.

Ausgehend von dem Spielcharakter, der von Werk zu Werk unterschiedlich ausgeprägt ist, lässt sich prinzipiell zwischen zwei Subgenres unterscheiden: (1) Spielbüchern mit Würfelsystem und (2) Spielbüchern ohne Würfelsystem (siehe Abb. 4).

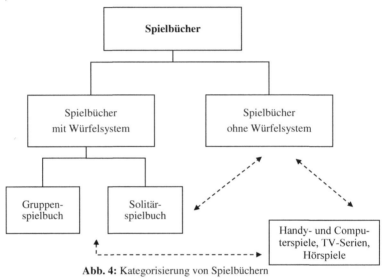

Abb. 4: Kategorisierung von Spielbüchern

(1) Spielbücher mit Würfelsystem zeichnen sich dadurch aus, dass die interaktive Lektüre durch Spielregeln und Würfel[4] ergänzt wird. Die Mitbestimmung bzw. Gestaltung des Handlungsverlaufs ist dahingehend spielerisch komplex, als die Leserin bzw. der Leser z. B. mittels einer sog. *ficha de personaje* die Fähigkeiten und Charaktereigenschaften seiner Figur weiterentwickeln kann und auf diese Weise punktuell über sein Schicksal bestimmt (vgl. Bonczyk o. J.; Feijóo o. J., 2). Angelehnt an das Konzept des Rollenspiels richten sich die Spielbücher mit Würfelsystem wahlweise an Einzelpersonen oder Gruppen. In letzterem Fall wird teilweise ein Spielleiter benötigt, da die Spielenden fiktive Rollen anneh-

---

[4] In vielen Fällen sind Stift und Papier hilfreich. Auch kommen mitunter sogenannte Zufallsstabellen zum Einsatz, die über die Fähigkeiten der Figur entscheiden.

men und im Laufe der Geschichte miteinander interagieren. Prominente Beispiele sind im Bereich *Fighting Fantasy/Lucha-Ficción* zu verorten (z. B. *Dungeons & Dragons*).

(2) Spielbücher ohne Würfelsystem kommen dagegen – abgesehen von einem erklärenden Hinweis zur Mitbestimmung des Handlungsverlaufs – ohne Regeln aus, zumal weniger das Spiel als vielmehr das interaktive Lesen im Vordergrund steht. Zudem greift die Leserin bzw. der Leser nur in bestimmten Schlüsselsituationen in die Handlung ein. Diese Form von Spielbüchern wurde v. a. durch die englischsprachige Reihe *Choose Your Own Adventure* derart populär, dass deren Name – im Spanischen *Elige tu propia aventura* – teilweise synonym für das Genre verwendet wird.[5] Sie stellen die wohl bekannteste Art von Spielbüchern dar und bilden den Schwerpunkt des vorliegenden Beitrags.

Insgesamt handelt es sich bei Spielbüchern um eine lange Zeit vernachlässigtes, aber keineswegs in Vergessenheit geratenes literarisches Genre, das nicht zuletzt durch die technischen Möglichkeiten der Computerbranche wiederbelebt und teilweise neu entdeckt wurde. So stehen neben der klassischen, gedruckten Textvariante inzwischen im digitalen Bereich diverse Angebote zur Verfügung (z. B. *Alice im Düsterwald* von Jonathan Green), die sich die Prinzipien und Charakteristika von Spielbüchern (siehe Abschnitt 2.2) zu Nutze machen und die Grenze zu Computerspielen fließend erscheinen lassen.[6] Hierzu zählen neben sogenannten *Escape Books*[7] u. a. Publikationen im Bereich des (interaktiven) Hörspiels sowie Versuche der Filmindustrie, das Publikum in das

---

[5] Im deutschsprachigen Raum sind sie auch unter dem Begriff „Abenteuerspielbücher" bekannt. Die Terminologie ist insofern naheliegend, als die Geschichten die Protagonistin bzw. den Protagonisten – unabhängig von ihrer thematischen Ausrichtung – in ein Abenteuer verwickeln, das i. d. R. mit der Lösung einer Aufgabe verbunden ist (z. B. einen Schatz finden, jemanden oder sich befreien, einen Mörder entlarven o. Ä.).

[6] Digitale Spielbücher können neben Textabschnitten und Bildern ebenso auditive und audiovisuelle Elemente enthalten.

[7] In Anlehnung an die im Trend liegenden *Escape rooms*, bei denen innerhalb einer bestimmten Zeit Rätsel in einem realen Raum gelöst werden müssen, enthalten *Escape books* viele Merkmale von Spielbüchern: Die Leserin bzw. der Leser nimmt die Rolle des Protagonisten ein, wird in der zweiten Person Singular angesprochen und bestimmt den Handlungsverlauf durch das (u. a. digital gestützte) Lösen verschiedener Rätsel. Die Konzeption der Handlungsstränge unterscheidet sich jedoch von klassischen Spielbüchern und zielt auf nur ein Ende der Geschichte, nämlich die Lösung des (Gesamt-)Rätsels.

Filmgeschehen einzubinden. So sind beispielsweise die Zuschauer der Netflixserie *Black Mirror* in der Sonderfolge *Bandersnatch* dazu aufgefordert, wichtige Entscheidungen des Protagonisten per Fernbedienung zu treffen und somit den Verlauf der Folge selbst zu bestimmen.

3. Spielbücher (ohne Würfelsystem) als Unterrichtsgegenstand: Herausforderungen und Potentiale

Ausgehend von ihrer zunehmenden Popularität soll anhand der nachfolgenden Überlegungen abgewogen werden, ob und inwiefern sich der Einsatz von Spielbüchern auch im Spanischunterricht als gewinnbringend erweist. Der Fokus der Ausführungen liegt dabei auf analogen Spielbüchern ohne Würfelsystem, um einerseits der immer noch mangelhaften technischen Ausstattung vieler Schulen zu begegnen; andererseits erweisen sich die analogen Spielbücher ohne Würfelsystem als weniger komplex (siehe Abschnitt 2.3), was für den Umgang mit interaktiver Literatur (in der Fremdsprache) von Vorteil sein kann.

3.1 Herausforderungen

Die Möglichkeit der Mitbestimmung und die daraus resultierende hohe Anzahl an Handlungssträngen können zu didaktisch-methodischen Herausforderungen führen. Schließlich ist es keine Seltenheit, dass ein Spielbuch, wie im Beispiel von Abbildung 3, 22 verschiedene Möglichkeiten aufweist, wie der Roman enden kann. Für die Unterrichtspraxis bedeutet dies, dass – je nach den Entscheidungen der Lernenden – bis zu 22 potentielle Enden besprochen werden müssten, wenn die Lektürearbeit nicht in Beliebigkeit münden soll. Die damit einhergehende Komplexität und die Frage nach ihrer Integration in den Unterricht steht einem weiteren Extrem gegenüber: der Tatsache, dass die Lernenden durch die individuelle Mitbestimmung des Handlungsverlaufs eine unterschiedliche Anzahl an Seiten zu bewältigen haben, welche durch die Diskrepanz ihrer Lesetempi erschwert wird und zusätzliche Differenzierungsmaßnahmen erfordert.

Hinzu kommt, dass die Protagonistin bzw. der Protagonist durch die direkte Ansprache in der zweiten Person Singular in den meisten Geschichten zwar genderneutral ist, die Abbildungen aber i. d. R. eine männliche Figur suggerieren. Folglich muss die Lehrkraft abwägen, ob sie ihrer Lerngruppe die visuellen Hilfen vorenthält oder womöglich das Identifikationspotential mit der Protagonistin bzw. dem Protagonisten aufs Spiel setzt.

Davon abgesehen gibt es im Gegensatz zum Deutsch- und Englischunterricht bislang kaum gezielte oder aufbereitete *librojuegos* für Spanisch als Fremdsprache. Folglich können Spanischlehrkräfte bis dato ausschließlich auf authentische Werke zurückgreifen, die weder didaktisch-methodische noch sprachlich-inhaltliche Unterstützungsangebote bereitstellen, was eine weitere Arbeitsbelastung darstellt. Zudem eignen sich Spielbücher auf den ersten Blick aufgrund der sprachlichen Anforderungen vornehmlich für höhere Lernjahre. Hierbei sollte sichergestellt werden, dass sich auch erfahrene Leserinnen und Leser von einem derartigen Genre angesprochen fühlen und sich auf dessen spielerische Elemente einlassen. Schließlich sahen sich Spielbücher bereits zu ihrer Blütezeit in den 1980er Jahren mit dem Vorwurf konfrontiert, „ni les nuances ni la profondeur" (Charette 1989, 19) eines ‚echten' Romans zu haben, weswegen ihre literarische Qualität stellenweise in Frage gestellt wurde.

Ein weiterer Einwand muss berücksichtigt werden: Lernende, die ohnehin wenig lesen, vor einer längeren Lektüre zurückschrecken und über eine kurze Konzentrationsspanne verfügen, könnten durch die für Spielbücher typische Aneinanderreihung kurzer Sinnabschnitte in ihrem Lesehabitus bestärkt werden. Schließlich fordert ihre Lektüre ein regelmäßiges Pausieren bzw. Innehalten.

3.2 Potentiale

Wie bereits erwähnt, umfasst das Angebot an Spielbüchern in Folge ihrer Popularität gegenwärtig eine große thematische Bandbreite, auf die im Spanischunterricht zurückgegriffen werden kann. Diese Bandbreite geht weit über die Bereiche Fantasy und Science-Fiction hinaus und richtet sich nicht nur an Erwachsene, sondern explizit auch an jüngere Zielgruppen (siehe Abschnitt 2.1). Da diese Spielbücher als Teil der sogenannten „spezifischen" Kinder- und Jugendliteratur (vgl. O'Sullivan & Rösler 2017, 156) auch im deutschsprachigen Raum verbreitet sind (z. B. durch die bekannten Gänsehaut-Romane), ist es nicht unüblich, dass einige wenige Lerner mit ihrem Konzept bereits vertraut sind und es im Idealfall positiv in Erinnerung haben.

Bei Schülerinnen und Schülern, bei denen eine derartige Lesesozialisation nicht stattgefunden hat, kann im Sinne eines positiven Erstkontakts bereits der Hinweis auf den Bruch mit traditionellen Lesegewohnheiten und die Mitbestimmung des Handlungsverlaufs Neugierde wecken, sich mit dem neuen Genre zu beschäftigen. Dies kann gerade Lesemuffel zum Weiterlesen motivieren (siehe Abschnitt 3.1). Der Überraschungseffekt und die Spannung sind umso höher, wenn die Lehrkraft die ersten Seiten „zunächst vorliest, ohne dass die Schüler das Buch aufschlagen" (Alter 2014, 5).

Für das fremdsprachliche Leseverstehen ist prinzipiell von Vorteil, dass die sprachliche Ausgestaltung von Spielbüchern stilistisch einfacher gehalten ist als bei namhaften Literaturklassikern (vgl. Feijóo o. J., 1-2). Außerdem kann durch die Analogie zum (narrativen) Computerspiel und dem beigemessenen Unterhaltungswert bestenfalls die Leselust neu entfacht werden. Schließlich ändert sich zwar das Medium, nicht aber der Spielcharakter, dessen affektive und motivationale Komponente dem spielerischen Wesen des Menschen entspricht („homo ludens", vgl. Huizinga 2011, 7).

Hierbei liegt ein großes Potential in der Attraktivität und Dynamik der Erzählstruktur, die v. a. davon lebt, dass zwischen den einzelnen Entscheidungsmomenten i. d. R. nur kurze Sinnabschnitte von maximal zwei bis drei Seiten liegen. Dieser Umstand kommt nicht nur sogenannten „Fernsehkindern" (Boelmann 2015, 51-52) zugute, denen es beim Lesen längerer Texte mitunter an Durchhaltevermögen fehlt (vgl. Charette 1989, 18) und die für kleine Erfolgserlebnisse bei der Mitbestimmung des Handlungsverlaufs dankbar sind. Die unkonventionelle, bündige narrative Struktur von Spielbüchern ist es auch, die eine praktikable Integration in den Unterrichtsalltag ermöglicht und gut mit dem schulischen Zeitfenster vereinbar ist, ohne den Lesefluss zu unterbrechen. Um der – je nach Leserentscheidung – unterschiedlichen Länge der Texte gerecht zu werden, empfiehlt sich zusätzlich zum Unterricht eine Weiterarbeit mit den Spielbüchern in einer differenziert gestalteten Projekt- und Freiarbeit (siehe Abschnitt 4).

Des Weiteren kann gerade die in Abschnitt 3.1 angesprochene hohe Anzahl an Handlungssträngen dazu beitragen, dass sich Schülerinnen und Schüler in ihrer Rolle als *lector ludens* ernst genommen fühlen:

De repente la escena toma un carácter mucho más real, en especial cuando la ficción interactiva ha sido diseñada para ofrecer un entorno de libre exploración y no tiene miedo de permitir a la persona actuar de forma no adaptativa, descubriendo por sí sola las consecuencias positivas y negativas de sus actos (Rodrigo de Diego & Fandos Igado 2013, 3).

Dieses Empfinden ist neben der Authentizität der Texte einerseits der Aufforderung zur explorativen Erschließung des Textsinns zu verdanken (vgl. del Valle Luque 2016, 120). Andererseits schafft die persönliche und emotionale Involviertheit authentische Kommunikationsanlässe und weckt nicht zuletzt durch die Erprobung verschiedener Problemlösestrategien das Interesse, zu erfahren welchen Verlauf die Geschichte bei ihren Mitschülerinnen und -schülern genommen hat (vgl. Feijóo o. J., 4). Davon abgesehen sind sie oft bereits vor dem Austausch in der Gruppe intrinsisch motiviert, erneut im Buch zu blättern und andere Handlungsmöglichkeiten auszuprobieren.

Vor diesem Hintergrund ist für den Spanischunterricht von entscheidender Bedeutung, dass Spielbücher eine Vielzahl an Möglichkeiten bieten, die Fremdsprache ansprechend zu vermitteln. Dies gilt für den Erwerb von Lesekompetenzen und Leselust ebenso wie für die Initiierung kreativer Sprech- und Schreibanlässe unter Anbahnung literarästhetischer Kompetenzen.

4. Spielbücher als interaktive Brücke zu literarischer Kompetenz

Unter literarischem oder literarästhetischem Lernen versteht man die „Auseinandersetzung mit literarischen Texten mit dem Ziel, eine literarästhetische Erfahrung zu ermöglichen" (Kräling & Martín Fraile 2015, 4). Der aus der Deutschdidaktik stammende Begriff verfolgt einen rezeptionsästhetischen Ansatz, wonach durch die Interaktion von Text und Rezipienten eine differenzierte Sinnkonstruktion entsteht, die eine rezeptive, produktive und reflexive Dimension umfasst und die Leserin bzw. den Leser auf motivationaler, sprachlich-diskursiver und affektiv-kognitiver Ebene anspricht (vgl. Surkamp 2012, 82-84). Das literarische Werk wird hierbei also nicht als eine Sammlung von Strukturmerkmalen gesehen, sondern als Kunstwerk: Statt einer vorgegebenen Deutung kommt es darauf an, wie der literarische Text auf die Einzelne bzw. den Einzelnen wirkt, welche Gedanken und Gefühle er bei ihr bzw. ihm auslöst. Vor diesem Hintergrund und in Anlehnung an die elf Aspekte des literarischen Lernens nach Spinner (2006, 7) ist der Einsatz von Spielbüchern gerade für den Spanischunterricht wertvoll, weil sie die Verknüpfung fremdsprachlicher und literarästhetischer Lernprozesse in vielfacher Hinsicht begünstigen können.

Demnach initiieren die Auseinandersetzung mit dem Genre und die anschließende Hypothesenbildung zum Romantitel bereits vor der Lektüre den Aufbau einer Erwartungshaltung, die im Laufe der Lektüre aufrechterhalten und kontinuierlich weiterentwickelt wird. Grund hierfür ist die mit der interaktiven Rolle des Lesers einhergehende Partizipationsmöglichkeit, die zu einer besonderen Form der subjektiven Involviertheit führt und eine genaue Wahrnehmung und einen bewussten Umgang mit der vorgefundenen Fiktionalität fordert. Das bedeutet, dass Fremdsprachenlernende die narrative Handlungslogik nicht nur verstehen müssen, sondern vielmehr dazu aufgefordert werden, die Rolle der Protagonistin bzw. des Protagonisten anzunehmen und sich kognitiv-affektiv darauf einzulassen sowie eigenständig Entscheidungen zu treffen, die den weiteren Handlungsverlauf bestimmen und für das Befinden oder die Entwicklung der literarischen Figur von Vor- oder Nachteil sein können. Auf diese Weise gelingt es, die Grenze zwischen Fiktionalität und Realität ein Stück weit aufzubrechen und einen, für einige Schülerinnen und Schüler unbekannten, Zugang zu Literatur zu schaffen. Dieser wird dadurch intensiviert, dass bei analogen Spielbüchern, im Gegensatz zu ihrem digitalen Pendant, neben dem Fließtext maximal Bildimpulse enthalten sind, was entsprechend an die Imagination(skraft) der Rezipienten appelliert (vgl. Feijóo o. J., 5).

Abgesehen von zentralen Aspekten wie Imagination und Perspektivübernahme kommt der Schulung der literarästhetischen Kompetenz des Weiteren zugute, dass die genrespezifische Vielzahl von Handlungssträngen eine differenzierte Auseinandersetzung nach individuellem (Lese-)Interesse ermöglicht: Aufgrund der konzeptionellen Komplexität ist davon auszugehen, dass für die Schülerinnen und Schüler nicht direkt ersichtlich ist, ob ein Handlungsstrang zu einem längeren oder kürzeren Text führt. Folglich bestimmt vielmehr das Leseinteresse und weniger die erwartete Textlänge bzw. -kürze den weiteren Handlungsverlauf. Dem damit verbundenen Lern- bzw. Lesetempo der Schülerinnen und Schüler sollte durch (leistungs-)differenzierte Arbeitsaufträge o. Ä. begegnet werden (siehe Abschnitt 3.1).

Angesichts der Spezifika von Spielbüchern wird der individuelle Leseprozess gerade dadurch gefördert, dass „nicht alle Lerner unbedingt dasselbe lesen und/ oder nicht alle inhaltlich und zeitlich den gleichen Rezeptionsprozess durchlaufen" (Kräling & Martín Fraile 2015, 7). Folglich kann (je nach Unterrichtsziel) von einem gemeinsamen Lesen im Plenum bewusst abgesehen werden. Wie Kräling und Martín Fraile (ebd.) betonen, wird „die Begegnung zwischen Text und Leser [...] dabei nicht immer durch ein Produkt oder konkretes Ergebnis sichtbar, welches im schulischen Kontext normalerweise als Nachweis der Auseinandersetzung mit dem Text gilt". Dennoch gibt es eine Vielzahl an Möglichkeiten, etwaige Lernprozesse sichtbar zu machen und eine Brücke zwischen dem viel diskutierten Verhältnis von literarischem Lernen und Kompetenzorientierung zu schlagen. Auf welche Weise dies geschehen kann, ist Gegenstand des nachfolgenden Abschnitts.

5. Aufgabenbeispiele zum Erwerb literarischer Kompetenz

Ausgehend von der Tatsache, dass der Erwerb literarischen Lernens sowohl rezeptive als auch produktive Tätigkeiten umfasst (vgl. Hallet 2017, 232; Rössler 2010, 134; Surkamp 2012, 82-83), bieten sich für den Spanischunterricht verschiedene Möglichkeiten, literarische Kompetenzen anzubahnen und Lernende über den Rezeptionsprozess hinaus zur Produktion eigener Texte zu motivieren.

Eine Möglichkeit ist es, fortgeschrittene Schülerinnen und Schüler ein ausgewähltes Spielbuch in projektorientierter Freiarbeit individuell lesen zu lassen. Um die Begegnung zwischen Text und Rezipierenden zu vertiefen, bietet es sich an, den Leseprozess durch ein entsprechendes Lesetagebuch zu begleiten und Aufgaben bereitzustellen, die nicht nur den inhaltlichen Verlauf der Geschichte beschreiben bzw. dokumentieren, sondern insbesondere auf eine Bewusstmachung und Reflexion der eigenen literarästhetischen Erfahrungen abzielen. Denkbar wären hierbei – neben der Dokumentation und Begründung der getroffenen Entscheidungen – Fragestellungen zum Rollenempfinden, dem Umgang mit den interaktiven Partizipationsmöglichkeiten, dem eigenen Leseverhalten und Emotionen, die während der Lektüre ausgelöst wurden. Mit dem Ziel eines ‚literarischen Quartetts' (vgl. Weskamp 2015, 47-48; Spinner 2006, 12-13) könnten die Schülerinnen und Schüler im Anschluss an die Lektüre mit Hilfe ihres Lesetagebuchs sowie eines 4-Felder-Feedbacks[8] ihre Text- und Leseerfahrungen präsentieren, sich über den Ausgang ihrer Geschichte austauschen und über das Konzept der Spielbücher diskutieren.[9]

Eine andere, vielversprechende Variante ist es, die Schülerinnen und Schüler in Anlehnung an die Lektüre zu eigenen kreativen Textproduktionen zu motivieren (vgl. Küster 2015, 26), indem sie die gemeinsame Lektüre an einer bestimmen Stelle abbrechen bzw. unterbrechen und sich alleine oder in Kleingruppen weitere Handlungsstränge mit Entscheidungsmomenten ausdenken und die Geschichte gemäß den Charakteristika von Spielbüchern analog oder digital ausarbeiten (siehe Abschnitt 2.2). Das kooperative Erstellen interaktiver Handlungsmöglichkeiten fordert neben fremdsprachlichen Fertigkeiten, Planungsstrategien und Kreativität insbesondere literarische Kompetenzen. Schließlich haben die Lernenden durch den Zugang zu Spielbüchern bereits prototypische Vorstellungen des Genres entwickelt. Durch die Bewusstmachung der sprachlichen Gestaltung und Dynamik können sie sich darin üben, eine narrative, vielleicht sogar dramaturgische Handlungslogik zu entwickeln, bei der sie mit Fiktionalität bewusst umgehen und mit der Involviertheit der Leserin bzw. des Lesers spielen.

Selbst wenn die Schülerinnen und Schüler mit dem Konzept von Spielbüchern bereits vertraut sind, bewährt sich für die Phase der Textproduktion die Zugabe eines Arbeitsblatts mit Strukturierungshilfen zum Verlauf der Geschichte (vgl. Sargent 1991, 159). Grund dafür ist, dass die Vielzahl an Handlungssträngen eine transparente Planung und Strukturierung erfordert, ehe die Geschichte niedergeschrieben werden kann. Statt einer Fortführung der verzweigten Handlung mit Entscheidungsmomenten ist es ferner denkbar, lediglich ein Ende für einen Handlungsstrang zu entwickeln oder die verschiedenen Verzwei-

---

[8] Das 4-Felder-Feedback dient der stillen Reflektion oder auch als Diskussionsgrundlage im Plenum und umfasst vier, in einem Quadrat angeordnete Impulse wie z. B. (1) Das hat mir gefallen, (2) Das hat mich überrascht, (3) Etwas, das ich nicht verstanden habe, (4) Ich möchte mehr wissen über… .

[9] Exemplarische Anregungen zur Gestaltung einer konkreten Unterrichtsreihe mit Spielbüchern können Schäfer (i. V.) entnommen werden.

gungen der Handlung gruppenteilig auszuarbeiten. Die Ergebnisse können im Anschluss präsentiert und – bei einer digitalen Ausarbeitung – z. B. als Power-Point-Präsentation mit Hyperlinks zur Anwendung zur Verfügung gestellt werden. Außerdem bietet es sich an, die eigenen Texte, Ideen und Erwartungen mit dem Originaltext zu vergleichen und ein literarisches Gespräch innerhalb der Lerngruppe zu initiieren, bei dem die Interaktivität und der literarische Wert der Texte thematisiert, angemessen gewahrt und somit gebührend gewürdigt wird.

In Ergänzung zu den bisherigen Vorschlägen ist es, im Sinne eines erweiterten Textbegriffs, ebenso möglich, einen bestimmten Entscheidungsmoment innerhalb der Geschichte herauszugreifen (z. B. Romanbeginn, siehe Abschnitt 1) und die Konsequenzen der jeweiligen Handlung szenisch darstellen und ggf. verfilmen zu lassen. Die damit verbundene Spielfreude wird zum sichtbaren Ausdruck für den sowohl kognitiven als auch affektiven Umgang mit der Lektüre und hat sich in der Unterrichtspraxis sowohl bei schüchternen, leistungsschwächeren Schülerinnen und Schülern als auch in jüngeren Lernjahren bewährt: Die Schülerinnen und Schüler tauchen in die Handlung des Spielbuchs ein, setzen sie in Kleingruppen kreativ fort und knüpfen bei der szenischen Umsetzung ihrer Ideen an ihre bisherigen Lese- und Seh-Erfahrungen an.

6. Schlussbemerkung

Wie die vorangegangenen Ausführungen zeigen, können Schülerinnen und Schüler durch den Einsatz von Spielbüchern im Spanischunterricht auf unterschiedlichen Ebenen stimuliert werden. Ausschlaggebend hierfür ist die für Spielbücher charakteristische Integration von Entscheidungsmomenten, die Leserinnen und Leser auf spielerische Weise zum Handeln auffordern und durch den Bruch mit traditionellen Lesegewohnheiten auf eine sprachliche und literarische Entdeckungsreise einladen. Durch den sukzessiven Aufbau einer persönlichen Beziehung zum Text sind Spielbücher imstande, Leserinnen und Leser affektiv anzusprechen und intrinsisch zum Weiterlesen zu motivieren. Dies aktiviert zudem die Überprüfung eigener Hypothesen und Erwartungen an den Text.

Durch die Vielzahl an Handlungssträngen eröffnen sich gedankliche Spielräume, die im Rahmen des Spanischunterrichts dazu genutzt werden können, literarische und funktional-kommunikative Kompetenzen erfahrbar zu machen. Entsprechend dem Prinzip der Spielbücher erscheint es daher auch bei der Gestaltung der Lernarrangements wichtig, ein autonomes Arbeiten zu gewährleisten, das über formell-analytische Aufgaben hinausgeht und eine affektive wie auch kognitive Auseinandersetzung, z. B. im Zuge produktions- und handlungsorientierter Verfahren oder aber mit Hilfe reflexiver Aufgabenstellungen ermöglicht.

Spielbücher erfüllen folglich all jene Kriterien, die für die Einbindung von Literatur im Unterricht erforderlich sind und stellen eine vielversprechende Ergänzung zur herkömmlichen Textauswahl dar. Hierbei handelt es sich entgegen möglicher Kritik von Literaturwissenschaftlerinnen und -wissenschaftlern sowie Lehrkräften nicht um ‚didaktische Spielereien'. Vielmehr kann durch den Einsatz von Spielbüchern bei fremdsprachlicher Literaturarbeit der literarästhetische Anspruch gewahrt werden: Lernende werden in ihrer Rolle als Leserinnen und Leser ernst genommen und bauen eine persönliche Beziehung zum Text auf, wodurch es gelingt, das Potential der Spielbücher für die Herausbildung literarischer und fremdsprachlicher Kompetenzen zu nutzen.

Bibliographie
Primärliteratur
MC Y MANURO. 2018. *Cautiva*. Madrid: Más que oca.
PÉREZ RODRÍGUEZ, Eva. 2016. *El triángulo de las Bermudas*. España: Editorial Hidra.
SHUKY, WALTCH, NOVY. 2018. *Caballeros. El comienzo*. Madrid: Más que oca.

Sekundärliteratur
BADMAN, Derik A. 2004. *Composition No. 1 by Marc Saporta*; https://madinkbeard.com/archives/composition-no-1-by-marc-saporta, 31.10.2019.
BOELMANN, Jan M. 2015. *Literarisches Verstehen mit narrativen Computerspielen*. München: Kopaed.
BONCZYK, Nicolai. o. J. *Online Zauberspiegel;* https://www.zauberspiegelonline.de/index.php/zauberstern-kolumnen-mainmenu-75/die-multimedia-kolumne-mainmenu-194/1976-was-sind-spielbucher, 31.10.2019.
CARPENTIER, Amandine. 2016. *Un conte à votre façon, Raymond Queneau, 1967;* https://acolitnum.hypotheses.org/238, 31.10.2019.
CHARETTE, Christiane. 1989. „... Des histoires dont vous êtes le héros", in: *Lurelu* 11/3, 18-19.
DEL VALLE LUQUE, Victoria. 2016. „Text- und Medienkompetenz", in: Bär, Marcus & Franke, Manuela. edd. *Spanischdidaktik. Praxishandbuch für die Sekundarstufe I und II*. Berlin: Cornelsen, 110-139.

FEIJÓO, Jacobo. o. J. *Ludificación (jueguización) en la educación: librojuegos (Guía para educadores).* 1-7; http://librojuegos.org/wp-content/uploads/2013/12/Gu%C3%ADa-de-educadores-y-librojuegos.pdf, 08.11.2019.

FERNÁNDEZ, Juan Pablo. 2015. *¿Con o sin dados?*; https://librojuegos.org/2015/11/condados-o-sin-dados/, 31.10.2019.

GRIT, Alter. 2014. „*Choose your own adventure* – Ein interaktives Lese-Abenteuer erleben", in: *Englisch 5-10* 18, 4-7.

HALLET, Wolfgang. 2017. „Literarische Kompetenz", in: Surkamp, Carola. ed. 2017. *Metzlers Lexikon. Ansätze, Methoden, Grundbegriffe.* Stuttgart: J.B. Metzler, 232-233.

HUIZINGA, Johan. 2011. *Homo ludens. Vom Ursprung der Kultur im Spiel.* Hamburg: Rowohlt.

KRÄLING, Katharina & MARTÍN FRAILE, Katharina. 2015. „,Un lujo de primera necesidad.' Literarästhetisches Lernen im Spanischunterricht", in: *Der Fremdsprachliche Unterricht Spanisch* 49, 4-9.

KÜSTER, Lutz. 2015. „Warum ästhetisch-literarisches Lernen im Fremdsprachenunterricht? Ausgewählte theoretische Fundierungen", in: Küster, Lutz & Lütge, Christiane & Wieland, Katharina. edd. *Literarisch-ästhetisches Lernen im Fremdsprachenunterricht. Theorie, Empirie, Unterrichtsperspektiven.* Frankfurt a. M.: Lang, 15-32.

MONTFORT, Nick. 2003. *Twisty Little Passages – An Approach to Interactive Fiction.* Cambridge/Massachusetts: The MIT Press.

O'SULLIVAN, Emer & RÖSLER, Dieter. 2017. „Kinder- und Jugendliteratur", in: Carola Surkamp. ed. *Metzler Lexikon Fremdsprachendidaktik. Ansätze, Methoden, Grundbegriffe.* Stuttgart: J.B. Metzler, 155-157.

RAY, Sheila. 2015. „Children's publishing", in: Altbach, Philip G. & Hoshino, Edith S. ed. *International Book Publishing. An Encyclopedia.* New York: Routledge, 20-32.

RODRIGO DE DIEGO, Isidro & FANDOS Igado, Manuel. 2013. „Elige tu propio aprendizaje: Ficción interactiva y pedagogía", in: *Revista electronica de tecnología educativa* 44, 1-7.

RÖSSLER, Andrea. 2010. „Literarische Kompetenz", in: Meißner, Franz-Joseph & Tesch, Bernd. *Spanisch kompetenzorientiert unterrichten.* Seelze: Klett & Kallmeyer, 131-136.

SARGENT, Barbara E. 1991. „Writing 'Choose Your Own Adventure' stories", in: *The Reading Teacher* 45/2, 158-159.

SCHÄFER, Elena. i. V. „Librigame im aufgabenorientierten Italienischunterricht. Un'avventura letteraria", in: Hirzinger-Unterrainer, Eva M. ed. *Aufgabenorientierung im Italienischunterricht. Ein theoretischer Einblick mit praktischen Beispielen*, Tübingen: Narr.

SPINNER, Kaspar H. 2006. „Literarisches Lernen", in: *Praxis Deutsch* 200, 6-16.

SURKAMP, Carola. 2012. „Literarische Texte im kompetenzorientierten Fremdsprachenunterricht", in: Hallet, Wolfang & Krämer, Ulrich. edd. *Kompetenzaufgaben im Englischunterricht: Grundlagen und Unterrichtsbeispiele.* Seelze: Kallmeyer & Klett, 77-90.

TRÖPPNER, Bodo & BERNHARD, Willi. edd. 2018. *Digitale Gamebooks in der Bildung. Spielerisch lehren und lernen mit interaktiven Stories.* Wiesbaden: Springer.

WESKAMP, Ralf. 2015. „Geschichten und Literatur: Kommunikation, Wissens- und Spracherwerb im fremdsprachlichen Unterricht", in: Küster, Lutz & Lütge, Christiane & Wieland, Katharina. edd. *Literarisch-ästhetisches Lernen im Fremdsprachenunterricht. Theorie, Empirie, Unterrichtsperspektiven.* Frankfurt a. M.: Lang, 33-56.

Die Förderung interkultureller Kompetenz durch Literatur

Zwischen Anspruch und Umsetzung bei der Unterrichtsplanung: Förderung interkultureller Kompetenz mit dem Einsatz von Literatur im Spanischunterricht

Julia Peitz (Mainz) & Claudia Schlaak (Kassel)

1. Einleitung

Interkulturelle Kompetenz gilt angesichts gegenwärtiger globalgesellschaftlicher und ökonomischer Prozesse als eine Schlüsselkompetenz (vgl. OECD 2005, 14). Dies tangiert auch den schulischen Fremdsprachenunterricht und reakzentuiert die damit verbundenen Ziele hin zur Entwicklung eines kulturellen Bewusstseins und zum Erwerb einer interkulturellen kommunikativen Handlungskompetenz (vgl. Bredella 2010, 99). Obgleich der Prominenz dieses zentralen Begriffs in der Fremdsprachendidaktik, bringt die unterrichtliche Umsetzung trotz der konstatierten Eignung des Einsatzes von Literatur zur Förderung der interkulturellen Kompetenz (vgl. u. a. Stiersdorfer 2002, 135; Nünning 2007a, 123) Herausforderungen mit sich. Dies scheint nicht unwesentlich damit zusammenzuhängen, dass auch fast zwei Jahrzehnte nach der Einführung der Bildungsstandards (vgl. KMK 2002, 1) keine übergreifende anerkannte allgemeingültige Planungsgrundlage für kompetenzorientierten Unterricht existiert.

Hier setzt der vorliegende Beitrag[1] an, der ein Planungsschema zur kompetenzorientierten Unterrichtsplanung und hierauf aufbauend den didaktisch-methodisch begründeten zielorientierten Einsatz romanischer Literatur zur Förderung interkultureller Kompetenz im Fremdsprachenunterricht vorstellen möchte. Hierzu wird zunächst ein praxisorientierter und systematisch aufbereiteter Orientierungsrahmen zur Planung kompetenzorientierten Unterrichts in fünf Schritten (vgl. Peitz & Schlaak 2018) vorgestellt. Anhand dieses didaktisch-methodischen Schemas wird durch ein Praxisbeispiel konkret aufgezeigt, wie sich ein ausgewählter Roman sinnvoll zum übergeordneten Bildungsziel der interkulturellen Kompetenz einsetzen und sich begründet im Aneignungsprozess integrieren lässt.

---

[1] Der Beitrag ist als Weiterführung der Ausführungen von Peitz & Schlaak 2018 zu verstehen.

2. Kompetenzorientierte Unterrichtsplanung in fünf Schritten

Unterrichtliche Lehr-Lernprozesse auf den Erwerb spezifischer Kompetenzen hin auszurichten, bedarf einer entsprechenden Planung, die den Transformationsprozess von der Input- zur Outputorientierung widerspiegelt. Damit es gelingt, schulisches Lernen über den Erwerb von Inhalten hinaus explizit auf die Aneignung von spezifischen Problemlösefähigkeiten und -fertigkeiten auszurichten, ist ein „Paradigmenwechsel" (Klieme et al. 2003, 199) im Planungsprozess unausweichlich, der mit einem Umdenken und angepassten Strategien (vgl. Drieschner 2009, 64; Lersch & Schreder 2013, 37) einhergeht. Den anvisierten Output gilt es, bereits zu Beginn der konzeptionellen Entwicklung der unterrichtlichen Einheit in den Fokus zu rücken, sodass dieser die weiteren Planungsschritte determiniert und somit die gesamte didaktisch-methodische Konzeption rahmt. Zwar existieren gegenwärtig unterschiedliche Ansätze zur Umsetzung kompetenzorientierten Unterrichts (vgl. u. a. Drieschner 2008, 2009; Faulstich-Christ 2010; Jung 2010; Moegling 2010; Lersch 2007, 2012, Lersch & Schreder 2012, 2013; Meyer 2012; Tschekan 2011; Ziener 2013, 2016), die erfahrungsbasierte bzw. theoriegeleitete Hinweise zur Kompetenzorientierung und ihrer didaktischen Planungskonsequenzen liefern, sich hierbei allerdings größtenteils auf einzelne Planungsphasen beziehen.

Anknüpfend an das Desiderat eines systematischen und den gesamten Planungsprozess umfassenden Ansatzes zur kompetenzorientierten Unterrichtsplanung stellt das hier präsentierte Fünf-Schritte Planungsschema eine Synthese gegenwärtiger Ansätze dar. Dieses Schema unterstützt die umfassende Ausrichtung der gesamten zu planenden Einheit an den Kompetenzerwartungen sowohl in ihren inhaltlichen als auch didaktisch-methodischen Entscheidungen. Die als Resultat entstandenen Fünf-Schritte kompetenzbasierter Unterrichtsplanung (vgl. hierzu die ausführlichen Ausführungen in Peitz & Schlaak 2018) bestehen aus aufeinander aufbauenden Planungsschritten, die im Folgenden kurz vorgestellt werden.

2.1 Kompetenzziel auswählen und operationalisieren

In einem ersten Schritt wird, ausgehend von der Auswahl einer Kompetenzformulierung aus den entsprechenden Bildungsstandards, ein konkretes unterrichtliches Kompetenzziel hergeleitet. Da die in den staatlichen Vorgaben verankerten Kompetenzziele von der Praxis relativ weit entfernte Formulierungen darstellen (vgl. KMK 2004, 9), ist es für die Unterrichtsplanung notwendig, die ausgewählte Kompetenzformulierung für die jeweils zugrundeliegende Jahrgangsstufe „herunterzubrechen" (Helmke 2009, 42). Hierzu wird das theoriegeleitete Modell zur Ableitung proximaler Kompetenzen von Lersch und Schreder (2012) aufgegriffen und durch Leitfragen ergänzt. Diese stellen sicher, dass im Zuge der Rekonstruktion des Aneignungsprozesses der substanzielle Sinngehalt der jeweiligen Kompetenzzielformulierung (vgl. Ziener 2016, 64) durch eine entsprechende Analyse erfasst wird. Einbezogen wird hierbei auch der Ansatz bzw. die Kompetenzdefinition von Weinert (2001, 27-28). Die Kompetenzformulierungen sollten neben inhaltlichen Aspekten auch Verhaltensweisen beinhalten und situationsspezifisch unter Einbezug eines anforderungsbereichsspezifischen Operators ausgearbeitet werden (vgl. BBS Trier 2008, 1; Ziener 2016, 69). Auch ist zu beachten, dass die jahrgangsbezogenen Zwischenziele sukzessive den Erwerbsprozess hin zur Zielkompetenz beschreiben (vgl. Lersch & Schreder 2013, 32) und die Ziele damit aufeinander aufbauen. Zur Sicherstellung einer entsprechenden Taxonomie dienen weiterführende Kontrollfragen, die überprüfen, inwieweit die Kompetenzformulierungen mit komplexeren Anforderungen einhergehen und hierbei stets auf dem Vorwissen der Schülerinnen und Schüler aufbauen (vgl. ebd., 35). In einem nächsten Schritt wird das auf diese Weise ermittelte Kompetenzziel der zugrundeliegenden Jahrgangsstufe genauer analysiert, um die spezifischen Komponenten dieses Erwerbsprozesses aufzuschlüsseln und schließlich am Ende dieser Phase die Nivellierung der Kompetenzziele vorzunehmen (siehe Abb. 1). Folgende Fragen stehen hierbei im Fokus dieses Planungsschritts:

(1) Auswahl und Operationalisierung des Kompetenzziels

• (1) *Auswahl des Kompetenzziels aus den entsprechenden Bildungsstandards*
• (2) *Analyse des Kompetenzziels*
   • Welche Kenntnisse stellen die Wissensgrundlage für die Ausbildung der ausgewählten Kompetenz dar?
   • Welche Fähigkeiten/Fertigkeiten sind Voraussetzungen zum Kompetenzerwerb?
   • Welche motivationalen/volitionalen Aspekte sind wesentlich für die individuelle Bereitschaft?
• (3) *Proximatisierung*
   • Kontrollfrage: Sind die Kompetenzziele aufeinander aufbauend und gewährleisten eine nachvollziehbare Progression der Lernenden?
• (4) *Formulierung des proximalen Kompetenzunterrichtsziels*
   • Merkmale: Aktive Formulierung, Inhalts-, Verhaltens- und Situationskomponente, anforderungsbereichsspezifischer Operator
• (5) *Herleitung von Kompetenzförderaspekten (KFA)*
   • Welche kompetenzbereichsspezifischen Komponenten gilt es zum Erwerb der Zielkompetenz der Unterrichtsreihe zu fördern? (Analyse im entsprechenden Kompetenzmodell)
• (6) *Nivellierung*
   • Wie würde das Mindestniveau A bzw. das Maximalniveau C formuliert?
   • Wie lässt sich die Kompetenzformulierung im minimalsten Sinn interpretieren? bzw. Welche Verhaltensweisen korrespondieren mit fachwissenschaftlichen Beiträgen in Bezug auf die Aspekte der Kompetenz?
   • Über welche Kenntnisse müssen die Lernenden mindestens verfügen, um die Fähigkeiten und Fertigkeiten aufzubauen? bzw. Welche Kenntnisse sind daran maximal zu erwerben?
   • Inwieweit müssen die Lernenden diese Fähigkeiten und Fertigkeiten mindestens entwickeln, um diese situativ bewusst anzuwenden? bzw. Welche Fähigkeiten und Fertigkeiten lassen sich maximal erwerben?
   • Welche Aspekte der Einstellung erscheinen ausschlaggebend zur Bereitschaft der aktiven Anwendung der angestrebten Kompetenz? bzw. Welche Einstellungen sind konstitutiv, damit eine entsprechende Expertenhandlung entwickelt wird?

Abb. 1: Fragenkatalog zur Operationalisierung eines Kompetenzziels
(Peitz & Schlaak 2018, 74-77)

2.2 Unterrichtsthema auswählen und didaktisch legitimieren

Im kompetenzorientierten Unterricht stellen die Kompetenzziele explizit den Ausgangspunkt zur Auswahl eines geeigneten Fachinhalts dar, weshalb in dieser Planungsphase die Frage im Vordergrund steht, was bzw. welches Thema zum Erwerb der Kompetenz geeignet erscheint (vgl. Ziener 2013, 41-42). Da die länderbezogenen Vorgaben bzw. inhaltlichen Konkretisierungen unterschiedlich detailliert und ausgestaltet sind (vgl. Ziener 2016, 54), unterstützen entsprechende Leitfragen die Auswahl. Diese berücksichtigen, dass Kompetenzen als wissensbasierte Dispositionen im Aneignungsprozess einer adäquaten inhaltlichen Kontextualisierung bedürfen (vgl. Drieschner 2008, 565), die zugleich Potenzial zur Übertragung und Anwendung von Wissen in situativen Handlungskontexten bereithält. Erst hierdurch werden optimale Rahmenbedingungen für einen erfolgreichen Kompetenzerwerb geschaffen. Zugleich besteht der Anspruch darin, dass zwischen dem unterrichtlichen Kompetenzschwerpunkt und dem ausgewählten Inhalt ein sachlogischer und passgenauer Zusammenhang besteht. Zur didaktisch-professionell begründeten Legitimierung des auf diese Weise ausgewählten fachlichen Inhalts eignet sich die Anwendung des renommierten Ansatzes von Klafki (1991, 96) sowie die Integration der Grundgedanken von Meyer & Meyer (2007, 75). Folgende Fragen könnten diesbezüglich gestellt werden:

(2) Bestimmung des Unterrichtsinhalts

- (1) *Inhaltliche Konkretisierung*
  - Welche fachlichen Inhalte/Themenbereiche sind in besonderer Weise geeignet ...
    - zum Erwerb der Kenntnisse der ausgewählten Kompetenzzielformulierung?
    - verschiedene Situationen darzustellen, die die Ausbildung der entsprechenden Fähigkeiten und Fertigkeiten der Lernenden fördern?
    - zur Förderung der damit einhergehenden motivationalen sowie volitionalen Aspekte?
  - Inwiefern ist die ausgewählte fachliche Thematik adäquat im Hinblick auf das Alter der Lerngruppe?
  - Stellt sich der ausgewählte thematische Aspekt in dieser Jahrgangsstufe als kongruent im Kontext der fachspezifischen Systematik dar?
- (2) *Didaktische Legitimierung*
  - Fünf Grundfragen nach Klafki nach der (1) Gegenwartsbedeutung, der (2) Zukunftsbedeutung, der (3) Exemplarität, der (4) Struktur des Inhalts und der (5) Zugänglichkeit der Thematik
  - An welche zuvor behandelten Themenbereiche knüpft die ausgewählte Thematik an?
  - An welchen Stellen lassen sich Bezüge zu anderen Inhalten des Faches oder zu anderen Unterrichtsfächern herstellen?

Abb. 2: Fragenkatalog zur Bestimmung des Inhalts
(Peitz & Schlaak 2018, 77-80)

2.3 Die Qualität überprüfen

Aus den distalen Kompetenzzielen der Bildungsstandards proximale kompetenzbasierte Unterrichtsziele herzuleiten, erfolgt im Zuge dieses Planungsschemas vornehmlich eigenverantwortlich seitens der Lehrkraft. Zur Sicherstellung, dass auch diese selbstständig entwickelten Kompetenzformulierungen den Qualitätsstandards entsprechen werden an dieser Stelle der Planung zentrale Aspekte der Merkmale guter Bildungsstandards der Klieme-Expertise (vgl. Klieme et al. 2003, 24ff.) aufgegriffen. Diese beziehen sich hierbei in Anlehnung an Lange (2006, 19) auf jene Bereiche, die sich als relevant zur Prüfung der in Eigenregie hergeleiteten Kompetenzziele darstellen (zum Fragenkatalog zur Qualitätsprüfung vgl. Peitz & Schlaak 2018, 80-81).

2.4 Den Lernweg aufbereiten

Die methodische Strukturierung der Unterrichtsreihe orientiert sich an der spezifischen Formulierung des Kompetenzförderschwerpunkts. Als den Lernprozess strukturierende Elemente dienen unterschiedliche Aufgabenformate im Sinne des KAFKA-Modells (vgl. Reusser 1999, zit. nach Luthiger et al. 2014, 57ff.), die im Verbund schließlich zu einer systematischen Aneignung eines Kompetenzaspekts beitragen. Daher werden diese Aufgabentypen – jeweils ergänzt durch Reflexionseinheiten – in den Unterricht integriert, um den Kompetenzaneignungsprozess systematisch entlang der Phasen der Unterrichtsreihe zu gestalten.

Um die optimalen Voraussetzungen für einen erfolgreichen Kompetenzerwerb bereitzustellen, gilt es in einem ersten Schritt, einen adäquaten Einstieg zu planen. Danach werden im nächsten Planungsschritt adäquate Aufgabenformate erstellt. Die Konfrontationsaufgabe dient zur Herstellung eines ersten Kontaktes zur Kompetenz und bereitet die Lernenden auf die Inhalte sowie die damit verbundenen Fähigkeiten und Fertigkeiten vor (vgl. Luthiger et al. 2014). Sie charakterisiert sich durch ihre Irritationskraft bzw. durch ihre faszinierende Wirkung und ihren Lebensweltbezug, sodass sie zu einem assoziierenden bzw. divergierenden Denken anregt, was sich positiv auf die Motivation der Lerngruppe auswirken kann (vgl. ebd., 59).

Die darauf aufbauenden Aneignungsphasen nehmen den größten Anteil in der kompetenzbezogenen Unterrichtsreihe ein. Im Zuge der Aneignung muss eine systematische und zielführende Verknüpfung von Phasen des Kenntniszuwachses und Phasen zur Situierung des Wissens und Weiterentwicklung der kompetenzbezogenen Fähigkeiten und Fertigkeiten erfolgen. Dies wird durch eine strukturelle Kombination aus Erarbeitungs-, Vertiefungs- und Übungseinheiten umgesetzt (vgl. Luthiger et al. 2014), die aufeinander aufbauend schließlich zur Ausbildung der angestrebten Kompetenzzielformulierung führen und sich durch anschließende Reflexionsphasen voneinander abgrenzen.

Zu Beginn einer Aneignungsphase wird anhand des Einsatzes von Erarbeitungsaufgaben erforderliches deklaratives Wissen aufgebaut (vgl. ebd., 60) und ausgewählte Aspekte durch Vertiefungsaufgaben verstärkt in den Fokus gerückt. Hieran schließen sich situative Anwendungen in Form von Übungsaufgaben an, die zur Internalisierung der zu erwerbenden Verhaltensäußerungen beitragen (ebd.). In den Syntheseaufgaben erfolgt schließlich eine Zusammenführung der zuvor erworbenen Kompetenzaspekte (ebd.), sodass Schülerinnen und Schüler die Gelegenheit erhalten, die angestrebte Kompetenz einzuüben.

---

(4) Konzeptionalisierung des Lernwegs

Phasenspezifische Kriterien (weitere Ausführungen bei Peitz & Schlaak 2018)
Einstieg
- Informierend
- Motivierende Wirkung
- Gemeinsames Erarbeiten von Gründen für die Nützlichkeit des Erwerbs der angestrebten Kompetenz
- Vorstellung des Instruments zur Metareflexion
- Schaffung von Transparenz (*advance organizer*)

Aneignungsphasen/ Synthese:
- Stetige Situierung des Inhaltes
- Realitätsnahe Anwendungsgelegenheiten
- Selbsttätigkeitsfördernde Methoden
- Binnendifferenzierung

Metareflexion
- Geeignetes Instrument zur kontinuierlichen und individuellen Reflexion

Abb. 4: Konzeptualisierung des Lernwegs und Phasenspezifische Kriterien
(vgl. hierzu Peitz & Schlaak 2018, 81-85)

2.5 Die Performanz entwickeln

Am Ende einer kompetenzorientierten Unterrichtseinheit bedarf es einer realistischen Anwendungssituation, in der die Schülerinnen und Schüler gefordert sind, ihre Beherrschung der Zielkompetenz unter Beweis zu stellen, um Rückschlüsse auf den tatsächlichen Kompetenzerwerb ziehen zu können. Bei der Entwicklung eines Szenarios dienen die Kompetenzfacetten resultierend aus dem Kompetenzbegriff (vgl. Weinert 2001, 27-28) als Orientierung. Schließlich ist festzulegen, woran sich im Verhalten bzw. in den Handlungen konkret ein entsprechend erfolgreicher Kompetenzerwerb äußert (vgl. Moegling 2010, 85). Da Kompetenzen nicht immer direkt beobachtbar sind, eignet sich die Entwicklung von themen- und fachbezogenen Indikatoren, um Rückschlüsse auf den tatsächlichen Kompetenzerwerb vornehmen zu können (ebd., 83-84). Hierbei ist zu berücksichtigen, dass insgesamt drei Indikatorenlisten zu konzipieren sind, die sich jeweils auf eines der Kompetenzniveaus beziehen – folgende Fragen dienen bei dieser Stufe als Basis:

> **(5) Performanz**
> - Welche Handlungs- bzw. Problemsituation birgt das Potenzial, den angestrebten Kompetenzzuwachs in allen dazugehörigen Facetten zu äußern?
> - Inwiefern eignet sich diese Performanzsituation zur Beobachtung des Niveaus A, B und C?
> - Woran wird der kompetenzbezogene Kenntniszuwachs deutlich?
>   - Kategorien: u. a. Aussagen, Fachtermini, Definitionen, Formeln, Rückbezug auf theoretische Aspekte, Argumentationsstruktur
> - Woran lässt sich die Weiterentwicklung der Fähigkeiten/Fertigkeiten erkennen?
>   - Kategorien: u. a. Auftreten, Gesprächsführung, Systematik in der Problemlösung, Lösungsorientiertheit
> - Woran erkennt man die Motivation und die Volition der Lernenden?
>   - Kategorien: u. a. Grad der Aktivierung, Beteiligung, Redeanteil, Einbeziehen anderer Schülerinnen und Schüler in den Problemlöseprozess

Abb. 5: Fragenkatalog zur Performanz
(Peitz & Schlaak 2018, 85-88)

3. Interkulturelle Kompetenz im Fremdsprachenunterricht – Das Potenzial von Literaturarbeit

Der Erwerb der interkulturellen Kompetenz ist ein fächerübergreifendes Prinzip (vgl. KMK 2013, 2). Allerdings stellt sich der Fremdsprachenunterricht als ein besonderer schulischer Kontaktraum dar, der „immer auch die direkte oder indirekte Begegnung mit fremdkulturellen Konstrukten und Konfigurationen" (Witte 2009, 49) bereithält und in dem sich Schülerinnen und Schüler den ‚Zugangscode' zum kulturspezifischen Verstehen von verschiedensten Phänomenen aneignen (vgl. Kramsch 2010, 24). Hierin liegt die besondere Bedeutung des Fremdsprachenunterrichts im Kontext interkultureller Kompetenz (vgl. Fäcke 2011, 174), wobei jedoch Studien (vgl. u. a. Hesse et al. 2008, 189) darauf hinweisen, „dass eine unsystematische Förderung interkulturellen Lernens bei Schülerinnen und Schülern […] nur bedingt Effekte auf die Lernergebnisse hat" (ebd.). Vor diesem Hintergrund lässt sich durch die Orientierung an dem fünfschrittigen Planungsschema bereits zu Beginn der Unterrichtskonzeption zur Systematisierung der Kompetenzförderung beitragen. Dies wird im Folgenden anhand eines ausgewählten interkulturellen Kompetenzförderschwerpunkts exemplarisch beschrieben und hierbei zugleich das Potenzial des Einsatzes von Literatur zur Förderung dieses Kompetenzbereichs im Spanischunterricht aufgezeigt.

3.1 Auswahl und Operationalisierung des Kompetenzziels

Wird für den Abschlussjahrgang eines Spanischleistungskurses als fortgeführte Fremdsprache eine Schwerpunkteinheit zur Förderung von interkultureller Kompetenz geplant, dient die von der Praxis weit entfernte Formulierung in den Bildungsstandards zugleich als der angestrebte Kompetenzförderschwerpunkt im Unterricht. Dadurch, dass diese distale Zielformulierung gleichzeitig auch das Ziel der Unterrichtsreihe darstellt, entfällt im Zuge der Planung für Abschlussklassen die Ableitung proximaler Kompetenzziele, wodurch der dritte Planungsschritt der Qualitätsprüfung entfällt. In diesem Planungsbeispiel wird explizit der Fokus darauf gerichtet, dass die Lernenden „einen Perspektivenwechsel vollziehen sowie verschiedene Perspektiven miteinander vergleichen und abwägen" (KMK 2012, 20).

Gemäß dem vorgestellten Schema gilt es nunmehr im Zuge des ersten Planungsschritts diese Kompetenzformulierung im zugrundeliegenden Kompetenzmodell – hier Byram (1997) – in seinen einzelnen Komponenten zu analysieren, um auf diese Weise systematisch zu fördernde kompetenzbezogene

Aspekte zu ermitteln. In diesem Kontext stellt die zu fördernde Hauptkompetenz eine Verschränkung verschiedener Komponenten dar. Zum einen ist ein Bewusstsein für den Einfluss kulturell-sozialer Hintergründe auf die individuellen Sichtweisen erforderlich. Die Lernenden sollen erkennen, dass Perspektiven subjektiv geprägte Blickwinkel darstellen, die eng im Zusammenhang mit der jeweiligen individuellen kulturellen Verortung stehen. Hierzu ist es notwendig, dass die Lernenden zum einen entsprechendes deklaratives Faktenwissen über Kulturen generieren, um verschiedene Perspektiven vor diesen Hintergrund zu verstehen und einzuordnen. Zum anderen bedarf es einer sprachlichen Kultursensibilität, damit die Schülerinnen und Schüler kulturspezifische Bewertungen und sprachliche Symboliken der Individuen entschlüsseln können und entsprechend in das jeweilige kulturelle Wertesystem einordnen können.

Das Erreichen dieses Ziels der Sensibilisierung geht damit auch mit einer Erweiterung sprachlicher Fähigkeiten sowohl des produktiven als auch rezeptiven Bereichs einher. Erst hierdurch wird es schließlich möglich, dass die Lernenden, unterschiedliche Perspektiven gemäß dem kulturellen Hintergrund aufschlüsseln und verstehen sowie schließlich vergleichen können. Hierauf aufbauend bedarf es dem Aufbau der Fähigkeit zur Perspektivenübernahme, sodass verschiedene Situationen von den Lernenden aus unterschiedlichen kulturellen Blickwinkeln nachempfunden und geschildert werden können. Grundlegend, um diese unterschiedlichen Perspektiven schließlich abzuwägen, ist zugleich eine Auseinandersetzung mit den eigenen kulturell geprägten Wertesystemen und sozialen Normen.

Dies geht mit dem Anspruch einher, dass Schülerinnen und Schüler auch stets einen kritisch-reflexiven Umgang mit den jeweils eingenommenen Blickwinkeln vornehmen, sodass letztlich die Sensibilität für kulturelle Färbungen von Perspektiven erreicht werden kann. Zur Sicherstellung, dass jene unterschiedlichen, aber notwendigen Facetten bereits in der Unterrichtsplanung hinreichend berücksichtigt werden, gilt es in einem nächsten Schritt, die aufgedeckten Komponenten in konkrete Kompetenzförderaspekte (KFA) zu formulieren. Bezogen auf das Werk *El Metro* (Ndongo 2007) könnten folgende acht aufeinander aufbauende KFAs formuliert werden, durch die die Schülerinnen und Schüler interkulturelle kommunikative Kompetenzen erwerben:

- KFA 1: Die Schülerinnen und Schüler erkennen den Einfluss kultureller Systeme auf individuelle Wahrnehmungen und Bewertungen von Situationen.
- KFA 2: Die Schülerinnen und Schüler entwickeln ein Bewusstsein für ihre eigene kulturelle Prägung in ihren Perspektiven.
- KFA 3: Die Schülerinnen und Schüler verstehen, dass sich unterschiedlich kulturell geprägte Perspektiven in individuellen Verhaltensweisen und Äußerungen reflektieren.
- KFA 4: Die Schülerinnen und Schüler können Werte, Einstellungen und Haltungen der Gesprächsteilnehmerinnen und -teilnehmer aus deren Verhalten und sprachlichen Äußerungen ableiten.
- KFA 5: Die Schülerinnen und Schüler können unterschiedliche Sichtweisen auf eine Situation vor dem Hintergrund kultureller Zugehörigkeiten erklären und Perspektiven wertfrei entsprechend des Kulturhintergrunds einordnen.
- KFA 6: Die Schülerinnen und Schüler können Situationen aus verschiedenen Perspektiven aus dem jeweiligen kulturellen Blickwinkel betrachten.
- KFA 7: Die Schülerinnen und Schüler sind in der Lage, unterschiedliche Perspektiven in Bezug auf kulturelle Einflüsse miteinander zu vergleichen.
- KFA 8: Die Schülerinnen und Schüler können verschiedene Perspektiven vor dem Hintergrund eigener Wertevorstellungen und sozialer Normen abwägen.
- Diese im ersten Analyseschritt herausgearbeiteten KFA dienen nunmehr als Orientierungsgrundlage für die nächsten Planungsschritte, in denen zunächst in der zweiten Panungsphase die kompetenzadäquate Auswahl des fachlichen Inhalts vorgenommen wird.

3.2 Inhaltliche Konkretisierung – das Potenzial literarischer Texte

Für die Förderung des ausgewählten Kompetenzförderschwerpunkts ist es zentral, dass die Lernenden den Zusammenhang zwischen individuellen Wahrnehmungen und Bewertungen der Umwelt mit dem jeweiligen kulturellen Hintergrund erkennen und ein Bewusstsein dafür geschaffen wird, dass sich Kulturräume nicht nur in individuellen Verhaltensmustern und Einstellungssystemen spiegeln, sondern diese zugleich maßgeblich deren Haltungen und Perspektiven beeinflussen. Damit die Schülerinnen und Schüler zu einem tiefgehenden Verständnis dieses Zusammenhangs befähigt werden, verweisen die ermittelten KFAs bereits darauf hin, dass zum einen eine Sensibilisierung für die Wechselwirkung zwischen kulturellen Systemen und individuellen Perspektiven notwendig ist und es zum anderen die Fähigkeit zu erwerben gilt, unterschiedlich kulturell geprägte Blickwinkel nachzuempfinden und diese zum einen stets kritisch-reflexiv vor dem kulturellen Hintergrund zu betrachten und Situationen auf der Basis unterschiedlicher Kulturräume wahrzunehmen und zu bewerten.

Damit stellt der inhaltliche Schwerpunkt gemäß dem Kompetenzförderschwerpunkt die Darbietung von unterschiedlich kulturell geprägten Perspektiven dar. Grundlegend, um individuelle Wertesysteme sowie Einstellungs- und Haltungsmuster in der Wahrnehmung der Umwelt auf unterschiedliche kulturelle Prägungen zurückzuführen, ist hierbei ein umfassendes Verständnis der unterschiedlichen kulturellen Einbettungen der jeweiligen Akteure. Erst hierdurch wird es schließlich möglich, dass Schülerinnen und Schüler am Ende der Unterrichtseinheit dazu befähigt werden, ausgehend von den Kulturhintergründen die jeweiligen Einstellungen und Haltungen der Akteurinnen bzw. Akteuren zu erkennen und entsprechend einzuordnen. Entscheidend hierfür ist die Anregung zu einer tiefergehenden Auseinandersetzung mit unterschiedlichen Kulturen. Hierbei gilt die Arbeit mit literarischen Texten „von herausragender Bedeutung, weil sie den Lernenden veranlassen, eine komplexe fremde Welt beim Lesen in ihren Köpfen aufzubauen" (Bredella 2010, 117). Die literarische Darstellung erlaubt den Schülerinnen und Schüler den Blick „wie durch ein Fenster hindurch auf die dargestellte Welt" (Grzesik 2005, 219), wodurch die Auseinandersetzung mit unterschiedlichen kulturellen Referenzsystemen im besonderen Maße begünstigt und gefördert wird (Surkamp 2007). Damit erhalten die Schülerinnen und Schüler im Unterricht die Möglichkeit, eine hinreichende Vorstellung über ein kulturfremdes Referenzsystem zu erhalten und damit den notwendigen Wissenszuwachs in Bezug auf deklarativen Orientierungswissens über die Kulturen (Nünning 2007a, 131).

Besonders förderlich ist hierbei, dass literarische Darstellungen mit „potentiell unbegrenzten Bewusstseinsdarstellung [eingehen und] Einblicke in das, was in den Köpfen anderer Menschen bzw. Figuren vor sich geht" (Nünning 2000, 105) bereitstellen. Durch diese umfassende Darstellung erhalten die Lesenden Zugang zu Informationen, die ihnen in realen Kontexten nicht zwangsläufig zur Verfügung stehen. Auf diese Weise erhalten Lernende die Möglichkeit, fremde Kulturen sowohl kognitiv als auch affektiv zu erfassen und auf dieser Basis schließlich die kulturelle Geprägtheit der Interagierenden tiefgreifend zu verstehen und kulturell geprägte Lebensführungen und korrespondierende Sichtweisen kultursensibel einzuordnen (vgl. Nünning 2007a, 131).

In diesem Kontext erhält eine entsprechende sprachliche Sensibilität und die Fähigkeit, Sprache als Träger kultureller Wertesysteme zu verstehen, eine entscheidende Bedeutung. Hierdurch ist es unerlässlich, dass der Inhalt der Unterrichtsstunde ebenfalls die Erweiterung und Vertiefung der rezeptiven und produktiven Sprachkenntnisse ermöglicht. Hierzu bietet sich der unterrichtliche Einsatz spanischsprachiger Literatur an, da die Schülerinnen und Schüler bereits während des Leseprozesses für die jeweiligen Ausdrucksweisen, Redewendungen, Phrasen und grammatikalischen Strukturen sensibilisiert werden. Auch wenn sicherlich nicht-literarische Texte inhaltliches und sprachliches Lernen ermöglichen, so stellt sich vor allem Literatur als ein Repertoire sprachlicher Formen der Zielsprache dar, anhand derer sich sowohl ein inhaltliches als auch sprachliches Lernen vollzieht (vgl. Imbach 2011, 20).

Zugleich stellt sich die unterrichtliche Literaturarbeit – insbesondere in höheren Jahrgangsstufen – als motivationsfördernd dar, sofern die Inhalte an der Lebenswelt und den Alltagserfahrungen der Lernenden anknüpfen (vgl. Bausch 2008, 40). Erst hierdurch kann die affektive Komponente des Lernprozesses zur Entfaltung gelangen (vgl. Grzesik 2005, 302) und das Potenzial des Einlassens auf fremde Kulturen als konstitutive Bedingung interkulturellen Lernens (vgl. Bredella 2010, 114) ausgeschöpft werden. Dies ist im Kontext der zu fördernden Kompetenz grundlegend, da die Schülerinnen und Schüler schließlich Perspektivenübernahmen vollziehen sollen. Der literarische Zugang führt dazu, dass Lesende „unweigerlich andere Perspektiven übernehmen und verschiedene Ansichten der fiktionalen Welt miteinander abgleichen müssen" (Nünning 2007b, 47). Die literarisch aufbereiteten Darstellungen unterschiedlicher kulturspezifischer Blickwinkel in Form von Charakteren fördert das Identifikationspotenzial und begünstigt damit die Empathiefähigkeit, da die Lesenden bereits während der Rezeption eine Personenvorstellung erhalten (Grabes 1978, 422). Dies stellt schließlich die Grundlage zur Übernahme unterschiedlicher Perspektiven dar, wodurch sich Literatur im besonderen Maße zur Erarbeitung von unterschiedlich kulturell geprägter Wertesysteme und damit einhergehender Blickwinkel eignet (Bredella et al. 2000, XLII). Damit kann durch die literaturbasierte Arbeit ein Bewusstsein für die kulturperspektivische Konstruktion von Wirklichkeit nicht nur geschaffen, sondern durch die Perspektivenübernahme kultureller Blickwinkel auch erfahrbar und spürbar werden.

Der exemplarisch ausgewählte Roman *El Metro* (Ndongos 2007) eröffnet durch die Darstellung des Lebenswegs des Protagonisten Lambert Obama Ondo eine Vielzahl unterschiedlicher – kulturell geprägter – Perspektiven. Es werden nicht nur verschiedene Haltungen zu Traditionen durch entsprechende Rollen erlebbar, sondern durch die schließlich aufgrund privater Schicksalsschläge und finanzieller Probleme illegale Immigration nach Spanien auch unterschiedliche Kulturräume erfahrbar. Im Leseprozess werden die Lernenden bereits für die unterschiedlichen kulturell geprägten Sichtweisen der Personen sowie für kulturspezifische Bewertungen von Gegebenheiten und Situationen sensibilisiert. Zugleich wird den Lesenden im Besonderen durch die Entwicklung des Protagonisten, der schließlich durch den Aufenthalt in Europa und den Kontakt zu Spanierinnen und Spaniern, seine Sichtweisen grundlegend ändert und sich seine Perspektive zunehmend europäisiert, ein Bewusstsein dafür geschaffen, dass Verhaltens- und Denkweisen eng mit dem jeweiligen Kultursystem korrespondieren und zugleich relative und damit dynamische Systeme darstellen.

Auf dem Weg dieser Entwicklung der Perspektive des Protagonisten eröffnet das Werk stets die Gelegenheiten, durch die Innenansichten der darstellenden Rollen, verschiedene Perspektiven nachvollziehen bzw. nach- und mitfühlen zu können. Hierdurch birgt der Roman „vielfältige Möglichkeiten zum Vollzug von Perspektivenwechsel, zur Übernahme der Sichtweise Anderer und zur Begegnung mit fremdkulturellen Wertvorstellungen und Mentalitäten" (Bredella et al. 2000, XLII). Dieses Potenzial gilt es, in einem nächsten Schritt durch einen entsprechend systematisch aufbereiteten Lernweg, unterrichtlich auszuschöpfen.

3.3 Skizze zur Aufbereitung des Lernwegs und der Performanz

Grundlegend soll der Lernweg zur Ausbildung der ausgewählten Kompetenz so aufbereitet werden, dass unterschiedliche kulturspezifische Blickwinkel erfahrbar und die dargestellten Sachverhalte aus der jeweiligen Perspektive eingeordnet werden können. Das mit dem exemplarisch gewählten Werk einhergehende Potenzial liegt darin, dass „Lerner für die Perspektivengebundenheit von Wirklichkeitserfahrungen" (Nünning 2000, 105) sensibilisiert werden und gefordert werden „im Rezeptionsprozess diese unterschiedlichen Perspektiven zu identifizieren, zu differenzieren, zu koordinieren und zu integrieren" (ebd., 106).

Durch die didaktische Aufbereitung der unterschiedlichen Kulturperspektiven in Form von etwa dem Nachspielen ausgewählter Szenen des Buchs im Unterricht können die Schülerinnen und Schüler verschiedene Perspektiven einnehmen, diese reflektieren und auch in Bezug zur eigenen Identität setzen. In den sich stets anschließenden Reflexionseinheiten erhalten die Lernenden ferner Gelegenheit zur kritisch-reflexiven Auseinandersetzung ihrer individuellen Selbst- und Fremdwahrnehmung und gleichzeitig auch die Gelegenheit, „sich zu fragen, was er an ihrer Stelle gedacht und gefühlt und wie er gehandelt hätte" (Bredella 2010, 115).

Die unterrichtliche Umsetzung dieser situativen Anlässe der Perspektivenvergleiche und -übernahmen in Form von den unterschiedlichen kompetenzbezogenen Aufgabenformaten lässt sich auf der Basis des ausgewählten Werks durch die darin geschilderten kulturell bedingt unterschiedlichen Blickwinkel der Akteurinnen und Akteuren erreichen. Hierbei erhalten die Schülerinnen und Schüler insbesondere zu Beginn des Erwerbsprozesses in den Aneignungsphasen die Gelegenheit, durch die dargestellten Charaktere und weiterführenden Informationen, die entsprechenden kulturellen Systeme zu erarbeiten. Zur vertiefenden Auseinandersetzung mit diesen Kenntniszuwächsen können die Lernenden gefordert werden, die damit einhergehenden Differenzen zwischen Akteurinnen und Akteure zu erklären und schließlich auch die mit dem jeweiligen Kultursystem einhergehenden korrespondieren Wahrnehmungen und Bewertungen der Umwelt zu erschließen. Erst hierdurch erwerben die Lernenden schließlich die grundlegenden Fähigkeiten und Fertigkeiten, um schließlich selbst verschiedene Perspektiven vor dem Hintergrund unterschiedlicher Kulturräume einzunehmen und Situationen unter diesen Blickwinkel zu betrachten. Die angestrebte Befähigung des Vergleichs und des Abwägens unterschiedlicher Perspektiven erfordert die hinreichende Integration entsprechender Syntheseaufgaben, in denen ausgewählte Situationen aus unterschiedlichen kulturell geprägten Blickwinkeln betrachtet und vor dem Hintergrund beispielsweise eigener Sichtweisen oder auch sozialer Normen- und Wertesystemen abgewogen werden. Als Abschlussaufgabe – die Performanz – bietet sich das Aufgreifen der als recht desillusionierend und eher negativ erlebten Einwanderung des Protagonisten nach Spanien an. Die Schülerinnen und Schülern sollen das Empfinden illegaler Einwanderung und die Herausforderungen von Integration aus der Perspektive der spanischen Bevölkerung schildern und zugleich die Vorurteile gegenüber Einwandernden miteinbeziehen, die sie schließlich mit jenen des Protagonisten gegenüber den Europäern vergleichen und vor dem Hintergrund der unterschiedlich kulturellen Prägungen erklären, um damit das verschiedene Erleben von illegaler Einwanderung aus beiden Kulturperspektiven miteinander vergleichen zu können.

4. Fazit und Ausblick

Anknüpfend an das Desiderat eines systematischen Planungsansatzes zur Umsetzung kompetenzorientierten Unterrichts in der Praxis, stellt das in diesem Beitrag vorgestellte Fünf-Schritte-Modell eine Synthese gegenwärtiger Ansätze unter Einbezug von entsprechend entwickelten und aufbereiteten Leit- und Kontrollfragen sowie Kriterien und unterstützenden Schemata dar (vgl. hierzu auch Peitz & Schlaak 2018). Dieses Orientierungsschema trägt zu einer strukturierten und didaktisch-methodisch begründeteren Planung kompetenzbasierter Unterrichtseinheiten bei. Die Anwendung dieser Planungsschritte auf den Bereich der interkulturellen Kompetenz für den Spanischunterricht zeigt auf, dass auf der Basis einer theoriebasierten und kriteriengeleiteten didaktisch-methodischen Planungsarbeit ein sinnvoller und zieladäquater Einsatz literarischer Texte im Spanischunterricht erfolgen kann. Der in diesem Zuge zur Förderung der interkulturellen Kompetenz exemplarisch ausgewählte Roman *El Metro* (Ndongo 2007) wird so in seinem inhaltlichen Schwerpunkt gewinnbringend zur Ausbildung der angestrebten Kompetenz und die damit einhergehende sprachliche Weiterentwicklung in den Unterricht integriert.

Auf der Basis des aufgezeigten Potenzials dieses entwickelten Planungsschemas gilt es in einem nächsten Schritt, die sich theoretisch andeutende orientierungsgebende Funktion dieses Schemas empirisch zu überprüfen. Bislang ist dieses Modell das Ergebnis einer theoretischen Analyse der Bildungsstandards aus unterrichtsplanerischer Perspektive und einer Auseinandersetzung mit unterschiedlichen theoriebasierten Ansätzen und damit ein rein auf theoretische Erarbeitungen basierendes Modell, das es auf seine Praktikabilität in der Schulpraxis hin zu prüfen gilt.

Bibliographie

BAUSCH, Petra. 2008. „Interkulturelle Kompetenzen mit Jugendliteratur fördern", in: *Praxis Fremdsprachenunterricht* 5/6, 40-42.

BBS TRIER = BERUFSBILDENDE SCHULE TRIER. 2008. *Mit Kompetenzen planen und sie formulieren. Ein Leitfaden des Studienseminars Triers*. Trier: BBS Trier.

BREDELLA, Lothar. 2010. „Überlegungen zur Lehre interkultureller Kompetenz", in: Weidemann, Arne & Straub, Jürgen & Nothagel, Steffi. edd. *Wie lehrt man interkulturelle Kompetenz? Theorien, Methoden und Praxis in der Hochschulausbildung. Ein Handbuch*. Bielefeld: Transcript, 99-122.

BREDELLA, Lothar & MEIßNER, Franz-Joseph & NÜNNING, Ansgar & RÖSLER, Dietmar. 2000. „Einleitung", in: dies. edd. *Wie ist Fremdverstehen lehr- und lernbar*. Tübingen: Narr, IX-LII.

BYRAM, Michael. 1997. *Teaching and Assessing Intercultural Communicative Competence*. Clevedon et al.: Multilingual Matters.

DRIESCHNER, Elmar. 2008. „Bildungsstandards und Kompetenzauslegung. Zum Problem ihrer praktischen Umsetzung", in: *Pädagogische Rundschau* 62/5, 557-572.

DRIESCHNER, Elmar. 2009. *Bildungsstandards praktisch. Perspektiven kompetenzorientierten Lehrens und Lernens*. Wiesbaden: VS Verlag für Sozialwissenschaften.

FÄCKE, Christiane. 2011. *Fachdidaktik Spanisch*. Tübingen: Narr.

FAULSTICH-CHRIST, Katja. 2010. „Kompetenzorientierung als Baustein eines modernen Unterrichts", in: Faulstich-Christ, Katja & Lersch, Rainer & Moegling, Klaus. edd. *Kompetenzorientierung in Theorie, Forschung und Praxis. Sekundarstufe I und II*. Immenhausen bei Kassel: Prolog-Verlag, 61-79.

GRABES, Herbert. 1978. „Wie aus Sätzen Personen werden: Über die Erforschung Literarischer Figuren", in: *Poetica* 10/1, 405-428.

GRZESIK, Jürgen. 2005. *Texte verstehen lernen. Neurobiologie und Psychologie der Entwicklung von Lesekompetenz durch den Erwerb von textverstehenden Operationer*. Münster et al.: Waxmann.

HELMKE, Andreas. 2009. „Mit Bildungsstandards und Kompetenzen unterrichten – Unterrichtsqualität und Lehrerprofessionalität", in: Klinger, Udo. ed. *Mit Kompetenzen Unterricht entwickeln. Fortbildungskonzepte und -materialien*. Speyer: Bildungsverlag EINS, 35-55.

HESSE, Hermann-Günter & GÖBEL, Kerstin & JUDE, Nina. 2008. „Interkulturelle Kompetenz", in: DESI-Konsortium. ed. *Unterricht und Kompetenzerwerb in Deutsch und Englisch. Ergebnisse der DESI-Studie*. Weinheim & Basel: Beltz, 180-190.

IMBACH, Werner. 2011. *Zeitgenössisches spanisches Theater im Spanischunterricht. Didaktische Relevanz und Methodik*. Hamburg: Disserta.

JUNG, Eberhard. 2010. *Kompetenzerwerb. Grundlagen. Didaktik. Überprüfbarkeit*. München: Oldenbourg Wissenschaftsverlag.

KLAFKI, Wolfgang. 1991. *Neue Studien zur Bildungstheorie und Didaktik. Zeitgemäße Allgemeinbildung und kritisch-konstruktive Didaktik*. Weinheim & Basel: Beltz.

KLIEME, Eckhard & AVENARIUS, Hermann & BLUM, Werner & DÖBRICH, Peter & GRUBER, Hans & PRENZEL, Manfred & REISS, Kristina & RIQUARTS, Kurt & ROST, Jürgen & TENORTH, Heinz-Elmar & VOLLMER, Helmut. edd. 2003. *Expertise zur Entwicklung nationaler Bildungsstandards*; http://sinus-transfer.uni-bayreuth.de/fileadmin/MaterialienBT/Expertise_Bildungsstandards.pdf, 27.11.2019.

KMK = KULTUSMINISTERKONFERENZ. 2002. *Bildungsstandards zur Sicherung von Qualität und Innovation im föderalen Wettbewerb der Länder. Beschluss der Kultusministerkonferenz vom 24.05.2002*; http://www.kmk.org/fileadmin/Dateien/veroeffentlichungen_beschluesse/2002/2002_05_24-Bildungsstandards-Qualitaet.pdf, 27.11.2019

KMK = KULTUSMINISTERKONFERENZ. 2004. *Bildungsstandards der Kultusministerkonferenz. Erläuterungen zur Konzeption und Entwicklung*; http://www.KMK.org/fileadmin/Dateien/veroeffentlichungen_beschluesse/2004/2004_12_16-Bildungsstandards-Konzeption-Entwicklung.pdf, 27.11.2019.

KMK = KULTUSMINISTERKONFERENZ. 2012. *Bildungsstandards für die fortgeführte Fremdsprache (Englisch/Französisch) für die Allgemeine Hochschulreife. Beschluss der Kultusministerkonferenz vom 18.10.2012*; https://www.kmk.org/fileadmin/Dateien/veroeffentlichungen_beschluesse/2012/2012_10_18-Bildungsstandards-Fortgef-FS-Abi.pdf, 27.11.2019.

KMK = KULTUSMINISTERKONFERENZ. 2013. *Interkulturelle Bildung und Erziehung in der Schule. Beschluss der Kultusministerkonferenz vom 25.10.1996 in der Fassung vom 05.12.2013*; https://www.kmk.org/fileadmin/Dateien/pdf/Themen/Kultur/1996_10_25-Interkulturelle-Bildung.pdf, 27.11.2019.

KRAMSCH, Claire. 2010. *Context and Culture in Language Teaching*. Oxford: Oxford University Press.

LANGE, Bernward. 2006. „Bildungsstandards und Praxis der Lehrerbildung", in: Pädagogische Hochschule Heidelberg. ed. *Perspektiven zur pädagogischen Professionalisierung 71. Bildungsstandards durchdacht. Weiterbildungsangebote Wintersemester 2006/2007*. Heidelberg: Empirische Pädagogik, 15-20.

LERSCH, Rainer. 2007. „Unterricht und Kompetenzerwerb. In 30 Schritten von der Theorie zur Praxis kompetenzfördernden Unterrichts", in: *Die Deutsche Schule* 99/4, 434-446.

LERSCH, Rainer. 2012. „Kompetenzorientiertes Lernen ermöglichen. Was Lehrende dafür tun können", in: *Lernende Schule* 15/58, 13-16.

LERSCH, Rainer & SCHREDER, Gabriele. 2012. „Kumulativen Kompetenzaufbau ermöglichen. Das angezielte Ergebnis im Blick", in: *Lernende Schule* 15/58, 21-22.
LERSCH, Rainer & SCHREDER, Gabriele. 2013. *Grundlagen kompetenzorientierten Unterrichtens. Von den Bildungsstandards zum Schulcurriculum*. Opladen: Budrich.
LUTHIGER, Herbert & WILHELM, Markus & WESPI, Claudia. 2014. „Entwicklung von kompetenzorientierten Aufgabensets. Prozessmodell und Kategoriensystem", in: *Journal für LehrerInnenbildung* 14/3, 56-66.
MEYER, Hilbert. 2012. „Kompetenzorientierung allein macht noch keinen guten Unterricht! Die ‚ganze Aufgabe' muss bewältigt werden!", in: *Lernende Schule* 15/58, 7-12.
MEYER, Meinert & MEYER, Hilbert. 2007. *Wolfgang Klafki. Eine Didaktik für das 21. Jahrhundert?* Weinheim & Basel: Beltz.
MOEGLING, Klaus. 2010. *Kompetenzaufbau im fächerübergreifenden Unterricht – Förderung vernetzten Denkens und komplexen Handelns. Didaktische Grundlagen, Modelle und Unterrichtsbeispiele für die Sekundarstufe I und II*. Immenhausen bei Kassel: Prolog-Verlag.
NDONGO, Donato. 2007. *El Metro*. Barcelona: ElCobre.
NÜNNING, Ansgar. 2000. „»Intermissunderstanding«. Prolegomena zu einer literaturdidaktischen Theorie des Fremdverstehens: Erzählerische Vermittlung, Perspektivenwechsel und Perspektivenübernahme", in: Bredella, Lothar & Meißner, Franz-Joseph & Nünning, Ansgar & Rösler, Dietmar. edd. *Wie ist Fremdverstehen lehr- und lernbar*. Tübingen: Narr, 84-132.
NÜNNING, Ansgar. 2007a. „Fremdverstehen und Bildung durch neue Weltansichten: Perspektivenvielfalt, Perspektivenwechsel und Perspektivenübernahme durch Literatur", in: Hallet, Wolfgang & Nünning, Ansgar. edd. *Handbuch. Neue Ansätze und Konzepte der Literatur- und Kulturdidaktik. Band 1*. Trier: Wissenschaftlicher Verlag Trier, 123-142.
NÜNNING, Ansgar. 2007b. „Bildung durch Sprache(n) und Literatur: zur Aktualität von Wilhelm von Humboldts Bildungstheorie", in: Burwitz-Melzer, Eva & Hallet, Wolfgang & Legutke, Michael & Meißner, Franz-Joseph & Mukherjee, Joybrato. edd. *Sprachen lernen – Menschen bilden. Dokumentation zum 22. Kongress für Fremdsprachendidaktik der Deutschen Gesellschaft für Fremdsprachenforschung (DGFF)*. Baltmannsweiler: Schneider-Verlag Hohengehren, 33-55.
OECD = ORGANISATION FOR ECONOMIC CO-OPERATION AND DEVELOPMENT. 2005. „Definitionen und Auswahl von Schlüsselkompetenzen. Zusammenfassung"; https://www.oecd.org/pisa/3569 3281.pdf, 27.11.2019.
PEITZ, Julia & SCHLAAK, Claudia. 2018. „Zwischen Standardisierung und Kompetenzorientierung bei der Konzeption von Unterrichtsreihen: Entwicklung eines 5-stufigen Phasenmodells am Beispiel des Spanischunterrichts", in: *Zeitschrift für Romanische Sprachen und ihre Didaktik* 12/1, 69-98.
STIERSTORFER, Klaus. 2002. „Literatur und interkulturelle Kompetenz", in: Volkmann, Laurenz & Stiersdorfer, Klaus & Gehring, Wolfgang. edd. *Interkulturelle Kompetenz. Konzepte und Praxis des Unterrichts*. Tübingen: Narr, 119-142.
SURKAMP, Carola. 2007. „Handlungskompetenz und Identitätsbildung mit Dramentexten und durch Dramenmethoden", in: Burwitz-Melzer, Eva & Hallet, Wolfgang & Legutke, Michael & Meißner, Franz-Joseph & Mukherjee, Joybrato. edd. *Sprachen lernen – Menschen bilden. Dokumentation zum 22. Kongress für Fremdsprachendidaktik der Deutschen Gesellschaft für Fremdsprachenforschung (DGFF)*. Baltmannsweiler: Schneider-Verlag Hohengehren, 105-116.

TSCHEKAN, Kerstin. 2011. *Kompetenzorientiert unterrichten*. Berlin: Cornelsen.
WEINERT, Franz Emanuel. 2001. „Vergleichende Leistungsmessung in Schulen – eine umstrittene Selbstverständlichkeit", in: Weinert, Franz Emanuel. ed. *Leistungsmessungen in Schulen*. Weinheim: Beltz & Basel, 17-32.
WITTE, Arnd. 2009. „Reflexionen zu einer (inter)kulturellen Progression bei der Entwicklung interkultureller Kompetenz im Fremdsprachenlernprozess", in: Hu, Adelheid & Byram, Michael. edd. *Interkulturelle Kompetenz und fremdsprachliches Lernen. Modelle, Empirie, Evaluation*. Tübingen: Narr, 49-66.
ZIENER, Gerhard. 2013. *Bildungsstandards in der Praxis. Kompetenzorientiert unterrichten*. Stuttgart: Klett.
ZIENER, Gerhard. 2016. *Herausforderung Vielfalt. Kompetenzorientiert unterrichten zwischen Standardisierung und Individualisierung*. Seelze: Kallmeyer & Klett.

Llámame Paula – Interkulturelle und soziale Kompetenz im spanischen Fremdsprachenunterricht durch einen zeitgenössischen Kinder- und Jugendroman

C. R. Raffele (Mainz)

1. Vorstellung und Einordnung des Werkes

Der Kinder- und Jugendroman *Llámame Paula*[1] wurde im Jahr 2016 in Spanien veröffentlicht und zeichnet sich vor allem durch die thematische Novität aus. In ihrem Werk erzählt die Autorin Rodríguez Gasch erstmals das Coming-out eines achtjährigen Kindes aus seiner Perspektive. Paula (gebürtig Pablo) ist transsexuell und wird nach dem Tod ihrer Mutter, die als einzige um die Identität ihrer Tochter wusste, aus dem gewohnten, städtischen Umfeld gerissen. Sie muss mit ihrem Vater zu ihrer Großmutter in ein Dorf ziehen, in dem sie sich fremd fühlt und wo sie um die Anerkennung ihrer Identität kämpfen muss. Der Buchtitel, der als Aufforderung formuliert ist, steht bereits stellvertretend für den immer wiederkehrenden Outing- und Akzeptanzprozess, dem sich das Kind in der neuen Umgebung ausgesetzt fühlt. Sie freundet sich nach ein paar Tagen mit der gleichaltrigen Laura an, die sie als erste Person aus dem Dorf unterstützt und ihr somit zu neuem Selbstbewusstsein verhilft. Im Verlauf des Romans werden verschiedene Bezugspersonen des Mädchens auf ihrem individuellen Weg zur Akzeptanz der ausgedrückten Identität präsentiert.

Für den Einsatz im Spanischunterricht eignet sich *Llámame Paula* bereits durch einen kompakten Umfang von zehn Kapiteln zu jeweils maximal zwölf Seiten, was ein ganzheitliches Lesen in einer Unterrichtsreihe ermöglicht. Auch die vordergründig kindgerechte Aufarbeitung des Themas „Transsexualität" kennzeichnet das Werk besonders für den schulischen Spanischunterricht. Die Sprache ist stark an die Alltagssprache angelehnt, wodurch ein gutes Verständnis des Sachverhaltes garantiert werden kann und gleichzeitig eine authentische spanischsprachige, zeitgenössische Lebenswelt repräsentiert wird. Im Vergleich zu wissenschaftlichen Grundlagentexten zur Transsexualität, die eine hohe

---

[1] Künftig für die Textbelege mit den Siglen „LP" abgekürzt.

Dichte an Fachwortschatz aus dem Bereich der Medizin und Biologie, insbesondere der Endokrinologie oder der Psychologie aufweisen, kann für die Schüler*innen[2] durch den Roman ein vergleichsweise leichter Einstieg in das Themengebiet angeboten werden. Da jedoch alle Zeitformen und Modi der spanischen Verben verwendet werden, ist der Einsatz im Schulunterricht erst ab einem Sprachniveau B2 zu empfehlen. Auch inhaltlich liegt der Fokus der Erzählung in der Ich-Perspektive eher auf einem emotionalen und empathischen Zugang, obwohl gleichzeitig auch stark verkürzte wissenschaftliche Fakten Eingang gefunden haben. Diese vereinzelten Einstreuungen werden häufig durch Aussagen von den Erwachsenen oder Fachärzten vorgenommen (vgl. LP, 31; 74). Der Umgang mit Transsexualität in der Schule selbst wird auch an zwei Stellen kurz angedeutet (vgl. LP, 31; 95). Obwohl die Leserschaft keine langen Episoden dazu im Werk auffindet, deuten die Passagen, die den Schulalltag betreffen, bereits auf einen diskriminierenden Umgang mit der geschlechtlichen Identität des Kindes hin. Die Autorin selbst berichtete in einem Interview, dass just dieser problematische Umgang in Schulen den Entstehungsanlass für ihr Werk darstellt. Rodríguez Gasch arbeitete selbst als Lehrkraft in Schulen und fand kein geeignetes spanischsprachiges Material, um Lernende altersgerecht für das Thema sensibilisieren zu können, als es ihr notwendig erschien.

2. Begriffsdefinition: Transsexualität

Die Definition von Transsexualität ist für diesen Beitrag grundlegend, da es insbesondere im (schulischen) Alltag häufig zu Verwechslungen kommt. Hier gilt es zunächst, Transsexualität, Transvestitismus und die sexuelle Orientierung deutlich voneinander abzugrenzen. Die Verwechslung von Transsexualität und Transvestitismus begründet sich in einer für beide Begriffe alltäglich genutzten pejorativen Abkürzung „Transe", deren negative Aufladung nur im Rahmen eines heteronormativen Gesellschaftsideals verstanden werden kann. Noch weit im 20. Jahrhundert wurde die Auffassung vertreten, dass Transvestitismus,

---

[2] Im vorliegenden Artikel wird der Asterisk verwendet, um die Berücksichtigung aller Geschlechter auch auf sprachlicher Ebene zu gewährleisten.

Transsexualität und Homosexualität in direktem Zusammenhang stünden[3]. Transvestitismus bezeichnet seiner Wortbedeutung nach (lat. *trans vestire*; dt. sich jenseits von etwas bekleiden) das Tragen von Kleidung, die in einem binären Geschlechtermodell dem ‚anderen', dem „gegenüberstehenden" Geschlecht gesellschaftlich und kulturabhängig normativ zugedacht ist. Da dieser Begriff jedoch häufig mit einem Fetisch konnotiert wird (bspw. durch die Krankheitsklassifizierung ICD-10, F 65.1 als Störung der Sexualpräferenz von der WHO gelistet), bietet es sich an, auf „Cross-Dressing" zurückzugreifen, wenn man lediglich einen ästhetisch motivierten Kleidertausch bezeichnet (vgl. Lang 2016, 20). Durch diesen Begriff kann z. B. ein Mann wertfrei bezeichnet werden, der in einer westlich geprägten Kultur lebt, gerne Röcke und Kleider trägt, sich schminkt, aber sich selbst männlich sieht und fühlt. Auch eine Frau, die gerne Hemden und Krawatten trägt und sich selbst weiblich identifiziert, kann darunter verstanden werden. Diese Beispiele sollen somit betonen, dass Cross-Dressing allein keinerlei Aufschlüsse über geschlechtliche Identität, also die selbstbestimmte Zuordnung zu einem Geschlecht, gibt.

Weiterhin wird die sexuelle Orientierung, die Tatsache, zu welchem Geschlecht man sich körperlich und/oder romantisch hingezogen fühlt, mit der geschlechtlichen Identität verkettet, obwohl sie zunächst zwei voneinander losgelöste Kategorien darstellen. In der deutschen Sprache mag dies auf den ersten Blick nicht offensichtlich sein, da sich „-sexuell" sowohl in homo-/bi-/a-/pansexuell als auch bei trans-/cis-/inter-sexuell wiederfindet. Abhilfe schafft hier eine etymologische Herangehensweise: Der Stamm, das lateinische „sexualis" („zum Geschlecht gehörig"), ist allen gleich, wodurch die jeweiligen Präfixe zum ausschlaggebenden Faktor werden. Die sexuelle Orientierung weist immer ein griechisches Präfix auf, während die geschlechtliche Identität auf lateinische Präfixe zurückgreift. Übersetzt man nun bspw. homosexuell, dann bedeutet dies: „zum gleichen Geschlecht gehörig" und meint, dass die Person, zu der man sich hingezogen fühlt, dem gleichen Geschlecht angehört wie man selbst. Bei transsexuell heißt es dann aber: von einem Geschlecht in ein anderes gehörig.

---

[3] Maßgeblich hierfür steht die „Sex Orientation Scale" von Harry Benjamin, die den Versuch darstellt, eine geschlechtliche Einstufungsskala für Männer darzubieten, Transsexualität wird hierbei als eine Art Superlativ des Transvestitismus aufgefasst und fast schon exponentiell mit Homosexualität verbunden (vgl. Benjamin 1966, 19, Table 1).

Hier wird nicht auf eine weitere Person verwiesen, sondern auf das Geschlecht des Subjekts. Eine transsexuelle Person fühlt sich einem „anderen" Geschlecht zugehörig. Der Ausgangspunkt ist sowohl bei der sexuellen Orientierung als auch bei der geschlechtlichen Identität jeweils das Geschlecht einer Person, jedoch verändert sich der Bezugspunkt. Einmal handelt es sich um das Geschlecht der begehrten zweiten Person (sexuelle Orientierung), und ein anderes Mal wird die (Fremd-) Zuordnung des Geschlechts selbstbestimmt korrigiert (geschlechtliche Identität). Das wiederum lässt schlussfolgern, dass es keinen automatischen Zusammenhang zwischen Transsexualität und der sexuellen Orientierung gibt, sondern dass sich letztere immer von der geschlechtlichen Identität einer Person ableitet: eine transsexuelle Person bspw., die sich vor ihrem Outing bereits zu Frauen hingezogen gefühlt hat, ändert die Bezeichnung ihrer sexuellen Orientierung abhängig von ihrem Geschlecht nach dem Outing (homo- oder heterosexuell), dennoch verändert sich die Tatsache nicht, dass sie sich weiterhin zu Frauen hingezogen fühlt. Bislang kann also zusammenfassend gesagt werden, dass Transsexualität und geschlechtliche Identität in einem Zusammenhang stehen, der im Folgenden genauer erläutert werden muss, um eine Annäherung an eine Definition von Transsexualität leisten zu können.

„Die psychische Identifikation mit dem biologischen Gegengeschlecht wird als ‚Transidentität' oder – unter bestimmten Voraussetzungen – auch als ‚Transsexualität' bezeichnet" (Lang 2016, 11). Diese Definition ist zunächst aufgrund der Kürze hilfreich, darf aber keineswegs unkommentiert hingenommen werden. Es wird auf eine Diskrepanz zwischen psychischen und biologischen Fakten verwiesen, die auf der Zugrundelegung eines binären Geschlechtermodells basieren, sonst wäre nicht von einem „Gegengeschlecht" die Rede. Allerdings wird hierbei die Tatsache, dass es auch intersexuelle Personen gibt, d.h. Personen, deren Chromosomensatz weder XX noch XY lautet, vollkommen außer Acht gelassen. Die psychische Identifikation meint hier die oben genannte geschlechtliche Identität, kann aber, abhängig von der wissenschaftlichen Disziplin, auch als soziale Identifikation (*gender*) aufgefasst werden. Jedoch dient das Wort „psychisch" auch der bislang anhaltenden Pathologisierung von Transidentität/Transsexualität. Worin der Unterschied zwischen diesen beiden Bezeichnungen besteht, klärt die knappe Definition nicht. Jedoch füllt Aktion Transsexualität und Menschenrecht (ATME e.V.) diese Lücken:

> Transsexualität meint Körpermerkmale, die vom eigenen geschlechtlichen Selbstverständnis bzw. dem eigentlichen Geschlecht eines Menschen abweichen. Das Wissen darüber ist angeboren. […] Unabhängig von Kultur und gesellschaftlichen Identifikationsmodellen (ob binär, non binär, …) haben Menschen mit Transsexualität das Bedürfnis, ihren Körper mit ihrem eigentlichen Geschlecht in Einklang zu bringen. Dazu gehören Hormonbehandlungen, aber auch Operationen. Transsexualität ist keine Frage der Geschlechtsidentität (ATME e.V. online).

Das Zitat macht deutlich, dass es zunächst um eine Frage der Perspektive geht, wenn man Transsexualität definieren möchte. Aus dem Blickwinkel Betroffener geht es nicht darum, dass die Geschlechtszugehörigkeit durch Dritte geklärt werden müsste, sondern vordergründig darum, dass der Körper dem eigenen Körpergefühl durch ein individuelles Maß von Eingriffen angepasst wird. Somit ist die Geschlechtsidentität kein Verhandlungsgegenstand, sondern sie ist der Grund für den Wunsch nach Anpassung des eigenen Körpers. Just dieses Anpassungsbedürfnis des eigenen Körpers stellt den Unterschied zwischen einer Transidentität und Transsexualität dar.

Zu Ursachen von Transsexualität liegen bislang zwar noch keine vollumfassenden Studien vor, jedoch herrscht Konsens darüber, dass die Ätiologie multifaktorieller Natur sein muss. Eine besondere Berücksichtigung von biologischen, psychologischen, psychosozialen und soziokulturellen Umständen zählen grundsätzlich dazu. Zudem wird davon ausgegangen, dass bei Trans*Frauen und Trans*Männern unterschiedliche Ursachen vorliegen könnten (vgl. Preuss 2016, 73-74).

Wenn es um Zahlen zur Häufigkeit von Transsexualität geht, ergibt sich ein Problem bezüglich der Frage, was überhaupt gemessen worden ist (vgl. Nieder u. a. 2017, 466). Hierbei spielen insbesondere Definition, Methodik und eine große Dunkelziffer die tragenden Rollen. Beispielsweise unterscheiden sich die Zahlen, wenn man z. B. nur gerichtlich erwirkte Personenstandsänderungen berücksichtigt oder ausschließlich die beantragten Ergänzungsausweise. Bei beiden gilt zu bedenken, dass nicht registrierte Betroffene oder diejenigen ohne Coming-out nicht erfasst sind. Die Zahlenunterschiede sind enorm: Betrachtet man die Studie von Arcelus u. a. (2015, 811), die bislang größte Metastudie in

Europa, erhält man eine Gesamtprävalenz von 4,6:100.000 mit einem signifikanten Anstieg in den letzten Jahren. Folgt man jedoch den Zahlen der Deutsche Gesellschaft für Transidentität und Intersexualität e.V. (DGTI), erhöht sich das Ergebnis der europäischen Metastudie um den Faktor 21 auf 1:1.000 (vgl. Wißgott o. J.). Auch Conways Studie verortete die Zahl bereits 2007 zwischen 1:1.000 und 1:2.000 (vgl. Conway 2007, 23). In fast allen Studien ist laut Nieder u. a. aktuell ein signifikanter Anstieg festzustellen, was an den Veränderungen in allgemeingültigen Behandlungsempfehlungen oder Krankheitsklassifizierungen liegt (vgl. Nieder u. a. 2017, 466-467.).

Im schulischen Umfeld gab es bislang keine groß angelegte Studie zur Prävalenz von Transsexualität, jedoch sticht die Studie von Clark u. a. aus dem Jahr 2014 hervor: Es handelt sich um die bislang einzig vorliegende Lernendenbefragung, bei der von 8.166 Befragten 1,2 % angaben, sich selbst als „transgender" (sich zu einem anderen als dem zugewiesenen Geschlecht zugehörig fühlen, aber keine körpermodifizierende Maßnahmen erwünscht; transgender ist gleichzusetzen mit „transident") zu identifizieren, 2,5 % gaben an, nicht zu wissen, wie sie auf die Frage antworten sollen (vgl. Clark u. a. 2014, 94-95). Umgerechnet zeigte sich die Relevanz des Themas in dieser Studie somit bei 36,5:1.000 Befragten.

3. Transsexualität im schulischen Kontext

Das biologische Geschlecht ist im schulischen Kontext omnipräsent. Grundlegend spiegelt sich dieses bereits in der architektonischen Gestaltung von Räumlichkeiten wider, wie bspw. bei den Toiletten oder den Umkleidekabinen für Sportanlagen. Hier wird immer strikt zwischen männlich und weiblich getrennt, ungeachtet dessen, dass es mittlerweile auch formal ein drittes Geschlecht gibt, welches für intersexuelle Personen gedacht ist, die also ein ärztliches Attest über eine Geschlechtsvariante vorlegen können müssen (ausschlaggebend ist hierfür vor allem der Chromosomensatz, der von XX oder XY abweichen muss).

Richtungsweisend für diese binäre Einteilung ist der Geschlechtsvermerk, der sich auf den offiziellen staatlichen Ausweisdokumenten findet, und bei der Geburt anhand von sichtbaren Genitalien zugeteilt worden ist. Wenn nun jedoch die geschlechtliche Identität von diesen Dokumenten abweicht, ergibt sich unweigerlich eine Konfliktsituation. Dass die Wahrscheinlichkeit gegeben ist, ein transsexuelles Kind in der Schule anzutreffen, kann den vorherigen Zahlen entnommen werden. Ohne Coming-out haben diese Schüler*innen keinerlei Möglichkeit, die Örtlichkeiten aufzusuchen, zu denen sie sich zugehörig fühlen. Nach dem Outing wiederum, und vor vollendeter Transition, treten jedoch andere Schwierigkeiten in den Vordergrund, die meist zu Lasten der Betroffenen enden. So dient die Sozialisationsinstanz Schule als Erprobungsbühne für die Geschlechterperformanz, die als eindeutige Inszenierung der Geschlechtszugehörigkeit aufgefasst wird (vgl. Rendtorff 2014, 283; 287). Dieser Eindeutigkeit scheinen sich Trans*Jugendliche in den Augen von Lehrkräften und Mitschüler*innen solange zu entziehen, bis eine vollständige körperliche Transition vollendet ist. Besonders in der Adressierung durch die Lehrkraft, die im Klassenraum als Anerkennungsakt vor der Peer-Group gelten kann, ist es oft entscheidend, ob die angesprochene Person als Junge oder Mädchen „gelesen" wird (vgl. Jäckle u. a. 2016, 145). Ein ‚Falschlesen' der Person kann zu erheblichen psychischen Schmerzen führen, die nicht immer geäußert werden und zu einem inneren Rückzug führen können (vgl. Preuss 2016, 31). Insbesondere führt eine fehlende Sensibilisierung für dieses Thema im schulischen Umfeld dazu, dass Transsexualität im Kindes- und Jugendalter von Lehrkräften unerkannt bleibt und dadurch die Betroffenen auf ihr eigenes Coming-out angewiesen sind (Schumann & Scholz 2016, 338-339). Das soll allerdings nicht bedeuten, dass Lehrkräfte allein erkennen müssen, ob ein Kind transsexuell ist, sondern viel eher, dass die Unterrichtsatmosphäre sensibel für mögliche Betroffene gestaltet werden sollte. Dass dies im Schulalltag nicht der Fall ist, zeigt sich, wenn aus aktuellen Studien hervorgeht, dass Lehrkräfte zu 50 % mitlachen, wenn sich im Klassenraum über vermeintliche Gender-Nonkonformität lustig gemacht wird, oder generell Witze über queere, d. h. nicht der heteronormativen Erwartung der Gesellschaft entsprechende Menschen gemacht werden (vgl. Krell & Oldemeier 2017, 172). Auch dass teilweise bürokratische Hürden für Betroffene und Lehrkräfte nicht überwunden werden, wie bspw. die Möglichkeit zur Änderung des Vornamens auf Zeugnissen und Klassenlisten, obwohl diese juristisch unbedenklich sind, (vgl. Augstein 2013), verweist darauf, dass Transsexualität im schulischen Umfeld noch keinen Weg zur Akzeptanz oder gar Wahrnehmung finden konnte. Dementsprechend überrascht es kaum, dass etwa 50 % der Betroffenen sich zunächst dafür entscheiden, gegen ihr Empfinden anzukämpfen (vgl. Hofmann 2009, 90) und sich in einen Unterdrückungsprozess begeben, der sich vor allem während der Schulzeit abspielt, um so den geschlechtlichen Erwartungen des schulischen und familiären Umfeldes zu entsprechen. Der Leidensdruck, der hierbei jedoch entsteht, kann so groß werden, dass neben Depressionen auch starke Suizidgedanken aufkommen können (vgl. Krell & Oldemeier 2017, 144ff.). Besonders bei betroffenen Jugendlichen liegt die Rate einer ernsthaften Suizidalität bei 65 % (vgl. Veale u. a. 2017, 47). Es liegt von daher nahe, dass eine Sensibilisierung des schulischen Feldes für dieses Thema unweigerlich stattfinden muss, um das Wohl einzelner Schüler*innen nicht fahrlässig zu gefährden, selbst wenn es sich verhältnismäßig um eine quantitative Minderheit handeln mag. Auch im Sinne aller anderen Schüler*innen scheint es sinnvoll, Unterricht und Schule generell gendersensibler zu gestalten.[4]

Auf bildungspolitischer Ebene existiert bereits die Aufforderung, Diskriminierung auch im Hinblick auf Diversität und Geschlecht vorzubeugen:

> Die Entwicklung eines inklusiven Bildungsangebotes in der allgemeinen Schule verfolgt die Ziele, den bestmöglichen Bildungserfolg für alle Schülerinnen und Schüler zu ermöglichen, die soziale Zugehörigkeit und Teilhabe zu fördern und jedwede Diskriminierung zu vermeiden. Diversität in einem umfassenden Sinne ist Realität und Aufgabe jeder Schule. […] Das schließt sowohl Behinderungen […] ein, als auch besondere Ausgangsbedingungen wie z. B. Sprache, soziale Lebensbedingungen, kulturelle und religiöse Orientierungen, Geschlecht sowie besondere Begabungen und Talente (KMK 2015, 2).

Die explizite Umsetzung dieser Forderungen in Bezug auf Transsexualität ist stark vom Bundesland abhängig. So ist als positives Vorbild Berlin hervorzuheben, auf dessen Bildungsserver (2019) ausdrücklich auf das Ziel von „Bildung zur Akzeptanz von Vielfalt/Diversity" im schulischen Kontext hingewiesen wird. In Rheinland-Pfalz hingegen wurde bereits 2013 ein Antrag auf Aufnahme der

---

[4] „Gendersensibel" wird hier im Sinne von Behnke (2017, 107- 108) und Baltes-Löhr (2014, 358ff.) aufgefasst, d. h. als ein professionelles Wirken von Lehrkräften, das neben der wertungsfreien Vermittlung von LGBTIQ*-Themen (inhaltlicher Aspekt), auch das Unterrichtsklima im Hinblick auf das Thema Geschlecht allgemein bewusst sensibel gestaltet. Beide Autorinnen geben hierfür jeweils eine Liste mit Handlungsempfehlungen an.

geschlechtlichen Identitätenvielfalt in den Orientierungsrahmen für Schulqualität gestellt, dem bislang jedoch noch nicht stattgegeben wurde (vgl. Ministerium für Familie, Frauen, Jugend, Integration und Verbraucherschutz 2013, 34). Allerdings findet sich in diesem eine ausdrückliche Aufforderung zum „gendersensiblen Unterricht" (Minsiterium für Bildung Rheinland-Pfalz 2017, 7), bei der aber nicht genau definiert wird, wie dieser Ansatz ausgelegt werden soll.

4. Besonderheit für das Fach Spanisch

In Europa nimmt Spanien spätestens seit der Zapatero-Regierung in den 2000ern eine Vorreiterrolle für die L(esbian)G(ay)B(isexual)T(rans)I(nter)Q(ueer)*-Community ein, jedoch entwickelte sich der Transsexualitätsdiskurs in Spanien verglichen mit den Forderungen nach selbstbestimmten Rechten für Homosexuelle[5] langsamer. Durch die Kampagne „Stop Trans Pathologization 2012" (STP 2012)[6] entwickelte sich Spanien dann aber zum politisch aktivistischen Zentrum für die globalen Rechte transsexueller Personen. Zwar wurde bereits 2007 das Gesetz *Ley de Identidad de Género* erlassen, welches eine staatliche Regelung von Personenstands- und Vornamensänderung vorsieht, die keinerlei körpermodifizierenden Veränderungen mehr voraussetzte, jedoch beinhaltete dieses immer noch die Forderung nach einer Fremddiagnose und psychotherapeutischen Behandlung. Somit wurde der erhofften Entpathologisierung von Transsexualität nicht entsprochen, was zu vielzähligen Protestaktionen von STP 2012 geführt hat.

Da bis zum heutigen Zeitpunkt von der Regierung in Madrid immer noch keine innovativen Gesetze erlassen worden sind, das Thema aber gesellschaftlich so relevant geworden ist, dass es sogar in alltäglichen Familienserien[7] sichtbar gemacht wurde, haben sich die *Comunidades Autónomas* eigene, lokal gültige Gesetze zu diesem Feld auferlegt. Den Grundstein hierfür legte die *Comunidad Navarra* im Jahr 2009 mit dem Gesetz *Ley foral 12/2009 de no discriminación por motivos de identidad de género y de reconocimiento de los*

---

[5] Diese Forderungen erreichten ihren Höhepunkt, als mit dem Gesetz für die gleichgeschlechtliche Ehe, *Ley 13/2005*, eine vollkommene Gleichstellung erreicht werden konnte.
[6] Homepage der Kampagne: http://www.stp2012.info/old/es, 20.12.2019.
[7] Bsp. *La que se avecina*. Serie der Fernsehkette Telecinco; Ausstrahlung seit 2007.

derechos de las personas transexuales. Diesem Beispiel folgten zahlreiche andere *Comunidades* (vgl. Platero 2017, 41). Einen besonderen Kernaspektt, neben der grundlegenden Akzeptanz der Transsexualität, stellt das Wohl von Kindern und Jugendlichen dar. Dass der Fokus besonders auf den Jüngeren lag, zeigt sich nicht zuletzt durch die Erscheinung des ersten Sammelbandes zum Thema „Transsexualität und Bildung" im Jahr 2017 als Ergebnis einer Fachtagung der Universidad de la Rioja 2016[8] (vgl. Moreno Cabrera & Puche Cabezas 2017).

Das jüngste Beispiel für den Umgang von Schule mit Transsexualität stammt aus der Comunidad Valencia (*Ley 8/2017 integral del reconocimiento del derecho a la identidad y a la expresión de género en la Comunitat Valenciana*). Nachdem in diesem Gesetzestext zunächst allgemeine Rechte garantiert werden, z. B. „La Generalitat garantizará que las personas trans tengan derecho a la promoción de la defensa de sus derechos y de lucha contra la discriminación que padece en el ámbito social, cultural, laboral y educativo" (Art. 10.1.b), beziehen sich Art. 21-25 ausschließlich auf das schulische Umfeld. Bereits zu Beginn wird deutlich gemacht, dass auch für transsexuelle Schülerinnen und Schüler mit der Schule ein Raum geschaffen werden soll, der ein tolerantes und respektvolles Klima bietet (Art. 21.1.). Weiterhin wird gefordert, dass die Behandlung von Geschlechtervielfalt in alle Lehrpläne aufgenommen wird (Art. 21.5) und auch die Lehramtsausbildung durch die Aufnahme von Geschlechtervielfalt als thematischen Gegenstand ergänzt wird (Art. 24). Abgeleitet von diesen Gesetzen gilt in der *Comunidad Valenciana* bspw., dass jedes Kind in schulischen Einrichtungen diejenigen Örtlichkeiten aufsuchen kann, mit denen es sich identifiziert, unabhängig vom Geschlechtsvermerk auf dem Personalausweis. Es wurde sich zudem für eine explizite Behandlung von Geschlechtervielfalt in der Schule entschieden, was nicht nur eine Sensibilisierung für Transsexuelle hervorrufen, sondern auch für Geschlechterinterpretationen, die aus den stereotypischen Deutungsmustern herausfallen, sorgen kann.

Dass Spanien eine besonders respektvolle gesellschaftliche Einbettung der Transsexualität vorantreibt, ist aber nicht der einzige Punkt, an dem Spanischlehrkräfte mit diesem Thema in Berührung kommen. Auch in Süd-

---

[8] *VII Jornadas sobre Diversidad afectivo-sexual y de género, 12 -14 abril 2016.*

amerikafinden sich Länder, besonders Argentinien und Chile, die weltweit die liberalsten Personenstandsgesetze haben.

5. *Llámame Paula* – ein Praxisbeispiel für den Spanischunterricht

Die inhaltliche Eignung des vorgestellten Kinder- und Jugendromans für den fremdsprachlichen Spanischunterricht steht nach obiger Analyse außer Frage: Aufgrund des vorgestellten Transsexualitätsdiskurses Spaniens ist die Transsexualität von Kindern und Jugendlichen ein aktuelles gesellschaftliches Thema, welches einen großen Bezug zur Lebenswelt der Lernenden aufweist. Auch stellt das Werk selbst einen Bezug zum schulischen Umfeld her: „Me acordé de lo mal que lo pasaba en el colegio cuando mis compañeros de clase se burlaban de mí, y algunos profesores no los castigaban" (LP, 95). Mit dieser Aussage erinnert sich die achtjährige Protagonistin an erlebte Momente in ihrer Schule zurück, bei denen sie in ihrer Geschlechtsidentität nicht ernst genommen wurde. Somit fällt die Behandlung dieser Inhalte vordergründig in die Stärkung der sozialen sowie intra- und interkulturellen Kompetenzen. Demnach wird im Folgenden eine Reihenkonzeption vorgestellt, die berücksichtigt, dass das Thema „Transsexualität" sensibel behandelt werden muss, um einen Reflexionsprozess bei den Lernenden in Gang zu setzen und darüber hinaus auch mögliche Betroffene im Klassenraum schützt. Dieser Reflexionsprozess soll eine respektvolle, aber dennoch individuelle Meinungsbildung zur Thematik fördern, weswegen möglichst viel Freiraum für eigenständige Arbeitsphasen eingeräumt werden sollte.

Die Stärkung der interkulturellen Kompetenz ist längst ein unverzichtbarer Bestandteil von Schule geworden, denn es muss zurecht von einer plurikulturellen Gesellschaft ausgegangen werden. Die KMK formulierte ausgehend von dieser Realität folgerichtig Grundsätze für einen Orientierungsrahmen zur interkulturellen Entwicklung von Schulen unter dem Motto: „Schule nimmt Vielfalt zugleich als Normalität und als Potenzial für alle wahr" (KMK 2013, 3). Der Anlass für eine solche Ausarbeitung geht auf den Wunsch der gezielten Integration von Familien mit Migrationshintergrund in den Schulalltag zurück, weswegen die letzte Aktualisierung auf das Jahr 2013 fällt, das in der BRD als

Startjahr für die ‚Flüchtlingskrise' gesehen wird. Die Absicht hinter der Ausformulierung dieser Grundsätze war der Abbau von Diskriminierung in der Schule anhand von interkulturellen Lernprozessen (vgl. ebd., 2).

Bei einer genauen Betrachtung dieser Grundsätze fällt direkt auf, dass die drei genannten Ebenen interkultureller Kompetenzen sich auf die hier vorgestellten Ebenen einer geschlechtersensiblen Schule übertragen lassen: Wissen und Erkennen, Reflektieren und Bewerten sowie Handeln und Gestalten (vgl. ebd., 4). Diese Elemente lassen sich auch für die Einbettung des Themas „Transsexualität" genau dieser Reihenfolge anwenden. Denn zuerst muss ein Wissensinput stattfinden, wozu bspw. die Klärung verschiedener Begrifflichkeiten wie „biologisches"/„soziales Geschlecht", „Gender", „Transsexualität", „Transvestitismus" und „sexuelle Orientierung" gehört. Von dieser Basis ausgehend kann dann eine Reflexion angestoßen werden, die auch eine selbstständige moralische Bewertung der Schülerinnen und Schüler über die Sache im Allgemeinen sowie zu ihrem eigenen Standpunkt bedeuten kann. In einem letzten Schritt folgen dann das daraus resultierende Handeln und die Gestaltung des eigenen Lebensraums.

Zudem sollte folgendes Zitat einen besonderen Stellenwert im Vergleich der Grundsätze der KMK und den Ebenen einer geschlechtersensiblen Schule erhalten, da förderliche Aktivitäten schulischer und außerschulischer Natur gefordert werden durch die

> Verdeutlichung unterschiedlicher Orientierungen, Wertungen und Denkmuster, ohne Kinder und Jugendliche darauf zu reduzieren und durch die Zuschreibung spezifischer Eigenschaften zu etikettieren. Schule kann Gemeinsamkeiten erfahrbar machen und Schülerinnen und Schüler ermutigen und unterstützen, Differenz selbstbestimmt zu artikulieren und sich nicht auf fremdbestimme Zuschreibungen festlegen zu lassen (KMK 2013, 8).

Folglich verlangt die Einbettung des Themas „Transsexualität" in den Schulalltag oder sogar in explizite Unterrichtsreihen oder -stunden den Schüler*innen keine Kompetenzen ab, die nicht ohnehin im schulischen Curriculum vorgesehen sind. Es verschiebt sich hierbei jedoch der Kontext, was einer besonderen Beachtung bedarf. So wird hier nicht eine fremde oder benachbarte Lebenswelt betrachtet und reflektiert, sondern die eigene. Insofern stellt sich die Frage, ob der Begriff der interkulturellen Kompetenz in diesem Fall nicht zusätzlich durch den der intrakulturellen Kompetenz ergänzt werden sollte. Denn die Frage nach dem, was männlich oder weiblich ist, gehört zu den im sozialen Umfeld und somit in der eigenen Kultur gemachten Erfahrungen und führt zur eigenen Identitätsbildung. Dabei werden eventuell verfestigte Gedankenkonstrukte errichtet, die speziell im Umgang mit transsexuellen Personen zu Diskriminierung führen können. Das Erkennen und Reflektieren dieser Gedankenkonstrukte im Bereich „Geschlecht" ist unweigerlich Bestandteil der hier gemeinten intrakulturellen Kompetenz und kann folglich zum Abbau von geschlechterspezifischen Stereotypen und Klischees dienen.

Die Stärkung der Lesekompetenz und der einhergehenden Auseinandersetzung mit literarischen Ganzschriften übt auch einen förderlichen Einfluss auf die Persönlichkeitsentwicklung bzw. Identitätsbildung der Lernenden aus. Man kann hier sogar von einer „erzieherischen Funktion im Sinne der Herausbildung eines Selbst- und Weltverständnisses" (Imbach 2011, 88) durch die Literaturarbeit in der Schule sprechen. Beim ausgewählten Werk spielen direkt mehrere Komponenten eine maßgebende Rolle. Zunächst handelt es sich um einen authentischen Text, der für die Schüler*innen durch die Worte eines fiktiven Mitglieds der zu untersuchenden Gesellschaft kulturelle Elemente widerspiegelt (vgl. ebd., 20). Eine umfangreiche Auseinandersetzung mit diesem Schriftzeugnis kann Lernende somit dazu befähigen, „Menschen anzuerkennen, die anders sind als wir selbst" (ebd., 19). Allein dadurch spielt die Stärkung Auseinandersetzung mit Literatur eine Schlüsselrolle, wenn man sich mit geschlechtersensiblen Themen explizit auseinandersetzen möchte. Der Roman bietet durch die Schilderung der verschiedenen Perspektiven einen Anlass, sich selbst zum Thema „Transsexualität" zu positionieren. Da das Thema aus bereits erläuterten Gründen ein Konfliktpotential sowohl im Klassenraum als auch für einzelne Schüler*innen birgt, ist die Tatsache, dass es sich um einen Kinder- und Jugendroman handelt, ebenfalls positiv zu betrachten. So ist nicht nur das Sprachniveau für ein drittes Lernjahr der Fremdsprache angemessen, sondern durch die Einfachheit der Struktur bietet es einen leichteren Einstieg in ein zunächst schwer zugänglich wirkendes Thema (vgl. Caspari & Steininger 2016, 35). Schließlich kann der Umfang, neben den ansprechenden Inhalten und der sprachlichen Komplexität, ein ausschlaggebendes Kriterium für die Lesemotivation der Lernenden darstellen.

Hinzu kommt, dass eine solche Arbeitsweise auch die Möglichkeit der individuellen schülergesteuerten Differenzierung bei Arbeits- und Lerngeschwindigkeit sowie Interessen und Motivation eröffnet (vgl. Plikat 2017, 148). Jedoch ist gleichermaßen ein angeleiteter Austausch in der Peer-Group unerlässlich, damit verschiedene Perspektiven der Teilnehmenden beleuchtet werden können. Es handelt sich um ein Thema, das vor allem Jugendliche aufgrund ihres eigenen Identitätsfindungsprozesses zu kontroversen Redeanlässen motivieren kann. Dementsprechend wären auch Unterrichtsstunden notwendig, die einen Austausch in der Lerngruppe ermöglichen, ohne dass dadurch die angedachten Phasen der selbständigen Freiarbeit eingeschränkt würden, die für die Bearbeitung der Reihe angedacht wurden (vgl. Abb. 1). Zudem verlangt das Thema der Lehrkraft selbst ein geschlechtersensibles Verständnis ab, was sich nicht zuletzt in einer professionellen Leitung kontroverser Diskussionsrunden mit der Lerngruppe auszeichnet.

Orientiert man sich für die Planung dieser Reihe bspw. am Lehrplan Rheinland-Pfalz, wird dort empfohlen, dass möglichst viele Textsorten aufgegriffen werden sollen, um die Textkompetenz auszubauen (vgl. Ministerium für Bildung, Wissenschaft, Weiterbildung und Kultur Rheinland-Pfalz 2012, 18). Auf zwei weitere Textsorten wird bereits durch die Lektüre selbst verwiesen: auf das Märchen *La Bella durmiente* (LP, 12) und auf den Comic *Mortadelo y Filemón* (LP, 40). Insbesondere der Comic stellt durch seine optische Andersartigkeit eine abwechslungsreiche Motivation dar, da es sich um eine Bild-Text-Mischform handelt, die durch den hinzugekommenen visuellen Input einen weiteren Sprachproduktionsanlass liefert (vgl. Grünewald 2017, 213). Die intertextuellen Verweise scheinen bei diesen beiden Beispielen auch kaum zufällig gewählt zu sein: Mortadelo und Filemón sind insbesondere für ihre Verkleidungsfreudigkeit bekannt, um aus prekären Situation zu flüchten – teilweise auch als Frau, wodurch im Werk eine Anspielung auf einen zweckgebundenen spielerischen, aber nicht ernsthaften Geschlechtswechsel gemacht wird. Paulas Vater schenkt ihr diesen Comic (vgl. LP, 40), was zunächst als Statement zu dessen Verständnis von Paulas Coming-out gelesen werden kann.

Zudem erweist sich der Einbezug digitaler Medien als zielführend, da das Thema „Transsexualität" im Internet mitunter die größte Sichtbarkeit hat und einen nahezu barrierefreien Zugang zu authentischen Mitteilungen und Erzählungen Betroffener bietet. Allerdings müssen die Jugendlichen gleichzeitig dafür sensibilisiert werden, dass es Foren gibt, die ausdrücklich nur für Betroffene gedacht sind, da dort sensibles Material bereitgestellt wird. Da die Reihe mit einer Dauer von sechs Wochen auch einen langen Bearbeitungszeitraum beansprucht, erscheint es zusätzlich aus motivationspsychologischer Perspektive sinnvoll, das Interesse der Lerngruppe durch innovatives Unterrichtsmaterial aufrecht zu erhalten. Es bietet sich bspw. die Verwendung von YouTube-Kanälen oder Blogs Betroffener an. Aktuell befindet sich die Nutzung von YouTube-Stars im Fremdsprachenunterricht zwar erst in einer Erprobungsphase; dennoch sprechen schon jetzt einige Gründe dafür. So wird angeführt, dass es sich bei dieser Art von Mediennutzung um einen Ausschnitt der authentischen Lebenswelt der Schüler*innen handelt (vgl. Höfler 2017, 147). Dies wird auch von der aktuellen JIM-Studie belegt, bei der 64 % der befragten 12- bis 19-Jährigen angaben, sich täglich, und 90 % mehrmals in der Woche, auf der Plattform aufzuhalten (vgl. Medienpädagogischer Forschungsverbund Südwest 2018, 48). Bei den konsumierten Inhalten handelt es sich mit 54 % vorwiegend um Musikclips. 24 % gaben an, sich mit Videos zu beschäftigen, bei denen YouTuber ihren Alltag kommentierten und weitere 32 % verfolgen lustige Clips von YouTubern (vgl. ebd., 49). Zudem etabliert sich YouTube unter den Jugendlichen auch als Suchmaschine (ca. 60 %) (vgl. ebd., 52). Die Bedeutung dieser Plattform für die Lebenswelt der Jugendlichen kann demnach nicht geleugnet werden und zudem kann ein gewisser Grad an Vertrautheit in der Bedienung vorausgesetzt werden. Außerdem handelt es sich bei der Auseinandersetzung mit YouTube-Videos, die für den außerschulischen Gebrauch erstellt worden sind, um authentisches Material. Das Format YouTube lebt zudem von den Kommentaren der Nutzerinnen und Nutzer, die als Schreibanlass nach der Betrachtung der Clips fungieren können. Zusätzlich können gezielte Internetrecherchen (Verweis auf nützliche Links durch die Lehrkraft) eingebettet werden.

Aufgrund entwicklungspsychologischer Befunde erscheint es sinnvoll, Transsexualität erst ab der Adoleszenz zu behandeln, da sich in diesem Lebensabschnitt Geschlechterbilder wieder lockern und gleichzeitig eine Verfestigung durch die Notwendigkeit zur eigenen Positionierung durch das Aufkommen der sexuellen Identität stattfindet (vgl. Siegler u. a. 2016, 591). Das beherrschte Sprachniveau der Lerngruppe sollte sich etwa auf B2 der Globalskala des Gemeinsamen Europäischen Referenzrahmens (vgl. Europarat 2011, http://www.europaeischer-referenzrahmen.de/sprachniveau.php) verorten lassen.

Folgender Ablauf wird für die Reihe vorgeschlagen:

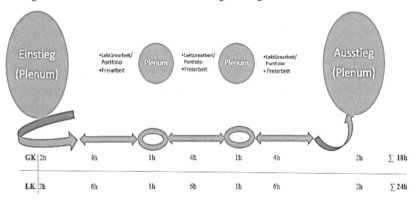

Abb. 1: graphische Darstellung der Reihenplanung

Die Ein- und Ausstiegsstunden sollten im Klassenverband stattfinden. Um den Raum zum inhaltlichen Austausch zu gewährleisten, werden in der Phase zwischen Ein- und Ausstiegsstunde zudem zusätzliche Einzelstunden im Plenum geplant. Sie dienen außerdem der mündlichen Sprachproduktion und können der Lehrkraft gleichzeitig einen Einblick in das Textverständnis der einzelnen Lernenden geben. Die für diese Einzelstunden angedachten Methoden „Pronomenrunde" und „Geschlechterwerkstatt"[9] lenken den Fokus zusätzlich auf

---

[9] Die Pronomenrunde ist eine Vorstellungsrunde, bei der jede Person ihren Namen und die dazugehörigen Pronomen, mit denen sie während dieser Übung angesprochen werden möchte, mitteilt. Dies soll dann von den anderen umgesetzt werden. Ziel ist es, dass der Gruppe verdeutlicht werden kann, dass die Geschlechtsidentität nicht immer dem entspricht, was man selbst auf den ersten Blick vermuten mag und dass es einer Äußerung der angesprochenen Person dazu bedarf (vgl. Steinekemper 2015, 379-380). Im Deutschen ist

eine bewusste Sprachanwendung, wodurch der Blick für die Feinheiten der spanischen Sprache geschärft wird. So ist beispielsweise für das korrekte Sprechen über sich selbst oder Dritte ausschlaggebend, dass man die Adjektivendungen gemäß den adressierten Geschlechtern angleicht und deutlich artikuliert. Dies kann am Beispiel von Trans*frauen verdeutlicht werden, denn das Fehlen der typisch femininen Adjektivendungen würde als Fehldeutung der Geschlechtszugehörigkeit gedeutet werden, was wiederum für Betroffene verletzend sein kann. Das Buch selbst liefert mehrere Beispiele für just diese sprachliche Schärfe, die es im Spanischen zulässt, eine Selbstauskunft über sein Geschlecht durch einen einzigen Buchstabenwechsel zu geben: Als der Lastwagenfahrer Paula fragt „ ¿Y por qué vas sol**o**?", antwortet diese mit einer Korrektur bezüglich des ihr zugeschriebenen Geschlechts im Adverb „Voy sol**a** porque mi padre no me quiere llevar" (LP 24). Auch an anderer Stelle zeigt sich diese Selbstauskunft des Kindes; aber in Form eines Partizips: „En cuanto mi padre me vio sentad**a** en la mesa […]" (LP 25). Darüber hinaus wird auch die Verwendung des Plurals bezüglich der Geschlechterinformation fokussiert: Die Verkäuferin spricht Paula und Laura mit „vosot**ros**" (LP 67) an, was impliziert, dass sie Paula als Jungen einordnet. Nachdem Paulas Vater die Transsexualität seiner Tochter akzeptiert hat, spricht er die beiden Mädchen als „vosot**ras** dos" an (LP 124).

---

es vorstellbar, dass auch das Pronomen „es" mitgenutzt wird – im Spanischen kann es aufgrund eines fehlenden dritten Pronomens hauptsächlich zu einem Wechsel in das jeweils nicht verwendete Pronomen kommen. Es geht hierbei nicht um die Aufforderung nach einem Outing, sondern darum ein Verständnis dafür zu bekommen, dass auf Wunsch Betroffener mit ihnen korrespondierende Pronomen verwendet werden können, die nicht immer zum eigenen Verständnis des äußeren Erscheinungsbildes passen.

In der Geschlechterwerkstatt sollen sich die Teilnehmenden in Kleingruppen gegenseitig erklären, warum sie sich welchem Geschlecht zugehörig wissen, ohne dabei auf körperliche Merkmale einzugehen. „Ich bin ein Mann, weil ich eine tiefe Stimme habe" oder „Ich bin eine Frau, weil ich Kinder gebären kann" wäre nach den vorgegebenen Regeln also nicht gültig. Ziel hierbei ist es, Stereotype und Klischees abzubauen oder zu hinterfragen. Speziell im Hinblick auf Transsexualität kann diese Übung aufzeigen, welches Empfinden die Gutachtensituation bei den Betroffenen auslöst. Denn ohne ein Gutachtergespräch kann bisweilen keine körpermodifizierende Maßnahme ergriffen werden oder die juristische Vornamens- und Personenstandsänderung durchgeführt werden (vgl. ebd., 381-382).

Die Zeit zwischen den Plenumsstunden wird als Freiarbeit an einem Portfolio geplant, welches auf eine Vorstrukturierung durch die Lehrkraft zurückgeht.

Ziel ist es, dass die Schüler*innen, zusätzlich zu einem verpflichtenden Aufgabenteil, aus einem Pool von Wahlpflichtaufgaben wählen können. Die Mindestanzahl der Wahlpflichtaufgaben hängt von der Bearbeitungszeit der Reihe ab.

Die verpflichtenden Aufgaben sind an der Lektüre *Llámame Paula* orientiert und bilden ein Lesetagebuch, das sich chronologisch nach den einzelnen Kapiteln richtet. Dadurch soll zunächst der Inhalt des Romans anhand einer gleichbleibenden Kapitelübersicht gesichert werden und anhand von Zusatzangeboten, die sich von inhaltlichen Schwerpunkten des Kapitels ableiten, vertieft werden (vgl. Abbildung 2). Dieses Zusatzangebot stellt die Wahlpflichtaufgaben dar, die ermöglichen, aus verschiedenen Optionen nach eigenem Interesse auszuwählen. Es handelt sich hierbei um Material, das nicht aus dem Roman selbst stammt, sondern um bspw. Blogeinträge, YouTube Videos, Zeitschriftenartikel, Interviews mit Betroffenen oder Eltern etc. Möglich ist auch die Verwendung von Sachtexten, da der Roman durch seine Zielgruppenorientierung medizinische, psychologische oder juristische Faktenlagen stark vereinfacht darstellt. Als Beispiel für eine solche Vereinfachung sei hier die Erklärung von Transsexualität zwischen den beiden Kindern angeführt, die überwiegend auf emotionaler Ebene verläuft (LP 30-32). Auch die Bearbeitung dieser Aufgaben muss von den Schüler*innen dokumentiert werden. Insgesamt ergibt sich also ein Portfolio zur Reihe, das aus dem Lesetagebucheinträgen sowie allen bearbeiteten Zusatzaufgaben besteht und in welches auch die Ergebnisse der Stunden im Plenum aufgenommen werden. Weiterhin sind ein Glossar, das die wichtigsten Definitionen für die Reihe beinhaltet, und eine individuelle Vokabelliste Bestandteil des Portfolios. Damit die Durchführung dieses Vorschlages gelingt, muss der Lerngruppe während der Bearbeitungszeit ein multimediales Aufgebot zur Verfügung stehen. Hier sind insbesondere die Lektüre selbst, Wörterbücher, internetfähige Wiedergabegeräte wie PC oder Tablet sowie Kopfhörer vonnöten.

Capítulo 2: pp. - **Título propuesto:**

Perspectiva:

Personas:

Lugar(es):

Tiempo :

Temas:

Acontecimiento(s):

Palabras claves:

Material de apoyo:

- Argentina: La batalla de ser un alumno trans en el secundario https://www.lanacion.com.ar/2089101-la-batalla-diaria-de-ser-un-alumn-trans-en-el-secundario ;

- Vídeo: Niña rechazada en su escuela por ser transexual https://edition.cnn.com/videos/spanish/2015/05/21/cnnee-pkg-guler-chile-transgender.cnn

- Prensa: El colegio que nos enseña cómo aceptar e integrar a una alumna trans https://elpais.com/elpais/2018/05/08/mamas_papas/1525774786_577602.html

- YouTube: Canal de Adan Roda FTM, „Como supe que era trans" https://www.youtube.com/watch?v=uw_LSRCGYPo

Abb. 2: Vorschlag für eine Portfolioseite

Insgesamt kann die Reihe als zeitlich ausgedehnte Lernaufgabe aufgefasst werden, bei der die einzelnen Buchkapitel, an denen sich die Freiarbeitsmaterialien orientieren, als Module angesehen werden, da ihre Bearbeitung auch aus verschiedenen Einzelaufgaben besteht (vgl. Bär 2013, 12). Grundsätzlich verlangen Lernaufgaben eine Orientierung an kommunikativen Handlungssituationen, was in diesem Fall durch die Auseinandersetzung und Stellungnahme sowohl zur Transsexualität allgemein als auch zu den Inhalten der Lektüre und des Zusatzmaterials gegeben ist (vgl. ebd., 13). Zudem erfüllt die Reihe weitere Gütekriterien einer Lernaufgabe, worunter der Lebensweltbezug für Schüler*innen fällt. Als letztes wird auf die Erkennbarkeit von Ergebnissen der Lernaufgabe verwiesen, was sich in diesem Fall durch das Vorliegen eines ausgefüllten Portfolios manifestiert (vgl. ebd., 13-14).

6. Fazit und Ausblick

Mit der Lektüre *Llámame Paula* lässt sich im Spanischunterricht der Notwendigkeit nachkommen, das Thema „Transsexualität" in der Schule im Rahmen eines altersangemessenen Zugangs zu behandeln. Allein der Entstehungsanlass des Buches hat gezeigt, dass es bislang einen generellen Mangel an unterrichtstauglichem Arbeitsmaterial zu diesem Thema gibt, was insbesondere auch auf den spanischen Fremdsprachenunterricht zutrifft. Konsequenterweise steht in einem nächsten Schritt die Erprobung des hier vorgestellten sowie des künftig noch weiterzuentwickelnden Unterrichtsmaterials aus. Bei der Auseinandersetzung mit der Aufbereitung von Unterrichtsmaterial für das Thema Transsexualität hat sich außerdem gezeigt, dass hier ein Gegenstand auf den Unterrichtsplan tritt, der in Wechselwirkung mit dem sozialen Geschehen und der Organisation der Institution Schule steht. Dies stellt somit nicht nur die Belange der Schüler*innen bei der Planung der Reihe in den Fokus, sondern verlangt gleichzeitig der Lehrkraft, der Elternschaft und gleichermaßen der gesamten Institution eine respektvolle Offenheit im Umgang mit der Thematik ab. So konnten die hier angeführten Definitionen und Überlegungen zeigen, dass insbesondere die lehrende Person ein bestimmtes Verständnis von gendersensiblen Unterricht mitbringen muss, da es ansonsten während der Durchführung der Unterrichtsreihe zu diversen Verletzungen und Grenzüberschreitungen Betroffenen gegenüber kommen kann, die potentiell im Raum, wenn auch ungeoutet, anwesend sein können.

Für den Spanischunterricht speziell kann zudem ein Detailverständnis einzelner Passagen überprüft und diskutiert werden (bspw. anhand der Pronomen), was den Blick für die Feinheiten der spanischen Sprache nochmal schärfen kann. Auch die kulturelle Bedeutung für die hispanische Welt bezüglich dieses Themas kann zusätzlich zu dem Roman anhand der vielen Optionen an authentischem Zusatzmaterial nochmal verdeutlicht werden. Wo an dieser Stelle konkrete Handlungsfelder im Unterricht entstehen, kann allerdings erst nach der Auswertung von Durchführungen der Reihe aufgezeigt, diskutiert sowie weitere Fragestellungen dann davon abgeleitet werden.

Bibliographie
Primärliteratur
RODRÍGUEZ GASCH, Concepción. 2016. *Llámame Paula*. Barcelona: Bellaterra.

Sekundärliteratur
ARCELUS J. u. a. 2015. „Systematic review and meta-analysis of prevalence studies in transsexualism", in: *Eur Psychiatry* 30, 807-815.
ATME e.V. o. J. „Transsexualität, was ist das?"; http://www.atme-ev.de/index.php/transsexualitaet-was-ist-das, 15.10.2019.
AUGSTEIN, M.S. 2013. „Zur Situation transsexueller Kinder in der Schule vor der (gerichtlichen) Vornamensänderung"; https://www.trans-kinder-netz.de/files/pdf/Augstein %20Maerz %202013.pdf, 15.10.2019.
BÄR, Marcus. 2013. „Kompetenzorientierte Lernaufgaben als Mittel zur Umsetzung der Bildungsstandards", in: Bär, Marcus. ed. *Kompetenz- und Aufgabenorientierung im Spanischunterricht. Beispiele für komplexe Lernaufgaben*. Berlin: Walter Frey, 7-27.
BEHNKE, Kristin. 2017. „Gendersensibles Classroom Management", in: Glockentöger, Ilke & Adelt, Eva: *Gendersensible Bildung und Erziehung in der Schule. Grundlagen. Handlungsfelder. Praxis.* Münster & New York: Waxmann, 101-110.
BILDUNGSSERVER Berlin-Brandenburg. o. J. „Bildung zur Akzeptanz von Vielfalt (Diversity)"; https://bildungsserver.berlin-brandenburg.de/themen/bildung-zur-akzeptanz-von-vielfalt-diversity/?L=0, 15.10.2019.
CASPARI, Daniela & STEININGER, Ivo. 2016. „Einfachheit in der Kinder- und Jugendliteratur: Ein Gewinn für den Fremdsprachenunterricht", in: Burwitz-Melzer, Eva & O'Sullivan, Emer. ed. *Einfachheit in der Kinder- und Jugendliteratur. Ein Gewinn für den Fremdsprachenunterricht*. Wien: Praesens, 33-49.
CLARK, Terryann C. u. a. 2014. „The Health and Well-Being of Transgender High School Students: Results from the New Zealand Adolescent Health Survey (Youth'12)", in: *Journal of Adolescent Health* 55, 93-99.
EUROPARAT. 2011. *Gemeinsamer europäischer Referenzrahmen*; http://www.europaeischerreferenzrahmen.de/sprachniveau.php, 15.10.2019.

FÄCKE, Christiane. 2011. *Fachdidaktik Spanisch. Eine Einführung*. Tübingen: Narr Francke Attempto.
GRÜNEWALD, Andreas 2017. „Förderung der Text- und Medienkompetenz", in: Grünewald, Andreas & Küster, Lutz. ed. *Fachdidaktik Spanisch: das Handbuch für Theorie und Praxis*. Stuttgart: Klett, 200-244.
HÖFLER, Elke. 2017. „Mit YouTube-Stars Fremdsprachen lernen. Eine interdisziplinäre Annäherung", in: Corti, Agustín & Wolf, Johanna. ed. *Romanistische Fachdidaktik. Grundlagen. Theorien. Methoden*. Münster & New York: Waxmann, 147-159.
HOFMANN, Franziska. 2009. *Transsexualität und Sozialisation*. Norderstedt: GRIN.
IMBACH, Werner. 2011. *Zeitgenössisches spanisches Theater im Spanischunterricht: Didaktische Relevanz und Methodik*. Hamburg: disserta.
JÄCKLE, Monika et al. 2016. *Doing Gender Discourse. Subjektivation von Mädchen und Jungen in der Schule*. Wiesbaden: Springer VS.
KMK = SEKRETARIAT DER STÄNDIGEN KULTUSMINISTERKONFERENZ. 2013. Interkulturelle Bildung und Erziehung in der Schule; https://www.kmk.org/fileadmin/veroeffentlichungen_beschluesse/1996/1996_10_25-Interkulturelle-Bildung.pdf, 15.10.2019.
KMK = SEKRETARIAT DER STÄNDIGEN KULTUSMINISTERKONFERENZ. 2015. Lehrerbildung für eine Schule der Vielfalt. Gemeinsame Empfehlung der Hochschulrektorenkonferenz und Kultusministerkonferenz. York: Waxmann; https://www.kmk.org/fileadmin/veroeffentlichungen_beschluesse/2015/2015_03_12-Schule-der-Vielfalt.pdf, 15.10.2019.
KRELL, Claudia & OLDEMEIER, Kerstin. 2017. *Coming-out – und dann...?! Coming-out-Verläufe und Diskriminierungserfahrungen von lesbischen, schwulen, bisexuellen, trans* und queeren Jugendlichen und jungen Erwachsenen in Deutschland*. Opladen u. a.: Barbara Budrich.
LANG, AlberTina. 2016. *Die große Verwechslung. Homosexualität, Transidentität und abweichendes Geschlechterrollenverhalten*. Schalksmühle: Pomaska-Brand.
MINISTERIUM FÜR BILDUNG RHEINLAND-PFALZ. 2017[5]. *Orientierungsrahmen Schulqualität*. Mainz: Ministerium für Bildung.
MINISTERIUM FÜR BILDUNG, WISSENSCHAFT, WEITERBILDUNG UND KULTUR. 2012. *Lehrplan für das Fach Spanisch. In der Sekundarstufe I. Grundfach und Leistungsfach in der gymnasialen Oberstufe*. Hammersbach: NK Druck + Medien GMBH.
MINISTERIUM FÜR FAMILIE, FRAUEN, JUGEND, INTEGRATION UND VERBRAUCHERSCHUTZ. 2013. *Maßnahmenplan im Rahmen des Landesaktionsplans „Rheinland-Pfalz unterm Regenbogen – Akzeptanz für queere Lebensweisen"*. York: Waxmann; https://mffjiv.rlp.de/fileadmin/ MFFJIV/Vielfalt/Massnahmenplan_final.pdf, 15.10.2019.
MEDIENPÄDAGOGISCHER FORSCHUNGSVERBUND SÜDWEST. ed. 2018. *JIM Studie 2018. Jugend, Information, Medien. Basisuntersuchung zum Medienumgang 12-19-Jähriger*. Stuttgart. York: Waxmann; https://www.mpfs.de/fileadmin/files/Studien/JIM/2017/JIM_2017.pdf, 15.10.2019.
MORENO CABRERA, Octavio & PUCHE CABEZAS, Luis. ed. 2017. *Transexualidad, adolescencias y educación: Miradas multidisciplinarias*. Barcelona & Madrid: egales.
NIEDER, Timo O. u. a. 2017. „Trans*-Gesundheitsversorgung. Zwischen Entpsychopathologisierung und bedarfsgerechter Behandlung begleitender psychischer Störungen", in: *Nervenarzt* 88/5, 466-471.
PLATERO, Raquel (Lucas). 2017. „Haciendo memoria: recuperando la(s) historia(s) de los derechos trans en el Estado español", in: Moreno Cabrera, Octavio & Puche Cabezas, Luis.

edd. *Transexualidad, adolescencias y educación: Miradas multidisciplinarias.* Barcelona & Madrid: egales, 29-48.

PLIKAT, Jochen. 2017. „Gegenwärtige Leitkonzepte", in: Grünewald, Andreas & Küster, Lutz. edd. *Fachdidaktik Spanisch: das Handbuch für Theorie und Praxis.* Stuttgart: Klett, 131-150.

PREUSS, Wilhelm F. 2016. *Geschlechtsdysphorie, Transidentität und Transsexualität im Kindes- und Jugendalter. Diagnostik, Psychotherapie und Indikationsstellungen für die hormonelle Behandlung.* München: Ernst Reinhardt.

RENDTORFF, Barbara. 2014. „Jugend, Geschlecht und Schule", in: Hagedorn, Jörn. ed. *Jugend, Schule und Identität. Selbstwerdung und Identitätskonstruktion im Kontext Schule.* Wiesbaden: Springer VS, 283-298.

SCHUMANN, Kerstin & SCHOLZ, Katharina. 2016. „unsicher.klar.selbstbestimmt – Wege von Trans*kindern, -jugendlichen und jungen -erwachsenen in Sachsen-Anhalt. Einblicke in die Ergebnisse des empirischen Forschungsprojekts am KgKJH Sachsen-Anhalt e.V.", in: Schochow, Maximilian. ed. *Inter* und Trans*identitäten. Ethische, soziale und juristische Aspekte.* Gießen: Psychosozial-Verlag, 335-348.

SIEGLER, Robert u. a. 2016[4]. *Entwicklungspsychologie im Kindes- und Jugendalter. Deutsche Ausgabe herausgegeben von Sabrina Pauen.* Berlin & Heidelberg: Springer.

SOMMERFELDT, Kathrin. ed. 2012. *Spanisch Methodik: ein Handbuch für die Sekundarstufe I und II.* Berlin: Cornelsen.

STEINEKEMPER, Klaus. 2015. „Anregungen aus der Praxis für die Praxis. Bildungsbausteine für die schulische und außerschulische Bildung", in: Schmidt, Friederike u. a. edd. *Selbstbestimmung und Anerkennung sexueller und geschlechtlicher Vielfalt. Lebens-wirklichkeiten, Forschungsergebnisse und Bildungsbausteine.* Wiesbaden: Springer VS, 357-397.

VEALE, J.F. u. a. 2017. „Mental health disparities among Canadian transgender youth", in: *Journal of Adolescent Health* 60/1, 44-49.

WIBGOTT, Sandra. o. J. *Zahlenspiele, oder: Wo sind sie denn hin?*; https://www.dgti.org/leitartikel.html?id=166, 15.10.2019.

¿Literatura – mediadora entre los lectores y la vida?
Reale Herausforderungen in der Fiktion aushandeln
Ute von Kahlden (Heidelberg)

1. Einleitung

Wie kommt der (reale) Mensch in die Fiktion und wird zur Figur? Und wie kommt er zusammen mit der Leserin bzw. dem Leser wieder zurück? Wir erleben Protagonistinnen und Protagonisten, die in der Fiktion handeln und Entscheidungen treffen müssen. Können wir uns als Lesende dort ebenfalls erproben und danach in der Realität mit neuen Überlegungen handeln? Hinsichtlich kultureller Leseerfahrungen stützt Grit Alter diese Annahme und stuft hierfür literarische Texte in einem Kontinuum zwischen interkultureller und transkultureller Literatur (siehe Abb. 1).

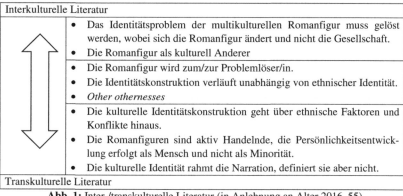

Abb. 1: Inter-/transkulturelle Literatur (in Anlehnung an Alter 2016, 55)

Dies stellt eine Erweiterung der Literatur als einen möglichen „third space" dar, den Claire Kramsch (1993, 236-239) geprägt hat und den sie ebenfalls auf Kulturräume bezogen hat:

> Kramsch's scholarship on language learning and forming an identity in a ‚third space' between the culture of the self and the target culture is one foundation of the current approach to identity formation and reading literature in ELT (Alter 2015, 292).

Die Lernenden können Handlungsalternativen und kulturelle Erfahrungen im geschützten Raum der Fiktion durchspielen und Konsequenzen für ihr Handeln in der empirischen Realität ziehen. Sollten sich jugendliche Lernende in reale komplexe Situationen, wie z. B. in den Umgang mit Krieg und Verletzungen hineinversetzen müssen, könnte das überheblich wirken und die realen Probleme könnten zu simplifizierend behandelt werden. Die Fiktion bietet hierfür einen geschützten Raum.

Bei der Auswahl geeigneter literarischer Werke für den Spanischunterricht wird häufig die Frage als Entscheidungshilfe herangezogen, inwieweit ein wichtiger historischer, wirtschaftlicher, politischer oder gesellschaftlicher Kontext im Werk behandelt wird. Es liegt nahe, anhand eines solchen Werkes zwei Ziele gleichzeitig anzustreben: erstens die Vertiefung von soziokulturellem Wissen und zweitens die Förderung literarischer Kompetenz. Durch die zentrale Bedeutung der interkulturellen kommunikativen Kompetenz spielt bei der Textauswahl auch kulturelles Handeln der Protagonisten eine Rolle (vgl. Sommerfeldt 2011, 166-167) und damit eine Einordnung der Texte nach Kriterien des oben vorgestellten Schemas nach Grit Alter.

Anhand der didaktischen Rekonstruktion von drei Romanen wird im Folgenden aufgezeigt, wie Teilkompetenzen der Text- und Medienkompetenz fokussiert gefördert werden können, indem von einem (angemessenen und herausfordernden) Ziel her didaktisch geplant und dabei Progressionsstufen benannt werden. Es werden praktische Individualisierungs- und Differenzierungsvorschläge vorgestellt, die sich dafür eignen, das Lernpotential auszuschöpfen und die individuelle Norm der Lernenden zu berücksichtigen. Bei der Umsetzung ist es grundlegend, die Ergebnisse für alle nachvollziehbar wieder zusammenzuführen.

In allen drei Romanen entscheiden die Bildung, der Zugang zu ihr und eine eigenständige persönliche Entwicklung der eigenen (kulturellen) Identität über die Handlungsmöglichkeiten der Protagonisten. Kleine und größere Sozial- und damit auch Kulturräume werden verändert und verlangen von den Protagonisten ein Reagieren und den Versuch, zu einem Agierenden zu werden. Hierbei müssen sie Entscheidungen treffen, inwieweit sie sich anderen Kulturräumen mit ihren (Macht-)Strukturen nähern oder Veränderungen in den eigenen Räumen wagen, zulassen oder verteidigen. Aktuelle Ansätze aus der Kulturwissenschaft und Kultursemiotik können kennengelernt, ihr praktischer Einsatz bei der Texterschließung und eigenen Textproduktion erprobt und somit fachwissenschaftliche Erkenntnisse und Erfahrungen gewonnen werden. Dies kann bei den Lernenden zu einer gestärkten Selbstwirksamkeit führen.

2. Fernando Aramburu, *Años lentos* (2012)
2.1 Fachwissenschaftliche Vorstellung

Dieser Roman ist für eine didaktische Rekonstruktion sowohl unter erzähltheoretischen als auch thematischen Gesichtspunkten von Interesse. Die zentrale Figur ist ein kleiner Junge, Txiki, der von 1968 bis 1977 bei seinen Verwandten in San Sebastián im Baskenland leben muss, da seine alleinerziehende Mutter finanziell nicht in der Lage ist, ihre drei Söhne zu ernähren. Txiki wird im Zimmer seines Cousins Julen untergebracht und erlebt daher aus nächster Nähe Julens Radikalisierung für einen nationalen Extremismus. Maßgeblich trägt dazu der örtliche katholische Priester des Viertels bei. Er unternimmt mit den Jugendlichen Ausflüge in die Berge, die der Indoktrination und dem Erlernen der baskischen Sprache dienen. Julen wird später verhaftet, in Haft misshandelt, muss nach Frankreich fliehen, unterstützt durch eine terroristische Gruppe bereitet er sich dort für den bewaffneten Kampf vor und kehrt schließlich in seine Stadt zurück. Aufgrund von Ort und Zeit ist in Bezug auf die realen Ereignisse klar, dass Julen sich für die ETA engagiert hat. Dennoch wird der Name ETA nur an drei Stellen im Roman genannt (82, 163, 190), an einer davon, um den Namen zu negieren, „Nunca le oí mencionar el nombre de ETA" (190). Die extremen nationalistischen Haltungen bleiben damit unabhängig von einer bestimmten Gruppierung und Zeit. Ein Abgleich mit realen Ereignissen aus dem Baskenland in den 70-er und 80-er Jahren kann eine Interpretation sogar einschränken. Die Auslassung der konkreten Terrororganisation kann auch im Sinne eines Umgangs mit Vergangenheit und der Möglichkeit, in der Gegenwart und auf eine konstruktive Zukunft hin zu leben, verstanden werden. Julen wähnte sich von der Kirche und der Gesellschaft getragen, er war sicher, seine Taten dienten dem Gemeinwohl, so hatte er die Manipulation durch den Priester und die zum Teil unausgesprochenen Aufträge der Mitmenschen verstanden. Nach seiner Rückkehr gelingt es ihm jedoch nicht mehr, in der Stadt sozial integriert leben zu können. Der soziale Ausschluss basiert auf dem Gerücht, Julen habe Menschen aus der Stadt an die Polizei verraten. Gemeint sein können damit nur terroristische Aktivisten, konkretisiert wird seine Motivation für einen möglichen Verrat nicht. Es bleibt völlig offen, ob dieser stattgefunden hat oder ihm nur unterstellt wird. Julen flieht ins Ausland, er heuert auf einem Schiff an und kann in Brasilien, in einer Art Exil, wieder Fuß fassen und eine soziale Verankerung finden. Bemerkenswert ist im letzten Kapitel, „otro desenlace", dass Julen bei einem Heimatbesuch seiner Mutter Geld für Txiki gibt, damit dieser studieren könne, bei der Wahl des Faches sei er völlig frei. Bildung scheint ihm für seinen kleinen Cousin von großer Bedeutung. Julen hatte während der gemeinsamen Zeit mit Txiki in der Familie das Ziel gehabt, Txiki eines Tages für den baskischen Unabhängigkeitskampf zu gewinnen. Er wollte den kleinen Jungen zu nationalem exklusivem Denken erziehen. Die Forderung, das Geld dürfe nicht aufgeteilt werden, sondern müsse das Studium des Jungen garantieren, scheint hier eine Kehrtwende gegen die Indoktrination in seiner Jugend darzustellen.

Als ‚Vorwand' für die Erzählinstanzen dient der erwachsene Mann, der Txiki geworden ist. Er gibt die Erzählung dieser Jahre seiner Kindheit bei einem „Señor Aramburu" in Auftrag, damit dieser sie als Roman verarbeitet, die Personen aus der Kindheit sollen dabei nicht zu deutlich erkennbar sein, so sein Wunsch. Aramburu wiederum gibt ihm als Aufgabe, diese Jahre selbst zu erzählen und dabei einige Anweisungen zu befolgen, diese Niederschrift solle dann als Vorlage für den Roman dienen. Der Roman besteht aus zwölf solcher Kapitel, die in Bezug auf die Erzählzeit nahezu chronologisch die erzählte Zeit wiedergeben. Nach jedem dieser Kapitel sind *apuntes* eingefügt, die vom fiktiven Autor Aramburu zu stammen scheinen. Zum einen werden hier Figuren dargestellt, mit Charaktereigenschaften versehen und ausgemalt, zum anderen finden sich hier zahlreiche Notizen des fiktiven Autors, die für das Verfassen des Romans noch erledigt werden müssen, so z. B. historische oder geographische Recherchen. Er legt sich darüber hinaus selbst Beschränkungen auf, so z. B. Figuren nicht zu sehr auszuschmücken oder auf verschiedene Themen nicht zu stark einzugehen. Die Leserin bzw. der Leser verfolgt somit vermeintlich das Entstehen eines Romans, welcher jedoch nicht in diesem ‚Buch' enthalten ist. Beim Lesen kann man demnach einem Autor und Erzähler bei der Arbeit zuschauen.

Durch dieses Spiel mit den Erzählinstanzen wird die Frage nach ihnen besonders interessant und für das Verständnis und die Interpretation wesentlich. Die Erzählperspektiven sind vielfältig: Der erwachsene Txiki nennt sich gelegentlich in der ersten Person, in seiner Erzählung wird die Perspektive des kleinen Jungen Txiki eingenommen, in beiden Fällen sind es autodiegetische Erzähler. Innerhalb der *apuntes* erscheint in Teilen ebenfalls ein Erzähler in der ersten Person, diese Perspektive bezieht sich auf den fiktiven Autor und seine Überlegungen und Nachforschungen zum Werk. Die *apuntes* weisen zu Beginn in einigen Abschnitten einen heterodiegetischen Erzähler auf. In den letzten Notizen (202-203, *apunte* 38) begegnet ein Erzähler in der ersten Person Txikis Onkel im Bus, es muss sich um den fiktiven Autor in seiner Jugend handeln. Sein Lebensraum hat also Schnittmengen mit der Familie von Maripuy, Txikis Tante, und die Eltern des fiktiven Autors kennen die zentralen ‚realen' Personen, von Txikis Erfahrungswelt, die die Vorlage für Figuren im Roman bilden werden. Der fiktive Autor erläutert, dass er sich für sein Verhalten in der Begegnung mit Txikis Onkel gern entschuldigen würde, dies aber nicht mehr möglich ist, da Txikis Onkel bereits verstorben ist. Den Roman sieht er als eine Möglichkeit der Wiedergutmachung, die diese Entschuldigung ersetzen kann. Hiermit wird eine der zentralen Interpretationsmöglichkeiten des Romans angerissen: Inwieweit kann Literatur rückwirkend ein Handeln in der Realität ausgleichen, aufarbeiten oder abschließen.

2.2 Überlegungen zu einer didaktischen Rekonstruktion zu *Años lentos*

Der häufige Wechsel der Erzählinstanzen und damit der Erzählperspektiven verlangt bei den Lernenden einerseits eine Klärung und Trennung derselben. Darüber hinaus erkennen die Lernenden die Notwendigkeit für eine entsprechende Analyse. Eine Visualisierung der fiktiven Welten einschließlich der empirischen Realität, in der die Lesenden und Fernando Aramburu anzusiedeln sind, kann wie folgt aussehen (siehe Abb. 2).

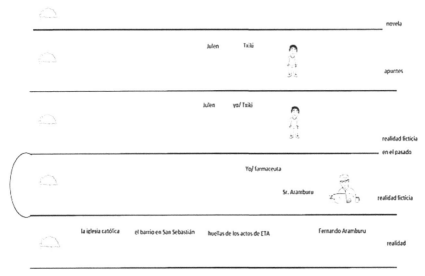

Abb. 2: Realitäts- bzw. Fiktionsebenen im Roman *Años lentos*

Der Handlungsstrang um Julens Schwester Mari Nieves konzentriert sich auf deren sexuelle Kontakte zu jungen Männern aus dem Dorf, ihre ungewollte Schwangerschaft und die lange Suche nach einem Mann, der bereit ist, die schwangere junge Frau zu heiraten und damit ihre Situation in der Gesellschaft an deren Normen anzupassen. Dieser Teil der Handlung unterstreicht die streng konservative und katholische Haltung von Txikis Tante Maripuy sowie des gesamten Dorfes, kann aber zugunsten einer Konzentration auf die Entwicklung von Julen sowie seiner Beziehung zu Txiki unbeachtet bleiben.[1] Das Lesen eines Romans in Ausschnitten unterbricht zwar die Gesamtkomposition eines Werkes, im vorliegenden Roman ist diese jedoch zu rechtfertigen, da die Struktur durch die verschiedenen Erzählperspektiven erhalten bleibt und im Leseprozess erlebt wird.

Zentrale thematische Aspekte, die sich für konstruktivistische (Ko-)Konstruktionsprozesse eignen, sind Fragen, die eine Auseinandersetzung mit der Manipulation hin zu einer extremistischen politischen Haltung und daraus folgenden

---

[1] Nicht in den Leseprozess eingeschlossen werden folgende Seiten: 26-42, *apuntes* 8 und 9, 98, ab dem zweiten Absatz bis 109, 131-150, 167-183.

Handlungen aus verschiedenen Positionen heraus erfordern. Aus erzähltheoretischer Perspektive sind im Roman zwei fiktive Autoren angelegt: der fiktive Autor Aramburu und der erwachsene Mann, Txiki, mit den jeweiligen Erzählperspektiven. Das Ziel, Raum für (Ko-)Konstruktionsprozesse anzubieten, in denen sich Lernende vertiefter mit der dargestellten Thematik und den Erzählstrukturen auseinandersetzen, lässt sich methodisch durch ein spielerisches Umsetzen einer Fortsetzung des Romans erreichen. Ähnlich wie in Miguel de Unamunos *Niebla* (1939), in dem sich ein fiktiver Autor mit seiner Figur und deren Wünschen auseinandersetzen muss, wäre hier eine Kontroverse zwischen den beiden fiktiven Autoren durch den Roman bereits angelegt. Die Vorbereitung eines darauf aufbauenden Rollenspiels verlangt die vertiefte Auseinandersetzung mit entsprechenden Fragestellungen. Für Lernende, die sprachlich stark sind oder sich thematisch bereits mehr mit dem Baskenland beschäftigt haben, bietet sich eine weitere Differenzierung an. Naheliegend ist ein Bezug zu Fernando Aramburus Erfolgsroman *Patria*, der sehr konkret auf die Anschläge der ETA und die Frage nach der Versöhnung eingeht. Somit kann im erweiterten Rollenspiel nach einem ersten Durchgang der fiktive (oder der reale) Autor Aramburu auch auf sein Werk *Patria* und dessen Verfilmung angesprochen werden, um die Fragestellung zu vertiefen. Auf der Ebene der Fiktion kann erörtert oder erprobt werden, inwieweit ein Entfernen von den Gewalttaten, z. B. durch keine konkrete Nennung wie in *Años lentos*, bei der Verarbeitung hilft. Die Verfilmung von *Patria* als Serie im Jahr 2019 bringt Realität zurück, schon im Moment des Drehens aber auch beim Anschauen des Films, wie ein Titel in der Tageszeitung *El Correo* (vom 24. April 2019) spiegelt: „,Patria' devuelve a ETA a la vida". Dies kann alte Wunden aufreißen oder eben zu ihrer Heilung beitragen. Diese Ergebnisse aus dem Rollenspiel können respektvoll in einem nächsten Schritt in die Realität übertragen werden (siehe auch Krah 2015, 261-287).

Konkrete Arbeitsaufträge können dementsprechend wie folgt lauten, wobei hier als zusätzliche Differenzierung eine Aufteilung der Lektüre mitgedacht ist. Weitere stützende Aufgaben im Sinne eines auf die spezifische Lerngruppe angepassten *scaffolding* (*andamios didácticos*) oder einer Differenzierung z. B. über die zu lesende Textmenge sind erforderlich und müssen über zusätzliche Materialien, z. B. *hojas de trabajo*, bereitgestellt werden.

Organización y diferenciación el el trabajo:
- Se reparte la lectura de la 'autobiografía' y de los apuntes entre los estudiantes.
- Los estudiantes que van a leer la parte de la autobiografía desempeñan después el rol de narrador de esta parte, es decir de Txiki adulto. Los estudiantes que van a leer los apuntes desempeñan el rol de autor, de Sr. Aramburu.
- Se reúnen todos los narradores de la vida de Txiki y leen las partes correspondientes de la novela.
- Se reúnen todos los autores ficticios, Aramburu, y leen los capítulos de los apuntes.
- A continuación en grupos de a cuatro estudiantes se reúnen dos representantes de Txiki adulto y dos autores ficticios y se cuentan mutuamente la trama, es decir, lo que pasa en la novela.
- Se discute entre ellos si el género 'autobiografía' es el adecuado.
- Describan cómo Txiki ve a Julen y cómo presenta los acontecimientos. Pueden tomar el ejemplo del capítulo 'Dado azul'.
- Describan cómo el autor ficticio está creando su 'literatura'. Pueden tomar el ejemplo de los apuntes 18 a 22 que siguen el capítulo 'Dado azul'.
- ...

Tarea final:
- Organicen y preparen una reunión entre los dos tipos de autores, el Txiki adulto y el Aramburu ficticio.
- Escojan temas que los dos puedan discutir y que quizás también puedan generar controversia.
- Preparen una posible mediación entre ambos respecto a los aspectos que ustedes han escogido incluyendo también los siguientes:
  - La necesidad de incluir información sobre ETA para entender la novela
  - El rol de esta novela para avanzar en la actualidad sin perderse en el pasado y sus heridas
  - Cómo crear personajes
  - Cómo presentar hechos, acontecimientos bajo un enfoque concreto
  - ...
- Como opción de diferenciación para estudiantes hispanohablantes o con raíces españolas: Tras la mediación entre los dos autores ficticios, incluir el autor real, Fernando Aramburu, en el juego de rol y discutir entre todos el hecho de rodar una película basada en la novela *Patria*. Argumentos posibles son:
  - Se despiertan recuerdos entre los habitantes que han vivido la época sangrienta de finales de los años 80.
  - Volver a ver y así revivir los acontecimientos apoya o frena un proceso de reconciliación.

3. Alfredo Gómez Cerdá, *Barro de Medellín* (2008)
3.1 Fachwissenschaftliche Vorstellung

Romane kolumbianischer Autoren im 21. Jahrhundert beschäftigen sich mit der Thematik der *años de violencia* und ihren Folgen, noch nicht zu finden in der narrativen kolumbianischen Literatur sind aktuell die sozialen Veränderungen, mit verstärktem Zugang zu Bildung, die Anbindung problematischer Viertel durch Seilbahnen, die Partizipation lokaler Bewohnerinnen und Bewohner am Umbau ihres Stadtviertels, etc., wie sie z. B. in Medellín stattgefunden haben. Vielleicht ist ein Blick von außen, im Sinne eines transkulturellen Mediendiskurses, nötig, wie ihn der spanische Autor Alfredo Gómez Cerdá wagt, indem er den sozialen Wandel in einem der *barrios de poblaciones vulnerables*, im Viertel von Santo Domingo Savio (Medellín), als zentralen Handlungsrahmen für seinen Jugendroman *Barro de Medellín* wählt. Dieses Viertel erlebte einen ersten großen Umbruch durch die *metro cable*, die eine sehr schnelle Verbindung hinunter zur Stadt oder zur Weiterfahrt mit der *metro* darstellt. Ein weiterer Effekt neben der Zeitersparnis, die das Wahrnehmen mehrerer Arbeiten oder die Verbindung von Studium und Arbeit bietet, ist die Unabhängigkeit von kriminellen Banden, die zuvor häufig Geld für das Durchqueren ‚ihrer' Straßenbereiche verlangt haben. Die Verbesserung der Infrastruktur ist gezielt eingebettet in weitere Investitionen zur Bildung, Sicherheit und Partizipation im gesamten Stadtgebiet. So erlebt Santo Domingo Savio den zweiten Einschnitt im Alltagsleben durch den Bau eines der ersten *Parque Biblioteca*, der *Biblioteca España*, die für die sozial schwächsten Schichten den Alltag völlig verändert. Sie bietet Zugang zum Internet mit entsprechenden Schulungen und Büchern, bietet Raum, dort die Hausaufgaben für die Schule oder Universität zu erledigen, hält Versammlungsräume bereit, bietet Informationsveranstaltungen, z. B. zu Minikrediten für Frauen. Bereits durch die *metro cable*, aber noch stärker durch die *Biblioteca* kommen Touristen in das Viertel, was die Bewohner dazu bewegt, ihre einfachen Häuser oder Hütten bunt anzumalen und zu dekorieren. Sie sehen und werden gesehen. Auch Straßenverkäufe sind durch die Besucher in größerem Umfang möglich als zuvor. Nicht zuletzt besuchen wichtige Persönlichkeiten aus der ganzen Welt, Bundespräsident Hans-Joachim Gauck, der Präsident der Vereinigten Staaten Barack Obama und viele mehr, genau dieses Viertel, da es als Modell für den sozialen Umbau und die Partizipation dieser Gruppen an der Gestaltung der Gesellschaft gilt. Bildung steht im Vordergrund, ‚Medellín la más educada' ist für längere Zeit der Slogan der Stadt. (siehe auch von Kahlden 2014, 87-116).

In der Fiktion erleben die beiden Protagonisten, Camilo und Andrés, zwei Jungen im Alter von ungefähr zehn Jahren, diesen Wandel und müssen lernen, damit umzugehen. Beide leben in prekären Verhältnissen, Camilos Vater ist Alkoholiker und misshandelt seine Mutter. Camilo musste schon als Kind stehlen und hat sich damit abgefunden, von Beruf *ladrón* zu werden. Andrés hat bisher für sich noch Hoffnungen auf ein ehrliches Lebenskonzept. Für Camilo ist das Viertel sein Zuhause, in dem er sich wohl und sicher fühlt. Die beiden Jungen gehen trotz ihres jungen Alters nicht mehr zur Schule, durchstreifen stattdessen das Viertel und kennen es sehr gut. Andrés war auch schon außerhalb des Viertels in der Stadt Medellín und findet dies spannend. Beide sind noch nicht mit dem *metro cable* gefahren, da sie ihr Geld für andere Zwecke benötigen und deshalb zu Fuß mehrmals am Tag den steilen Berg hinauf- und hinunterlaufen. Auch haben sie bisher die *Biblioteca España* noch nicht betreten. Als sie es tun, sind sie von der Atmosphäre und den Möglichkeiten dort fasziniert und verunsichert zugleich. Camilo allerdings nutzt die Gelegenheit und stiehlt ein Buch, was durch die Sicherheitskontrollen eigentlich nicht so leicht möglich ist. Wie er später erkennt, ließ die Bibliothekarin dies absichtlich zu. Sie hat seine Situation in den häuslichen Gewaltstrukturen verstanden und hofft darauf, dass er in der Fiktion andere Lebenskonzepte kennenlernen kann, die seine Entscheidungen im ‚realen' Leben beeinflussen können.

3.2 Überlegungen zu einer didaktischen Rekonstruktion von *Barro de Medellín*

Der Blick aus verschiedenen kulturwissenschaftlichen Perspektiven erlaubt das Handeln der Protagonisten in ihrer sich wandelnden Umgebung differenziert darzustellen. Die Perspektiven von Interkulturalität und Hybridität zeigen, dass Camilo gegen die gesellschaftlichen und räumlichen Veränderungen kämpft und diese nicht in seinem Viertel akzeptieren möchte, während Andrés durchaus offen ist, Neues auszuprobieren und dieses, eventuell als Fremdes, in seinen Alltag integrieren würde (siehe Abb. 3).

Aspecto	Camilo – rechazo	Andrés – interés/curiosidad
Definir límites	Marca una diferencia entre su barrio y el resto de Medellín/del mundo. No le gustaría dejar su barrio nunca.	Se interesa por otros lugares y cambios, por ejemplo ya fue al centro de Medellín. Toma la iniciativa de entrar a la Biblioteca España.
Apertura	No quiere viajar en metro cable.	Concibe gastarse dinero para viajar en metro.
Combatir lo nuevo	Tira piedras a las cabinas del metro cable (como lo hace contra latas u otros objetos).	Tira piedras con su amigo Camilo pero no a las cabinas del metro cable.
Pasar fronteras	No quiere entrar en la biblioteca.	Quiere entrar y buscar a las chicas. Ya ha ido al exterior de la biblioteca.
Difusión de la educación	Roba libros, los vende y así fomenta la educación de otros. Quita la barrera entre la gente de a pie y los libros.	No quiere robar (libros), respeta la biblioteca.
Cambio social	No entiende por qué ya no se puede bañar en la fuente del barrio. Aunque todos lo digan, no comprende por qué el metro es un orgullo para el barrio.	Ve los cambios del barrio y le despiertan su interés. Quizás entiende un poco el orgullo del barrio.

Abb. 3: Gegenüberstellung der Einstellungen der Protagonisten hinsichtlich neuer Elemente in ihrem Alltag

Die gesprochene Sprache der beiden Jugendlichen weist nur wenige Merkmale des kolumbianischen Spanisch auf und respektiert damit nicht die Lebenssituation der Protagonisten. So wird *vosotros* anstatt *ustedes* verwendet, auch viele syntaktische oder lexikalische Elemente sind dem kolumbianischen Sprachgebrauch fremd, wie sich dies auch im offiziellen Booktrailer (2009) spiegelt. Diese Merkmale müssen in einer unterrichtlichen Umsetzung benannt werden, möglicherweise fallen sie den Lernenden sofort auf, und befremden sie sogar. Für junge spanisch lernende Leserinnen und Leser würden diese Merkmale jedoch keine Verständnishürde darstellen. Wie einleitend erwähnt, wird einerseits ein Thema in Spanien literarisch aufgegriffen, das in der Literatur in Kolumbien selbst noch ein Tabu zu sein scheint, andererseits werden die Protagonisten sprachlich ‚verbogen'. Das Thema wird vom Autor unter diesem Gesichtspunkt nicht in einen Diskurs der Transkulturalität oder Transdifferenz gestellt, durch die Wahl der Sprache wird eine andere nationale kulturelle Identität darübergelegt. Allerdings wurde dieser Jugendroman wenige Zeit nach seinem Erscheinen, 2011, in Medellín bereits aufgegriffen, mit Jugendlichen als Bühnenstück bearbeitet und aufgeführt (*Telemedellín siempre con vos* 24.11.2011) und mit Kindern in den *Parques Biblioteca* gelesen, kreativ bearbeitet und so zu ihrem eigenen gemacht (Secretaría de Cultura Ciudadana 2018). Durch dieses künstlerische Aufgreifen in Medellín selbst steht der Roman mit seinen multimodalen Bearbeitungen nun in einem Diskurs der Transkulturalität. Für ältere Lernende kann dies ein spannender Diskussionsansatz sein, um sich mit Fragen kultureller Perspektiven nicht nur in Bezug auf die Figuren, sondern auf den literarischen Diskurs zu beschäftigen.

Über die kulturwissenschaftlichen Perspektiven hinaus ist ein Heranziehen kultursemiotischer Beschreibungen für die Interpretation des Romans gewinnbringend. In der Kultursemiotik werden Kulturen als Zeichensysteme betrachtet und, zurückgehend auf Posner (^{3}2004, 364), die drei Bereiche Soziale Kultur (Gesellschaft), Materiale Kultur (Zivilisation) und Mentale Kultur (Mentalität) unterschieden sowie die Aushandlungsprozesse zwischen ihnen beschrieben (siehe Abb. 4).

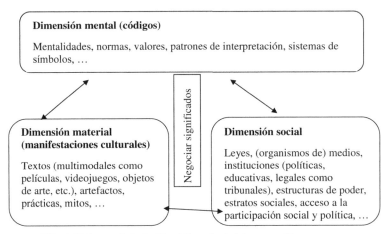

Abb. 4: Kultursemiotische Darstellung in Anlehnung an Posner

In Anlehnung an diese Darstellung können die Handlungsentscheidungen der Romanfiguren in Aushandlungsprozessen hinsichtlich kultureller Manifestationen bewertet werden. Die Anwendung der allgemeinen Darstellung auf den Roman kann mit den Lernenden erarbeitet oder ihnen sofort in der Konkretion bezüglich des Romans vorgestellt werden. In einem didaktischen Kontext sollte im Bereich der sozialen Dimension der Aspekt des ‚Zugang habens zu ... ' aufgeführt werden, z. B. Zugang zu sozialer und politischer Partizipation, zu Bildung, zu medizinischer Versorgung, usw. (siehe Abb. 5).

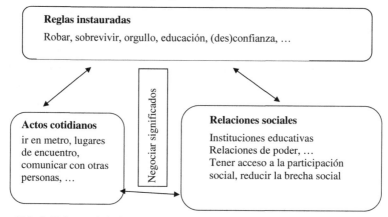

Abb. 5: Kultursemiotische Darstellung angewandt auf den Roman *Barro de Medellín*

Kulturelle Aushandlungsprozesse stehen didaktisch im Kontext von Grit Alters „awareness of alterity" als Ziel kulturellen Lernens im Unterricht, anstelle des früher formulierten Ziels eines „understanding otherness" (Alter 2015, 303). Zum einen kann die „awareness of alterity" für den Konstruktionsprozess einer eigenen kulturellen Identität dienlich sein, zum anderen wird der durchaus ‚übergriffige' Ansatz vermieden, Anderes vollständig ‚verstehen' zu können. Schwierig bleibt für Lernende der Schritt der Aushandlungsprozesse. Für deren Klärung ist eine beispielhafte Darstellung anhand kultureller Manifestationen hilfreich. Bei der Begegnung zweier Menschen, die in verschiedenen kulturellen Kontexten leben, ist dieses gegenseitige Erkunden für die Lernenden selbstverständlich. Die Begegnung mit einer kulturellen Manifestation, z. B. zwischen einem Menschen und einem kulturellen Fest, bedeutet nicht nur, dass der

Mensch diese Manifestation erkundet, auch die Manifestation stellt durch die bloße Begegnung Fragen an den Menschen, im Beispiel des Festes hinterfragt er eventuell seine eigenen Feste, seine unumstößlichen Prioritäten dabei, den sozialen Kontext des Festes, Werte, usw. Bei solchen Begegnungen muss eine Entscheidung getroffen werden, ob das Neue oder Andere eher in die Kategorie ‚anders', also als ein mögliches Alter Ego, oder in die Kategorie ‚(in Teilen) fremd' als Alienität, eingestuft wird. Spätere Begegnungen werden diese Frage immer wiederholen und gegebenenfalls neu beantworten lassen. Besonders hilfreich kann für die Lernenden sein, die Begegnung und ein erstes Aushandeln um einen Schritt zu verlängern, nämlich um eine Phase der Epoché (vgl. Heiser 2013, 349). Diese beinhaltet ein Innehalten ohne Urteil und den Rückgriff auf ihnen bekanntes soziokulturelles Wissen. Die Entscheidung über Alter Ego oder Alienität wird erst nach diesem Innehalten und dem Rückgriff getroffen und der Aushandlungsprozess anschließend für diese Begegnung abgeschlossen (siehe Abb. 6).

Alter Ego – Alienität (anders – fremd)

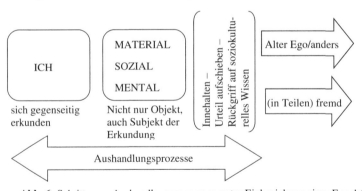

Abb. 6: Schritte von Aushandlungsprozessen unter Einbeziehung einer Epoché

Camilo und Andrés können bei solchen Begegnungen und Entscheidungen beobachtet werden. Camilo entscheidet meist sehr schnell, dass er Neues als fremd erachtet und nicht kennenlernen möchte. So sind Bücher für ihn zunächst lediglich ein mögliches Zahlungsmittel. Das Buch, das ihm die Bibliothekarin allerdings für seinen zweiten Diebstahl mitgibt, öffnet er, als er allein ist, schaut es an und beginnt sehr langsam zu lesen. Die Lektüre des Buches außerhalb des

Machtbereiches seines gewalttätigen Vaters ist für ihn ein Moment der Ruhe, den er sonst nur beim Blick auf seine Stadt oder sein Viertel kennt. Er erlebt eine Phase des Innehaltens und kann den Protagonisten des Buches als einen Jungen akzeptieren, der ein anderes Leben lebt als er selbst:

> Descubrió enseguida que el protagonista era muy distinto a él, lo que le desanimó un poco. Pero, al momento, ese mismo motivo lo impulsó a continuar. No se imaginaba que pudiera haber niños tan diferentes a él y, por eso, quiso saber más de su vida (Gómez Cerdá 2008, 142).

Um diesen kultursemiotischen Ansatz didaktisch umzusetzen, eignet sich das Verfahren des *Deeper Learning* (Sliwka 2018, 86-113). Dabei wird den Lernenden in einer intensiven Inputphase die fachwissenschaftliche Grundlage dargestellt. Dies kann durch Lehrkräfte oder Fachwissenschaftlerinnen bzw. Fachwissenschaftler erfolgen. Im Anschluss folgt eine projektartige Arbeitsphase, in der die Lernenden ihre Lernprozesse selbst gestalten. Diese Phase ist für konstruktivistisches Lernen angelegt, ermöglicht durch vielfältige Angebote (Ko-)Konstruktionsprozesse und weist einen hohen Grad an Individualisierung auf. Die Jugendlichen vernetzen neue Erkenntnisse mit vorhandenem, erarbeiten, erproben und überprüfen neues Wissen und erfahren einen möglichen Gewinn. Sie können dabei auf *scaffolding* Angebote zurückgreifen. Im Beispiel der Kultursemiotik kann diese Phase die Anwendung der fachwissenschaftlichen Erkenntnisse auf den vorgestellten Roman beinhalten. Die Ergebnisse ihrer Bearbeitung stellen die Lernenden der gesamten Lerngruppe, möglicherweise auch eingeladenen Experten, z. B. denen der Inputphase, vor. Das *Deeper Learning* ist ebenfalls für die oben genannte Behandlung von kulturwissenschaftlichen Perspektiven wie die Interkulturalität, Hybridität, Transkulturalität und Transdifferenz geeignet.

4. Philipp Potdevin, *Palabrero* (2017)
4.1 Fachwissenschaftliche Vorstellung

Zentrales Thema ist der aktuelle Überlebenskampf der *wayúu* der Guajira (La Wajira) im Norden Kolumbiens, bedroht durch die klimatischen Veränderungen, aber insbesondere durch die wirtschaftliche Ausbeutung ihres Landes durch multinationale Unternehmen. Damit einher geht der Verlust ihrer kulturellen Identität sowie eine noch immer andauernde soziale Exklusion. Die Figur des *palabrero* spielt die Rolle eines (kulturellen) Mittlers, sowohl innerhalb der *wayúu* als auch zwischen *grupos indígenas* an die Guajira angrenzender Regionen und der übrigen Gesellschaft, der Politik und insbesondere der Welt der wirtschaftlichen Machtstrukturen. Die Unversehrtheit ihres Territoriums zwischen dem heutigen Kolumbien und Venezuela wurde weder bei der Definition der Ländergrenzen nach der Conquista noch heute beim Umgang mit der *Línea negra*, die *territorios sagrados* in der Sierra Nevada und Umgebung verbindet, respektiert. So liegen für die *wayúu* und andere indigene Stämme wichtige Kultstätten auf oder innerhalb dieser *Línea negra*, werden aber beim Strukturwandel der Regionen nicht berücksichtigt oder geschützt.

Der Protagonist Edelmiro Epiayú, ein *wayúu*, verlässt sein Dorf und geht zum Jurastudium in die Stadt der *alijuna*, d. h. derjenigen, die keine *wayúu* sind und die indigene Tradition nicht respektieren. Er hat sich damit seiner Berufung entzogen, eines Tages von seinen Onkel tío Fulvio, der ein traditioneller *palabrero* ist und innerhalb der Gruppe der *wayúu* als Mittler und Schamane handelt, diese Funktion übertragen zu bekommen. Er positioniert sich damit außerhalb beider Welten, in denen er sich bewegt. Seine indigene Gruppe, insbesondere sein Onkel, tío Fulvio, verübeln ihm seine Entscheidung und in der universitären Welt wird er zunächst diskriminiert und ausgegrenzt. Seine ausgezeichneten Studienleistungen bringen ihm jedoch den Respekt einiger Mitstudierenden und Professoren ein, die sich solidarisch zeigen, als der Fluss der *wayúu*, der Ranchería, von der *empresa* verlegt werden soll, um unter dem Flussbett Kohle zu fördern. Diese ohnehin alle wirtschaftlichen Strukturen dominierende multinationale *empresa* wird von den politischen Entscheidungsträgern gestützt, so dass jeglicher Widerstand gegen sie ins Leere läuft oder brutal unterdrückt wird. Edelmiro Epiayú erkennt, dass er hier Verantwortung übernehmen kann und muss, da er bereits sehr gute Voraussetzungen erworben hat, um für Gerechtigkeit im Umgang mit den betroffenen Menschen zu kämpfen. Er kann basierend auf seinen Erfahrungen mit verschiedenen gesellschaftlichen Gruppen und deren kulturellen Systemen handeln. Seine eigene Identität ist geprägt davon, sein jeweils spezifisches kulturelles Handeln in verschiedenen soziologischen ‚Szenen' zu seiner kulturellen Identität zu vereinen. Um sich auf die große Aufgabe, den Schutz des Flusses und damit den Schutz nicht nur der indigenen Bewohner dieser Ge-

gend, besser vorbereiten zu können, geht er in die Sierra Nevada, räumlich und spirituell zurück zu den Wurzeln seiner Traditionen, lässt sich von einem alten *mamu* ausbilden, lernt juristische Praxis hinsichtlich gewachsener und harter Machtstrukturen, die sich gegen indigene Gruppen richten, und kann sich nach dieser Initiationsphase schließlich dem direkten Kampf um den Fluss widmen. In dieser ersten Phase seiner Tätigkeiten als Anwalt, in der er die Lebensverhältnisse der Menschen und die Machtstrukturen der *empresa* immer mehr durchleuchtet, wird ein erstes Attentat gegen ihn verübt, das er knapp überlebt. Ein zweites findet statt, als er und seine Mitstreitenden den Kampf gegen die *empresa* gewonnen haben und nachdem der Präsident des Landes sich, wohl opportunistisch, auf die Seite derjenigen stellt, die den Fluss verteidigen. An dieser Stelle endet die Romanhandlung und unterstreicht durch das Attentat, dass trotz vielfältiger Lernprozesse bei Mitgliedern der beteiligten Gruppen, kein sozialer Friede erreicht wurde.

In den meisten Kapiteln hat Edelmiro eine autodiegetische Erzählerrolle inne, was den Lesenden ein sehr enges Miterleben seiner Entscheidungsprozesse und Konflikte erlaubt. Als Einschübe in der Romanhandlung erscheinen Erzählungen des tío Fulvio, die sich auf traditionelle Geschichten der *wayúu* beziehen. Als weitere Erzählinstanz erscheint ein fiktiver Autor aus Spanien, ein Jurist, der ihre Sache unterstützen möchte, der als Figur auftritt und über eine Rahmenhandlung eingeführt wird. Er übernimmt eine weitere autodiegetische Erzählerrolle, indem er als Figur am Krankenbett nach dem Attentat erscheint und dort andere Figuren trifft.

Der im vorigen Kapitel skizzierte kultursemiotische Ansatz lässt sich hier vielfältig für eine Interpretation heranziehen. Der *palabrero* trifft bei seinen selbst gewählten oder ungeplanten Begegnungen mit ganz verschiedenen indigenen Gruppen, Arbeiterinnen und Arbeitern des multinationalen Unternehmens, Juristen, Menschen indigener Herkunft, etc. immer wieder auf neue Welten mit ihren eigenen Werten, kulturellen Manifestationen und sozialen Strukturen. Er versucht, nicht nur für sich, zwischen diesen zu mitteln, d. h. kompromissfähige Ansätze zu finden und zu unterbreiten. Seine Stärke liegt insbesondere in der Phase der Epoché, des Innehaltens und Abwägens, während andere Figuren (vor-)schnelle Urteile fällen.

4.2 Überlegungen zu einer didaktischen Rekonstruktion von *Palabrero*

Die große Nähe der Romanhandlung zu Ereignissen der Realität lassen eine Diskussion der Thematik zu, ohne den Roman umfänglich zu kennen. Hierauf basiert ein Unterrichtsvorschlag, der kurze Romanzitate als *novela enredada*, angelehnt an die Mystery-Methode, in den Mittelpunkt stellt. Die Lernenden beantworten eine vorgegebene Frage, in diesem Fall nach möglichen Verantwortlichen für die beiden Attentate, indem sie anhand der Zitate und eigener (Ko-)Konstruktionsprozesse logische Schlussfolgerungen anstellen und präsentieren sollen. Die Fiktion wird hier zwar anhand der Zitate und der auf ihnen basierenden Interpretation der Figuren und Handlungen gewürdigt, allerdings kann dies aufgrund der vorgegebenen Zitatauswahl nur in eingeschränkter Weise geschehen. Die Lernenden werden sich bei ihren Schlussfolgerungen nicht nur an der Fiktion, sondern auch an realen Ereignissen orientieren (siehe auch von Kahlden 2019, 43-46).

Eine weitere Umsetzung im unterrichtlichen Kontext kann auf der Basis einer umfänglichen oder nur leicht gekürzten Lektüre des Romans[2] die Aspekte der Kultursemiotik berücksichtigen. Hierfür können sich die drei wichtigen *palabreros* des Romans, Edelmiro Epiayú, sein Onkel tío Fulvio und don Eleuterio sowie Rita, seine Cousine, in einem Rollenspiel zusammenfinden und ihre persönlichen Weltsichten mit kultursemiotischen Begriffen (siehe Kapitel 3.2) vorstellen und diskutieren. In diesem Rollenspiel können ebenso Figuren nichtindigener Gesellschaftsgruppen, *los alijuna*, teilnehmen, so z. B. Lucho Palacios, ein Studienfreund von Edelmiro, und der Jurist aus Spanien. Als Vorarbeit können die Schaubilder mit Merkmalen der Kultursemiotik, die sich aus der Romanhandlung ergeben, ausgefüllt werden. Die Arbeitsaufträge können wie folgt formuliert werden:

- Los dos palabreros indígenas, Edelmiro Epiayú y el tío Fulvio y el mamu don Eleuterio, se preparan para un consejo al que invitan a todos los interesados e involucrados en la lucha por el/su río y una vida digna. Participan por ejemplo Rita, la prima de Edelmiro Epiayú, Lucho Palacios y el abogado de España y otros interesados. El objetivo es entenderse mejor en cuanto a sus ideales y exigencias. Por eso los participantes usan términos de la semiótica para describir y analizar sus contextos culturales y sus argumentos. Al inicio del encuentro cada participante presenta su análisis desde la semiótica en una charla de un minuto. Después todos empiezan a discutir sobre el tema.

---

[2] Nicht in den Leseprozess eingeschlossen werden die Seiten 207 bis 238.

Presenten este consejo que termina con una conclusión resumida por uno de los palabreros. Si les parece adecuado pueden usar 'sombras' de los personajes para que expresen lo que no se atreven decir los personajes mismos.

5. Fazit

Fachwissenschaftliche Ansätze im unterrichtlichen Kontext auf Literatur anzuwenden, bietet den Lernenden Instrumentarien, deren Anwendung sie umgehend erproben und im Sinne von Selbstwirksamkeit erleben können.

Literatura – ¿mediadora entre los lectores y la vida? Ein kleiner Junge aus Medellín, der seine Leseerfahrung zu *Barro de Medellín* erkärt, sagt in diesem Kontext „a uno le puede cambiar la vida un libro" (Secretaría de Cultura Ciudadana). Er beteiligt sich an dem aufgezeigten transnationalen Hin- und Zurücktauschen von Zeichen, die die Sicht der Lesenden auf die Mentalität, die Artefakte und die Gesellschaft sowie entsprechende Bedeutungsaushandlungen in der Fiktion und der empirischen Realität betreffen. Dieser dynamische Prozess ist offen für jegliche (kreative) Beteiligung. Ein Lernender folgerte aus dem Roman *Palabrero*: „todos somos o tendríamos que ser palabreros, siempre. Ellos saben cómo negociar significados". Die Freiheit, in der Fiktion zu verweilen und nicht die realen historischen Fakten heranzuziehen, bietet Raum, Vergangenes zu bewältigen, stellt eine Phase der Epoché dar, die helfen kann, neue Haltungen gegenüber vergangener Realität einzunehmen.

Die vorgestellten Romane sind nach der Thematik ausgewählt und weisen zufälligerweise männliche Autoren und männliche Protagonisten auf. Autorinnen und mehr Protagonistinnen finden sich in den folgenden Vorschlägen. Über die Gattung Roman hinaus kann die Idee der *literatura mediadora* für jugendliche Lesende ebenfalls in multimodalen Textgattungen, wie z. B. der *novela gráfica,* erprobt werden, bei der die Bildinterpretation als weiteres künstlerisch-ästhetisches Element von zentraler Bedeutung ist (siehe auch Koch 2018, 149-168) und „alle verwendeten semiotischen Modes intrinsischer Teil der fiktionalen Welt sind und zu ihrer Konstruktion beitragen" (Braselmann, 129, und Hallet, zitiert nach Braselmann, 2015, 638). In *Al sur de la Alameda. Diario de una toma* von Lola Larra und Vicente Reinamontes (2014) werden narrative Textpassagen durch Bilder fortgesetzt, deren Botschaft nicht in der Narration enthalten ist. Die *novela gráfica* stellt die Schülerproteste und Schulbesetzungen zur Verbesserung der schulischen Bildung aus dem Jahre 2006 in Chile in der Fiktion dar, setzt sie in Beziehung zur Kampagne „a votar por el NO" (Larra, 184) und zu den Protesten der Studierenden aus den Jahren 1985 bis 86. Innerhalb des Romans erscheinen weitere Perspektiven der Beobachtung in Bild und Narration. Der Erkenntnisgewinn durch das Heranziehen eines kultursemiotischen Ansatzes wird für die Jugendlichen erlebbar. „Es bueno haber encontrado este diario. Fue una sorpresa encontrarlo, y todavía más leerlo. (…) Siete días pueden cambiarte. Ha pasado un año desde entonces y ahora más que nunca creo que la batalla por una educación de calidad para todos, por un país más justo, es algo posible", konstatiert der Protagonist, der selbst Verfasser dieses *diario* ist, am Ende der *novela gráfica*. (Larra & Reinamontes 2014, 283). Durch Proteste in Chile, die 2019 wiederauflebten, erhält diese Romanhandlung eine weitere Einbettung in die Realität.

Ganz aktuell lassen sich eine *novela gráfica*, *Winnipeg, el barco de Neruda* (2014) von Laura Martel y Antonia Santolaya, ein im Stil einer *novela gráfica* gezeichnetes Kinderbuch, *Mexique* (2017) und der Roman von Isabel Allende, *Largo Pétalo de mar* (2019), zu einem Projekt verbinden. Die Rettung von mehr als 2000 republikanischen Flüchtlingen nach Chile durch Pablo Neruda und das Schiff Winnipeg werden in der *novela gráfica* aus Sicht eines kleinen Mädchens gezeichnet und dargestellt. Die beiden Protagonisten, ein Mann und eine Frau, in Allendes Roman retten sich ebenfalls durch dieses Schiff (Allende, 2019, 127-157). Das illustrierte Bilderbuch oder die *novela gráfica* für Kinder schildert die Flucht und Rettung von fast fünfhundert republikanischen Kindern, die während des spanischen Bürgerkriegs, 1937, aus einem Schiff nach Mexiko gebracht werden und wegen der Diktatur nie oder erst sehr spät in ein völlig verändertes Spanien zurückkehren konnten. In der Realität fanden beide Rettungsaktionen statt. In der literarischen Verarbeitung durch den Roman werden sie in einen längeren historischen Kontext eingebettet, während die *novelas gráficas* die eigentliche Flucht und deren Schilderung fokussieren. Im Kontext aktueller Fluchtbewegungen, -ursachen und des Umgangs damit, erhält die Behandlung dieser drei Werke, ebenfalls eine vermittelnde Funktion zwischen Fiktion und aktueller und historischer Realität.

Bibliographie
Romane
ALLENDE, Isabel. 2019. *Largo pétalo de mar*. New York: Vintage español.
ARAMBURU, Fernando. 2012. *Años lentos*. Barcelona: Tusquets.
ARAMBURU, Fernando. 2016. *Patria*. Barcelona: Tusquets
FERRADA, María José & PENYAS, Anna. 2017. *Mexique*. Barcelona: Libros del zorro rojo.
GÓMEZ CERDÁ, Alfredo. 2008. *Barro de Medellín*. Zaragoza: Luis Vives.
LARRA, Lola (Larraguibel, Claudia) & REINAMONTE, Vicente. 2014. *Al sur de la Alameda. Diario de una toma*. Barcelona: ekaré.
MARTEL, Laura & SANTOLAYA, Antonia. 2014. *Winnipeg el barco de Neruda*. Madrid: HotelPapel ediciones.
POTDEVIN, Philip. 2016. *Palabrero*. Bogotá: intermedio.
DE UNAMUNO, Miguel. 1939. *Niebla*. Madrid: Espasa-Calpe.

Sekundärliteratur
ALTER, Grit. 2015. *Inter- and Transcultural Learning in the Context of Canadian Young Adult Fiction*. Zürich: Lit Verlag.
ALTER, Grit. 2016. „Transkulturelle Kompetenzen durch transkulturelle Literatur – Implikationen für den Fremdsprachenunterricht", in: Rückl, Michaela. ed. *Sprachen & Kulturen vermitteln und vernetzen: Beiträge zu Mehrsprachigkeit und Inter-/Transkulturalität im Unterricht, in Lehrwerken und in der Lehrer/innen/bildung*. Münster: Waxmann, 50-61.
BRASELMANN, Silke. 2019. *Das jugendliche Imaginäre: Funktionen des multimodalen Jugendromans*, in: Basseler, Michael & Nünning, Ansger. edd. *Fachdidaktik als Kulturwissenschaft. Konzepte, Perspektiven, Projekte*. Trier: Wissenschaftlicher Verlag Trier, 127-142.
HALLET, Wolfgang. 2015. „Non-verbal Semiotic Modes and Media in the Multimodal Novel", in: Rippl, Gabriele. ed. *Handbook of intermediality. Literatur – Image – Sound – Music*. Berlin: De Gruyter Mouton. 637-651.
HEISER, Jan Christoph. 2013. *Interkulturelles Lernen. Eine pädagogische Grundlegung*. Würzburg: Königshausen Neumann.
VON KAHLDEN, Ute. 2014. "Un encuentro intercultural e interactivo con Medellín – la más educada" in: Franke, Manuela, & Koch, Corinna & Schöpp, Frank. edd. *Espejos del mundo hispanohablante*. Berlin: Edition tranvía, 87-116.
VON KAHLDEN, Ute. 2019. „Los indígenas wayúu en Colombia. Su vida y el rol de un palabrero", in: *Der Fremdsprachliche Unterricht Spanisch* 64, 43-46.
KOCH, Corinna. 2018. „El potencial didáctico de la novela gráfica: El arte de volar", in: González Casares, Carlos. ed. *La literatura en la clase de español*. Berlin: tranvía, 149-168.
KRAH, Hans. ³2015. „Mit fiktionalen Weltmodellen bewusst umgehen", in: Schilcher, Anita & Pissarek, Markus. edd. *Auf dem Weg zur literarischen Kompetenz. Ein Modell literarischen Lernens auf semiotischer Grundlage*. Baltmannsweiler: Schneider Hohengehren, 261 - 287.
KRAMSCH, Claire. 1993. *Context and Culture in language teaching*. Oxford: Oxford University Press.
PELILLO-HESTERMEYER, Giulia & VON KAHLDEN, Ute. erscheint 2020. „Multilinguale und transkulturelle Medienkommunikation in der Fachdidaktik der romanischen Sprachen", in: García García, Marta & Prinz, Manfred & Reimann Daniel. edd. *Mehrsprachigkeit im Un-*

terricht der romanischen Sprachen. Neue Konzepte und Studien zu Schulsprachen und Herkunftssprachen in der Migrationsgesellschaft. Tübingen: Narr.
POSNER, Roland. 2008. „Kultursemiotik", in: Nünning, Ansgar & Nünning, Vera. edd. *Einführung in die Kulturwissenschaften.* Stuttgart/Weimar: Metzler, 39 - 72.
SLIWKA, Anne. 2018. *Pädagogik der Jugendphase. Wie Jugendliche engagiert lernen.* Weinheim/Basel: Betz.
SOMMERFELDT, Kathrin. 2011. „Literatur behandeln", in: Sommerfeldt, Kathrin. ed. *Spanisch Methodik.* Berlin: Cornelsen Scriptor, 151 - 174.

Internetquellen
Barro de Medellín (booktrailer): https://www.youtube.com/watch?v=-2XJUBERmbI, 15.10.19.
El Correo: https://www.elcorreo.com/butaca/cine/patria-20190425182709-ntrc.html, 15.10.19.
Sistema de Bibliotecas Públicas de Medellín (entre otras sobre Barro de Medellín), Secretaría de Cultura Ciudadana: https://www.youtube.com/watch?v=i9CaKe7Mwyk, 15.10.19.
Telemedellín siempre con vos: https://www.youtube.com/watch?v=9jbLymAHXHY, 15.10.19.

Zeichenelemente zu den *niveles de ficción*
OBERMAYER, Bastian. 2019.

DER EINSATZ THEATERPRAKTISCHER METHODEN IM UMGANG MIT LITERATUR

Collage de voces, recitación escénica, secuencia de imágenes fijas: Einfache szenische Verfahren als differenzierender Zugang zu Gedichten und kurzen narrativen Texten im Spanischunterricht
Eva Leitzke-Ungerer (Halle)

Einleitung

Im Rahmen der Erarbeitung von literarischen Texten haben szenische Verfahren im Deutsch- und Fremdsprachenunterricht seit langem einen festen Platz.[1] Als ganzheitlicher, handlungs- und produktionsorientierter Ansatz bieten sie zahlreiche Vorteile; stellvertretend seien das Motivationspotential, der Status als Gegengewicht zur rationalen Textanalyse und die Möglichkeit der ‚Verkörperung' der tieferen Bedeutung des Texts durch das szenische Spiel genannt.

Die Bandbreite der hierbei einsetzbaren Formen des szenischen Spiels ist groß; sie reicht von Einzelaktivitäten wie der Erstellung eines Standbilds bis zu Großformen wie der Inszenierung eines narrativen oder dramatischen Texts als Bühnenstück. Allen Formen ist gemein, dass sie eine Transformation des literarisch-ästhetischen Texts in eine szenische Darstellung (und damit wiederum in ein ästhetisch-künstlerisches Medium) beinhalten.

Im Zentrum des vorliegenden Beitrags stehen methodisch und inszenatorisch ‚einfache' szenische Verfahrenen. Ziel ist es zu zeigen, dass diese Formen trotz ihrer ‚Einfachheit' einen differenzierenden und kompetenzorientierten Zugang zu literarischen Texten ermöglichen und zugleich eine adäquate szenische Interpretation der literarischen Ausgangstexte darstellen. Dies soll für den Spanischunterricht an z. T. weniger bekannten szenischen Verfahren – Stimmencollage (*collage de voces*), szenische Lesung (*recitación escénica*) und Standbildfolge (*secuencia de imágenes fijas*) – veranschaulicht werden.

Der Beitrag gliedert sich folgendermaßen: Nach einleitenden Überlegungen zur leserorientierten Textanalyse als Voraussetzung für den Einsatz szenischer Verfahren im Allgemeinen stehen die eben genannten spezifischen Verfahren im

---

[1] Vgl. exemplarisch für Deutsch die ‚Klassiker' von Scheller (2012, 2019), für die Fremdsprachen Küppers & Schmidt (2011); Nünning & Surkamp (2010) sowie Schewe (1993).

Vordergrund. Zunächst werden Gründe für ihren Einsatz im fremdsprachlichen Literaturunterricht erörtert; dabei wird auf die Einfachheit der Verfahren, den Abbau von Hemmungen und Möglichkeiten der Differenzierung sowie auf die Förderung fremdsprachenspezifischer, insbesondere literarisch-ästhetischer Kompetenzen eingegangen. Im Anschluss daran werden die drei Verfahren, die mit Studierenden der Universität Halle erprobt wurden, an ausgewählten Beispielen für den Spanischunterricht (Gedichten bzw. kurzen Erzähltexten) vorgestellt. Den Abschluss bildet ein Meinungsbild von Studierenden, die an der Erprobung beteiligt waren.

1. Textverstehen und leserorientierte Textanalyse als Voraussetzung für den Einsatz szenischer Verfahren

Im Gegensatz zu den hier im Fokus stehenden einfachen szenischen Verfahren sind literarische Texte zumeist alles andere als einfach. Ihre poetische, vom alltäglichen Sprachgebrauch z. T. stark abweichende Sprache sowie weitere formalästhetische Besonderheiten wie z. B. achronologisches Erzählen im Roman führen dazu, dass die Texte für Lernende oft schwer zu verstehen und schwierig zu deuten sind. Handelt es sich noch dazu um fremdsprachliche Literatur, so kommen als weitere Verständnishürden die Fremdsprache und der fremdkulturelle Kontext hinzu.

Szenische Verfahren im Literaturunterricht ermöglichen den Lernenden eine (wenn auch unvollkommene, nicht an den Maßstäben des Originals zu messende) ästhetisch-künstlerische und damit kongeniale Aneignung der Texte, die sich in einem entsprechenden Endprodukt wie z. B. der szenischen Lesung eines Gedichts niederschlägt. Um jedoch Endprodukte zu erzielen, die dem Text angemessen sind, ist es unabdingbar, dass vor Beginn der szenischen Arbeit sichergestellt wird, dass der Ausgangstext verstanden wurde. Angesichts der Komplexität literarischer Texte ist die Sicherung des Textverstehens kein leichtes Unterfangen; sie ist jedoch von elementarer Wichtigkeit – so auch im Fall der vorgeschlagenen szenischen Verfahren –, da die Aktivitäten und die von den Lernenden zu erstellenden Endprodukte ansonsten Gefahr laufen, die Rückbindung an den

Ausgangstext zu verlieren und beliebig zu werden (vgl. zu dieser Problematik u. a. Nünning & Surkamp 2010, 65-66; Schlaak 2017, 79-83). Die Sicherung des Textverstehens erfolgt üblicherweise mit Hilfe von textanalytischen Verfahren. Diese haben sich (nach entsprechender Kritik und unter Einfluss der Rezeptionsästhetik, die auf die Interaktion von Leser und Text zielt) mittlerweile weit entfernt von der traditionellen Strukturanalyse, die sich allzu einseitig auf die formale Gestaltung konzentrierte und häufig eine bestimmte Interpretation als die einzig richtige propagierte. In der heutigen Fremdsprachendidaktik besteht weitgehend Konsens, dass die Erschließung literarischer Texte, vom Textverstehen bis hin zu ersten Deutungsversuchen, im Rahmen des leserorientierten Ansatzes erfolgen sollte, in den aber durchaus auch textanalytische Fragestellungen integriert sein können.

Mit Blick auf die vorgeschlagenen szenischen Verfahren wird daher davon ausgegangen, dass die Ausgangstexte zunächst auf der Basis einer leserorientierten Textanalyse erarbeitet werden, mit der zugleich auch das Textverstehen gesichert wird. Im Falle von Gedichten sind z. B. folgende Fragen denkbar, wobei von den Lernenden stets auch eine Begründung (*¿... y por qué?*) zu geben wäre, mit der sowohl Textanalyse als auch Textverstehen verbunden sind:[2] *¿Qué palabra te llama más la atención?/¿Cuál es para ti la línea más importante?/¿Hay alguna línea que no comprendas? En parejas: Intentad comprenderla./¿Cuáles son para ti las palabras 'alegres' ('tristes', etc.) del poema?/Aquí tienes tres títulos para el poema: ¿cuál es el mejor?/Busca un título (o una palabra clave) para cada estrofa.*

2. Stimmencollage, szenische Lesung, Standbildfolge: Gründe für den Einsatz der Verfahren im Literaturunterricht

2.1 Einfachheit auf unterschiedlichen Ebenen

Bei den hier ausgewählten Methoden handelt es sich um Verfahren der Inszenierung von literarischen Texten, in denen die Lernenden fiktive Rollen übernehmen und die somit höhere darstellerische Fähigkeiten erfordern als rein performative

---

[2] Die Fragen, die als Auswahlangebot zu verstehen sind, orientieren sich an Nünning & Surkamp (2010, 116-118; Übertragung ins Spanische: ELU).

Ansätze.[3] Erfolgreiche Rollengestaltung verlangt, dass sich die Spielenden mit ihren Rollen ganz und gar identifizieren und dies in einer Inszenierung auch ‚vollständig', durch die rollenkonforme Kombination aller künstlerischen Ausdrucksmittel – Stimmführung (und ggf. Geräuscherzeugung); Gestik und Mimik; Bewegung im (Bühnen-)Raum – zum Ausdruck bringen.

Die vorgeschlagenen Verfahren unterscheiden sich jedoch insofern von diesem Prototyp des szenischen Spiels, als in ihnen jeweils nur einzelne der genannten Mittel der Rollengestaltung zum Tragen kommen, nie jedoch alle (vgl. Abb. 1). Es handelt sich somit um inszenatorisch partiell reduzierte und daher einfache Formen des szenischen Spiels. So beruht die Stimmencollage auf dem Einsatz der Stimme (sowie ggf. von Geräuschen und Musik); Mimik, Gestik und Bewegung kommen nicht zum Tragen. Die szenische Lesung verlangt vom Lesenden ebenfalls den Einsatz der Stimme, von den anderen Spielenden eine Pantomime, d. h. eine stumme Kombination aus Gestik, Mimik und Bewegung. Stumm ist auch die Standbildfolge, bei der auf den stimmlichen Einsatz ganz verzichtet wird; da Standbilder zudem statisch sind, erscheinen auch Gestik, Mimik und Bewegung in spezifischer Weise gleichsam ‚eingefroren'.

	Mittel der Rollengestaltung			Wahrnehmungskanal
	Stimme	Mimik u. Gestik	Bewegung	
Stimmencollage	+	-	-	rein auditiv
Szenische Lesung	+ (Lesende bzw. Lesender) - (Pantomimen)	- (Lesende bzw. Lesender) + (Pantomimen)	- (Lesende bzw. Lesender) + (Pantomimen)	
Standbildfolge	-	+ *[statisch]*	+ *[statisch]*	rein visuell

Abb. 1: Stimmencollage, szenische Lesung und Standbildfolge als inszenatorisch und methodisch einfache Verfahren

---

[3] Performative szenische Verfahren sind dadurch gekennzeichnet, dass die Lernenden gerade *nicht* in eine fremde Rolle schlüpfen, sondern im Rahmen einer im Klassenraum inszenierten Alltagssituation als ‚sie selbst' in ihrer jeweiligen sozialen Rolle – z. B. als Schülerin bzw. Schüler, als Tochter bzw. Sohn agieren (vgl. Hallet 2015).

Der jeweils nur partielle Einsatz der darstellerischen Mittel führt außerdem dazu, dass in Bezug auf den Wahrnehmungskanal zumindest zwei der drei Formen der Inszenierung eine Reduktion aufweisen und somit wiederum eine Vereinfachung gegeben ist; so ist die Stimmencollage eine rein auditive, die Standbildfolge eine rein visuelle szenische Darbietung.

Schließlich ist auch die methodische Umsetzung im Fremdsprachenunterricht durch Einfachheit gekennzeichnet. Wie im Einzelnen später gezeigt wird (Abs. 3-5), kann jedes der drei Verfahren aufgrund der Konzentration auf ausgewählte Ausdrucksmittel bzw. Wahrnehmungskanäle den Lernenden schnell und ohne großen Aufwand vermittelt werden; ebenso beansprucht die eigentliche Durchführung (Vorbereitung, Erprobung in Kleingruppen, Präsentation im Plenum, Auswertung) weniger Zeit als die vollständige, alle künstlerischen Gestaltungsmittel umfassende Inszenierung eines literarischen Texts.

2.2 Abbau von Hemmungen und Möglichkeiten der Differenzierung

Als ganzheitlicher Ansatz verlangt das szenische Spiel den Einsatz von Kopf, Herz und Hand (nach Pestalozzi) bzw. eine Beteiligung mit allen Sinnen, sprich: mit (nahezu) allen Wahrnehmungskanälen (auditiv, visuell und sensomotorisch). Lernende, die sich darauf nicht einlassen wollen – denn der ‚Ganzkörpereinsatz' stellt eine nicht unbeträchtliche Hemmschwelle dar –, haben in der Regel Vorbehalte gegenüber dem szenischen Spiel, die bis zur Verweigerung der Teilnahme führen können. Die vorgeschlagenen szenischen Verfahren können dieses Problem zwar nicht beseitigen, sie können es aber durch die oben beschriebene Konzentration auf jeweils einzelne darstellerische Mittel bzw. Wahrnehmungskanäle (vgl. Abb. 1) erheblich reduzieren. Wer etwa nicht gerne gestisch-mimisch agiert, kann auf Sprache und Stimme als Mittel der Darstellung zurückgreifen und in der Stimmencollage die Rolle eines Sprechers bzw. in der szenischen Lesung die Rolle des Lesenden übernehmen. Wer Schwierigkeiten mit der Aussprache und dem ausdrucksvollen Lesen von Texten hat, fühlt sich möglicherweise in der szenischen Lesung als ‚bewegter' Pantomimen-Darsteller oder in der Standbildfolge als ‚statischer' Teil eines Standbilds gut aufgehoben.

Neben dem Abbau von Hemmungen bieten die vorgeschlagenen szenischen Verfahren auch Möglichkeiten der Individualisierung, d. h. der individuellen

Berücksichtigung der Fähigkeiten und Talente eines jeden Lernenden im Sinne des weiten Inklusionsbegriffs, sowie der Differenzierung, insbesondere nach Lernertypen. Als Basis für deren Klassifikation soll hier auf das Modell der „Theorie der Multiplen Intelligenzen" (Gardner 1985, 2000; Armstrong 2009) zurückgegriffen werden, da es relativ umfassend ist und über eine bloße Differenzierung nach dem bevorzugten Wahrnehmungskanal (auditiv, visuell, etc.) hinausreicht. Das Modell geht von acht „Intelligenzen" aus; damit sind Fähigkeiten der Problemlösung bzw. der Aneignung von Wissen („ways of learning", Armstrong 2009, 33) gemeint, über die jeder Mensch verfügt, jedoch in unterschiedlicher Ausprägung.[4] Die wichtigste pädagogisch-didaktische Empfehlung lautet, dass Lernenden vor allem solche Lernwege angeboten werden sollten, die ihren spezifischen Intelligenzen entgegenkommen.

Mit den vorgeschlagenen szenischen Verfahren kann auf unterschiedliche Intelligenzen bzw. Lernertypen eingegangen werden. So lässt sich mit der Stimmencollage der auditiv-musikalische Typ, mit der szenischen Lesung ebenfalls dieser Typ sowie (aufgrund der Pantomime) der räumlich-visuelle und der physisch-kinästhetische Typ, mit der Standbildfolge die beiden letztgenannten Typen ansprechen. Alle drei Verfahren erfordern darüber hinaus sprachliche sowie interpersonale (auf Kooperation beruhende soziale) Intelligenz. Innerhalb der für den Fremdsprachenunterricht besonders wichtigen sprachlichen Intelligenz kann außerdem weiter differenziert werden. Beispielsweise können Lernende mit einer noch schwachen Kompetenz in der Fremdsprache bevorzugt darstellerische Aufgaben übernehmen (Pantomime im Rahmen der szenischen Lesung; Mitwirkung an Standbildern). Lernende, die beim freien Sprechen noch Schwierigkeiten haben, aber über eine gute Aussprache verfügen, können bei der Stimmencollage als Sprecher bzw. bei der szenischen Lesung als Lesender eingesetzt werden.

---

[4] Armstrong (2009, 33) bezeichnet die acht „Intelligenzen" in seiner revidierten Fassung des Modells von Gardner wie folgt: (1) *logical-mathematical*, (2) *linguistic*, (3) *musical*, (4) *visual-spatial*, (5) *bodily-kinesthetic*, (6) *interpersonal*, (7) *intrapersonal*, (8) *naturalist*. Jeder Intelligenztyp ist durch typische Denkweisen geprägt (z. B. „by reasoning" für Typ 1) und bevorzugte Aktivitäten (z. B. „dancing, gesturing" für Typ 4).

2.3 Kompetenzförderung gemäß Bildungsstandards

Legt man das dreistufige Kompetenzmodell der Bildungsstandards zugrunde (KMK 2004), so lässt sich festhalten, dass die Arbeit mit den vorgeschlagenen szenischen Verfahren alle drei Kompetenzbereiche – (1) funktional-kommunikative, (2) interkulturelle und (3) methodische Kompetenz – abdeckt. Um Aussagen über die einzelnen Kompetenzen zu machen, werden im Folgenden neben der szenischen Präsentation an sich auch die für ihre Erstellung notwendigen vorbereitenden Schritte sowie speziell im Fall der ‚stummen' Standbildfolge auch weiterführende, die Fremdsprache integrierende Aktivitäten berücksichtigt.

Da szenische Verfahren, wie oben beschrieben, ein grundlegendes Verstehen des jeweiligen Ausgangstexts voraussetzen und da die Vorbereitung der Inszenierungen eine intensive, in der Fremdsprache zu führende Auseinandersetzung über die Möglichkeiten der szenischen Darstellung der Texte erfordert, werden im Kompetenzbereich 1 zum einen das Leseverstehen, zum anderen die mündliche Interaktion (Hörverstehen und Sprechen) gefördert; weniger zum Zuge kommt das Schreiben, das sich weitgehend auf die Anfertigung von Stichwortnotizen beschränkt (z. B. auf Regieanweisungen für die Sprecher der Stimmencollage). Im Fall der Stimmencollage und der szenischen Lesung (nicht jedoch der Standbildfolge) ist als weitere sprachbezogene Teilkompetenz das Verfügen über eine korrekte Aussprache und Intonation von Bedeutung, verbunden mit der Fähigkeit zum sinntragenden und ausdrucksvollen lauten Lesen eines literarischen Texts.

Was Kompetenzbereich 2 (Interkulturelle Kompetenz mit den drei Teildimensionen Wissen, Einstellungen, Handeln) betrifft, so kommt in allen Phasen – in der Vor- und Nachbereitung sowie der eigentlichen Inszenierung – in erster Linie Dimension 2, die Ebene der Einstellungen, zum Tragen, und hier wiederum vor allem Empathie und die Bereitschaft zum Perspektivenwechsel, d. h. Fähigkeiten, die für die Teilnahme an Rollenspielen unverzichtbar sind.

Eine intensive Förderung erfahren auch die Kompetenzen aus Bereich 3 (Methodische Kompetenz). In der Phase der Vorbereitung werden im Zuge der Auseinandersetzung mit den Texten zunächst gängige Strategien und Techniken des Textverstehens geschult (etwa im Fall der Standbildfolge die Gliederung des narrativen Ausgangstexts durch Zwischenüberschriften). Des Weiteren werden medienspezifische und, wie nachstehend erläutert, intermediale Kompetenzen gefördert, da die Texte mit Blick auf die spezifische mediale Form der jeweiligen Inszenierung bearbeitet und in eine szenische Gestaltung überführt werden müssen. So sind etwa im Fall der Stimmencollage und der szenischen Lesung die Texte mit Markierungen (z. B. mit Zeichen für Betonungen, für Pausen) und sonstigen ‚Regieanweisungen' (laut/leise, schnell/langsam, etc.) zu versehen. Neben text- und medienbezogenen methodischen Kompetenzen wird in allen Phasen, insbesondere auch bei der szenischen Präsentation selbst, die Fähigkeit zur konstruktiven Zusammenarbeit geschult; so erfordert etwa die Standbildfolge mit ihrem raschen, sich ebenfalls stumm vollziehenden Wechsel zwischen den einzelnen Standbildern ein Höchstmaß an Kooperation und Feinabstimmung unter den Darstellerinnen und Darstellern.

2.4 Förderung literarisch-ästhetischer Kompetenzen

In den Bildungsstandards und den darauf aufbauenden Lehrplänen der Bundesländer wird den Kompetenzen, die sich speziell im Umgang mit ästhetischen Texten erwerben lassen, bekanntlich kein eigener Bereich zuerkannt (nicht einmal in den Abiturstandards, KMK 2012).[5] Anders sieht es in der Forschung aus, in der literarisch-ästhetische Kompetenz ein zentrales Thema darstellt und auch diverse Kompetenzmodelle entwickelt wurden.[6]

Für den vorliegenden Beitrag ist von Belang, welche literarisch-ästhetischen Kompetenzen sich durch den Einsatz der vorgeschlagenen szenischen Verfahren entwickeln lassen. Drei Kompetenzen sollen hier im Vordergrund stehen: die interpretative Kompetenz sowie zwei Teilkompetenzen, die dem mit der Inszenierung literarischer Texte verbundenen Medienwechsel Rechnung tragen und somit den Bereich der Intermedialität berühren: die intermedial-analytische und die intermedial-kreative Kompetenz.

---

[5] Auch die neu eingeführten Skalen zur literarisch-ästhetischen Kompetenz im jüngst erschienenen Begleitband zum Europäischen Referenzrahmen (Council of Europe 2018) sind wenig überzeugend, wie Schädlich (2019) in ihrer kritischen Analyse nachweist.
[6] Vgl. u. a. Burwitz-Melzer (2005); Küster (2015); Nünning & Surkamp (2010, 22-27).

Interpretative Kompetenz

Literarische Texte zeichnen sich durch ihre Deutungsoffenheit aus; daher ist es ein wichtiges Anliegen des Deutsch- und Fremdsprachenunterrichts, eine entsprechende Analyse- und Interpretationskompetenz auszubilden. In der Regel erfolgen Analyse und Deutung mit sprachlichen Mitteln – im Fremdsprachenunterricht also in der Fremdsprache. Diese rein sprachbezogene Phase stellt einen zentralen Bestandteil der Texterschließung dar, die der szenischen Arbeit vorausgehen sollte (vgl. Abs. 1). Wenn nun aber der literarische Text in einem zweiten Schritt *szenisch* umgesetzt wird, so wird mit der Inszenierung ebenfalls eine Interpretation erzeugt; im Unterschied zur rein sprachbasierten Deutung handelt es sich dabei jedoch um eine ganzheitliche Interpretation ‚mit allen Sinnen', um eine „Verkörperung" der Bedeutung des Texts (Schülein & Zimmermann 2002, 260). Die hierfür benötigten Fähigkeiten lassen sich als szenische Interpretationskompetenz bezeichnen; sie umfasst im Fall der vorgeschlagenen Verfahren die Fähigkeit, die jeweils erforderlichen künstlerischen Ausdrucksmittel (Stimme, Mimik und Gestik, Bewegung, vgl. Abb. 1) im Rahmen der intendierten Inszenierung so einzusetzen, dass sich eine schlüssige „szenische Interpretation" (so der Titel von Schellers Grundlagenwerk zum Literaturunterricht 2019) ergibt.

Intermedial-analytische und intermedial-kreative Kompetenz

Intermedialität beinhaltet das Überschreiten von Mediengrenzen, genauer gesagt, das „Überschreiten von Grenzen zwischen konventionell als distinkt angesehenen Ausdrucks- oder Kommunikationsmedien" (Rajewsky 2002, 13, 19; vgl. Wolf 1999, 36). Damit ist gemeint, dass medial unterschiedlich kodierte ‚Texte' (wie etwa Roman und Film) in einem künstlerisch-kreativen Akt zueinander in Beziehung gesetzt werden und dabei ein eigenständiges neues Artefakt (hier: Literaturverfilmung) entsteht. Im Gegensatz zum Intertextualitätsbegriff, bei dem der Textbezug im Vordergrund steht, hebt das Konzept der Intermedialität auf die ‚Medialität', d. h. die *mediale* Erscheinungsform der beteiligten Werke (im obigen Beispiel: des Romans bzw. des Films) ab.[7]

---

[7] Dabei wird in der Regel ein semiotisch orientierter Medienbegriff zugrunde gelegt, der Medienformen im Sinne von Zeichensystemen versteht (vgl. Rajewsky 2002, 7; Wolf 1999, 35) und zwischen den Basismedien Sprache, Bild und Ton unterscheidet. Alternativ kann von einem technizistischen Medienbegriff ausgegangen werden, der nach dem Wahrneh-

Intermediale Kompetenz umfasst, wie bereits an anderer Stelle ausgeführt (vgl. Leitzke-Ungerer 2013, 22-25), diverse Teilkompetenzen. Im Fall der vorgeschlagenen Verfahren, bei denen es um die Überführung eines verbalsprachlichen Texts in das szenische Medium und somit um einen „Medienwechsel" (ebd., 17-18) geht, spielen vor allem zwei Teilkompetenzen eine Rolle, die intermedial-analytische und die intermedial-kreative Kompetenz.

Die intermedial-analytische Kompetenz ist rezeptiv orientiert und zielt darauf ab, die spezifischen Wahrnehmungs- und Ausdrucksformen einzelner Medien zu erkennen und sie in ihren Funktionen und Wirkungen analysieren und deuten zu können. Im Zentrum steht also nicht der Inhalt, der medial vermittelt wird, sondern, wie es Walter Benjamin in seinem Aufsatz „Das Kunstwerk im Zeitalter seiner technischen Reproduzierbarkeit" (1935) dargelegt hat, die Art und Weise, wie ein bestimmtes Medium diesen Inhalt ‚wahrnimmt' und ihn mittels seiner spezifischen Möglichkeiten und Techniken ‚ausdrückt' (vgl. Schnell 2002, 208).

Als Beispiel möge die Standbildfolge dienen. Bei der Anwendung dieses Verfahrens werden die Schlüsselmomente einer Erzählung als Abfolge von fünf Standbildern dargestellt (dazu ausführlich Abs. 5). Der für den Beitrag ausgewählte Text thematisiert in der Exposition den Beginn einer Ehe, die (trotz wechselseitiger Liebe) nach außen durch emotionale Kälte gekennzeichnet ist. Diesen Inhalt kann der Text nur mit dem ihm eigenen medialen Mittel, dem der Sprache, ausdrücken; so weist der erste Teil auf lexikalischer Ebene eine Häufung von Wörtern aus dem semantischen Feld ‚Kälte' auf und beginnt auch mit einer entsprechenden Metapher („Su luna de miel fue un largo escalofrío"). Wenn dieser Inhalt jedoch in einem Standbild dargestellt werden soll, so muss zu anderen, für das visuelle Medium ‚Bild' typischen Ausdrucksmitteln gegriffen werden. Hierfür wird die zweite intermediale, die intermedial-kreative Kompetenz benötigt, d. h. die Fähigkeit zur Entwicklung und Umsetzung von Ideen zur Gestaltung des (Stand-)Bilds. Die Lernenden können sich zunächst rezeptiv mit derartigen Ausdrucksmitteln vertraut machen, indem sie z. B. Gemälde oder Fotografien betrachten und analysieren, auf denen Menschen in einer ähnlich ‚kalten' Beziehung abgebildet sind, und diese Erkenntnisse dann nutzen, um sie produktiv für das von

---

mungskanal (auditiv, visuell oder audiovisuell) differenziert. Im Folgenden werden beide Lesarten des Medienbegriffs berücksichtigt.

ihnen zu erstellende (Stand-)Bild einzubringen; insofern sind intermedial-analytische und intermedial-kreative Kompetenz eng miteinander verzahnt. Idealerweise sollten die beiden intermedialen Kompetenzen so zusammenwirken, dass einerseits der Ausgangstext nicht aus dem Blick gerät und andererseits „im Spielakt der Text neuartig, über die Vorlage hinausgehend geschaffen wird" (Schülein & Zimmermann 2002, 260), und zwar in einer anderen medialen Form, hier: in einem (Stand-)Bild.

3. Stimmencollage (*collage de voces*)

In diesem und den beiden folgenden Abschnitten sollen die für den Beitrag ausgewählten einfachen szenischen Verfahren vorgestellt und an Beispielen, die mit Studierenden der Universität Halle erprobt wurden, veranschaulicht werden.

Begriff und Zielsetzung

Der Begriff ‚Stimmencollage' stammt aus der Hörspieldramaturgie; er ist eng verwandt mit dem der ‚Hörcollage', zu deren Charakteristika das Prinzip der Montage und des „Offenlegens der Anschlussstellen" gehören (Vowinckel 1995, 14). Mit Blick auf den Fremdsprachenunterricht erscheint die Realisierung dieser Merkmale jedoch weniger wichtig als der Einsatz von Sprache und Stimme, daher soll im Folgenden von Stimmencollage die Rede sein. Dabei handelt es sich um den ausdrucksvollen Vortrag eines Texts durch mehrere Sprecherinnen und Sprecher, wobei diese je nach Ausgangstext auch unterschiedliche Rollen übernehmen können. Wie für die Gattung ‚Hörspiel' typisch, ist die Stimme das zentrale Ausdrucksmittel, das durch Geräusche und Musik ergänzt werden kann; als viertes Ausdrucksmittel fungiert die Pause. Das Ziel ist eine „akustische Inszenierung", die zugleich eine Interpretation des literarischen Texts darstellt (Leitzke-Ungerer 2008, 164).

Kriterien der Textauswahl

Als Gattung kommen insbesondere Gedichte in Frage, weil sie, anders als narrative oder dramatische Texte, keine (oder kaum) Handlung beinhalten, sondern zumeist einen Gefühlszustand wie in einer Momentaufnahme ‚auf den Punkt bringen' und sich daher sehr gut in eine Stimmencollage überführen lassen, die ebenfalls den Charakter einer Momentaufnahme annehmen kann.

Für die Textauswahl im Fremdsprachenunterricht empfiehlt es sich, inhaltlich und formal *einfache* Gedichte heranzuziehen, also beispielsweise Kinder- oder *Nonsense*-Gedichte. Die Wahl einfacher Gedichte hat den Vorteil, dass dem eigentlichen Transformationsprozess – der Umwandlung von Sprache und Text in ein rein auditives Endprodukt – genügend Aufmerksamkeit geschenkt werden kann. Ein zweiter Grund ist, dass einfache Gedichte i. d. R. Änderungen tolerieren. Damit sind Modifikationen am Originaltext wie z. B. Umstellungen, Auslassungen und Wiederholungen gemeint, die sich im Zuge der Erstellung des Endprodukts, der Stimmencollage, aus ästhetisch-künstlerischer Sicht als notwendig erweisen. Gedichte von einfacher Machart verlieren ihre Ausdruckskraft durch derartige Änderungen sehr viel weniger als etwa Gedichte eines Lorca oder Antonio Machado, deren Vollkommenheit unter jeder noch so kleinen Modifikation leiden würde.

Da es sich bei der Stimmencollage um ein Verfahren handelt, das der lautlichen und klanglichen Seite der Sprache große Bedeutung beimisst, kommen innerhalb der einfachen Gedichte insbesondere onomatopoetische Texte in Frage; auch das als Beispiel gewählte Gedicht „Sapito trovador" gehört dazu. Ebenfalls sehr gut geeignet sind mehrsprachige Gedichte, da in ihnen zwei oder mehr Sprachen u. a. auch lautlich-klanglich kontrastiert werden; außerdem repräsentieren die in den jeweiligen Einzelsprachen formulierten Aussagen häufig unterschiedliche kulturelle Identitäten, die in der Stimmencollage als Rollen dargestellt werden können. Als Fundgrube für mehrsprachige, hier: englisch-spanische Gedichte erweist sich die Chicano-Lyrik; ein geeignetes Beispiel ist etwa das Gedicht „Where you from" von Gina Valdés (*1943).

Das Gedicht „Sapito trovador"

Als Textgrundlage für die Erstellung einer Stimmencollage diente in der Erprobung mit Studierenden das Gedicht „Sapito trovador" (Autor/in: N.N.; vgl. Anhang 1), das im Internet verfügbar ist.

Auch wenn das Gedicht eine kleine Geschichte erzählt und insofern untypisch für die Gattung Lyrik ist, so treffen doch alle anderen der o. g. Kriterien der

Textauswahl zu, denn es handelt sich um einen sowohl inhaltlich als auch formal einfachen Text. Die geschilderte Begebenheit bietet keine Verständnisschwierigkeiten, wenn man die vorgeschlagenen Vokabelhilfen anbietet und den Begriff ‚Troubadour' mit den Lernenden vorab klärt: Eine kleine Kröte, die in einem Brunnen sitzt und sich des Nachts als Sänger, als „Troubadour" (vgl. Titel), betätigt, macht mit ihrem ‚Gesang', an dessen ‚Verfeinerung' sie arbeitet („trata de afinar su canto", Z. 7-8), einen Vogel („el hijo alado de la noche", Z. 11-12) auf sich aufmerksam, der sich die Kröte schnappt und sie verspeist. Nach Auskunft eines Muttersprachlers handelt es sich dabei um eine Eule bzw. einen Uhu (*un búho*); sie gelten als nachtaktive Jäger und fressen u. a. auch Amphibien.[8] Syntaktisch bietet der Text, der aus einer Abfolge von Hauptsätzen besteht, ebenfalls keine Schwierigkeiten, und auch die Inversion von Subjekt und Prädikat (z. B. „canta el sapito", Z. 2), die sich mit Ausnahme der vorletzten Zeile („el pozo perdió su corazon", Z. 16) durch alle Strophen zieht, dürfte den Lernenden als gängiges Wortstellungsmuster des Spanischen bekannt sein. Die Inversionen sind allerdings raffiniert gesetzt: Durch sie werden die lautmalerischen Elemente, die den besonderen Reiz des Gedichts ausmachen und es für die Umwandlung in eine Stimmencollage geradezu prädestinieren, an eine prominente Stelle gerückt, nämlich an den Anfang jeder Strophe (sowie in Strophe drei zusätzlich in die vordere Mitte). Die onomatopoetischen Zeilen können noch dazu in unterschiedlicher Rollenverteilung gelesen werden, womit ein weiteres Auswahlkriterium erfüllt ist:

El sapito:	*Gui, gui, gui* (Z. 1)/*Rrui, gui, ui, rrui* (Z. 7)
El automóvil:	*Rrrum, rrrum* (Z. 4)
El pájaro:	*¡Zas!* (Z. 9)/*Machiquiri, machiquiri* (Z. 13)

---

[8] Die ornithologisch naheliegendere Erklärung, dass es sich um einen Storch (*una cigüeña*) handeln könnte, dessen langer Schnabel für den Krötenfang im Brunnen auch geeigneter wäre, kommt nicht in Betracht, da der Ausdruck „el hijo alado" (Z. 11) dann in der weiblichen Form (*la hija alada*) hätte erscheinen müssen.

Methodische Schritte

Das im Folgenden beschriebene methodische Vorgehen ist für den Einsatz ab dem zweiten oder dritten Lernjahr gedacht, wobei die stimmlich-interpretatorischen Möglichkeiten der Stimmencollage von älteren Lernenden (ab Klasse 10) gezielter als von jüngeren ausgeschöpft werden können.

Nach der Sicherung des Textverstehens, dem eine Stilllektüre und ein erstes lautes, jedoch bewusst ausdrucksarm gehaltenes Lesen des Texts (am besten durch die Lehrperson) vorausgegangen ist, erhalten die Lernenden ein Arbeitsblatt mit den wichtigsten methodischen Schritten (vgl. Anhang 2). Eingangs werden hier Inhalt und Ziel des Verfahrens erläutert sowie die Grundregel, dass Änderungen am Originaltext vorgenommen werden dürfen, sofern dies mit Blick auf das zu erstellende Endprodukt künstlerisch gerechtfertigt ist. Von besonderer Bedeutung für die Gestaltung der Stimmencollage sind die „Consejos", die Ideen und Tipps für unterschiedliche Gruppenbildungen unter den Lesenden (von einzelnen Solisten bis zum „Chor"), für die akustische Hintergrundgestaltung (etwa durch selbst zu erzeugende Geräusche) und vor allem für die Möglichkeiten des Einsatzes der eigenen Stimme bereithalten.[9]

Innerhalb der eigentlichen Durchführung („Desarrollo") ist die Phase besonders wichtig, in der der Ausgangstext mit Markierungen für den Lesevortrag (z. B. mit Zeichen für Betonungen oder Pausen) und sonstigen Regieanweisungen versehen wird, die sich aus der Nutzung der „Consejos" (zur Stimmführung, Geräuschkulisse, etc.) ergeben haben. Diese Phase beinhaltet den eigentlich intermedialen Prozess (und erfordert die in Abs. 2 genannten Kompetenzen), da in ihr eine Art Hörspiel-Skript erstellt und damit die Transformation des sprachlichen Texts in das auditive Medium ‚Stimmencollage' vorbereitet wird. Die Phase ist aber auch für die vertiefte Sicherung des Textverstehens wichtig. Wie die Erprobung mit Studierenden gezeigt hat, wurde etwa im Fall des onomatopoetischen Ausdrucks „Machiquiri, machiquiri" (Z. 13) erst durch die Vorüberlegungen zur akustischen Inszenierung dieser Textstelle klar, dass damit die genüssliche Kaubewegung gemeint ist, mit welcher der Vogel die Kröte verspeist.

---

[9] Die „Consejos" orientieren sich an Vorschlägen der Inspection académique Sarthe (2003, 19) zur Erstellung einer „Collage de voix" für den Französischunterricht (Änderungen und Übersetzung ins Spanische: ELU).

Originaltext (Z. 7-9)	Skript zur Stimmencollage
- Rrui, gui, ui, rrui, trata el sapito	<u>R</u>rui, gui, <u>ui</u>, rrui // <u>R</u>rui, gui, <u>ui</u>, rrui // <u>R</u>rui, gui, <u>ui</u>, rrui *[el sapito: muy seguro de sí mismo; cantando, cada vez más fuerte]*
De afinar su canto	trata el sapito/de a<u>fi</u>nar su canto // *[el narrador: neutral]*
Y ¡Zas!	Y // ¡<u>Zas</u>! *[el narrador: agitado, con voz aguda]* *[otro estudiante: rompiendo un papel, como si "Zas" fuera un comando]*

Abb. 2: „Sapito trovador": Originaltext und Auszug aus Skript zur Stimmencollage
(//: lange Pause; /: kurze Pause; Unterstreichung: Schwerpunkt der Betonung)

Abb. 2 enthält einen Auszug aus dem Skript, das von Studierenden der Universität Halle im WS 2018/19 für die Stimmencollage zum Gedicht „Sapito trovador" erstellt wurde. Es geht um Z. 7-9, wobei der Originaltext bis auf die zweimalige Wiederholung der Lautmalerei in Z. 7 („Rrui, gui, ui, rrui") nicht verändert wurde. Die (in eckigen Klammern stehende) verbalsprachliche Beschreibung zur Stimmführung und zur Erzeugung des Geräuschs, mit dem der Ausruf „¡Zas!" (Z. 9) unterlegt wurde, kann allerdings nur einen schwachen Eindruck davon vermitteln, dass von den Studierenden mit der Stimmencollage ein eigenständiges ‚neues Werk' geschaffen wurde.

4. Szenische Lesung (*recitación escénica*)
Begriff und Zielsetzung
Die szenische Lesung eines literarischen Texts ist eine Kombination aus klassischem Lesevortrag und szenischem Spiel, wobei letzteres im Vergleich zu einer Theateraufführung mit reduzierten Mitteln arbeitet, also z. B. auf Kostüme und Bühnenbild verzichtet. In der außerschulischen Aufführungspraxis gibt es unterschiedliche Varianten dieses Grundmusters; die hier vorgeschlagene und mit Studierenden der Universität Halle bereits mehrfach erprobte Variante sieht eine Kombination aus Lesevortrag und Pantomime vor. Der Lesevortrag beinhaltet das laute, ausdrucksvolle Lesen des Texts, wobei die Sprecherin bzw. der Sprecher auch ggf. vorhandene Rollen übernimmt und diese stimmlich, etwa durch unterschiedliche Tonhöhen, differenzieren soll; in der Pantomime wird das im Text erzählte Geschehen mit Mimik, Gestik und Bewegung dargestellt. Das Ziel ist,

dass aus der Verbindung von Lesevortrag (der ausschließlich mit dem Ausdrucksmittel der Stimme arbeitet und einen sprachlichen Text darbietet) und Pantomime (die eine ‚Verkörperung' des Vorgelesenen beinhaltet) eine schlüssige Gesamtinterpretation des Ausgangstexts entsteht.

Kriterien der Textauswahl
Für dieses Verfahren sind kurze narrative Texte besonders geeignet; narrativ deswegen, weil sich eine Geschichte mit Personen und Handlung pantomimisch gut darstellen lässt; kurz deshalb, weil im Fall eines längeren Texts sowohl die Abstimmung von Lesevortrag und Pantomime als auch die Aufrechterhaltung der Konzentration des Publikums schwierig wäre. In Frage kommen insbesondere Kürzestgeschichten (*microrrelatos*) sowie narrative Gedichte. Dass lyrische Texte eine Geschichte erzählen, ist, wie bereits erwähnt, eher selten; trotzdem existieren derartige Gedichte, die sich somit auch für das Verfahren der szenischen Lesung eignen.

Das Gedicht „La vaca estudiosa"
Für den Beitrag wurde das Gedicht „La vaca estudiosa" von María Elena Walsh ausgewählt (vgl. Anhang 3), dessen Umsetzung als szenische Lesung mit Studierenden der Universität Halle bereits mehrfach erprobt wurde.[10]

Der gleichermaßen an Kinder und Erwachsene gerichtete Text der aus Buenos Aires stammenden Schriftstellerin und Journalistin María Elena Walsh (1930-2011) zählt zu den bekanntesten Gedichten Argentiniens und gehört dort, ähnlich wie die Gedichte von Jacques Prévert in Frankreich, zur Schullektüre. Dies verwundert nicht, denn die pädagogische Botschaft des Texts – ‚Lernen kann jede(r), selbst eine (vermeintlich) dumme Kuh' bzw. ‚Wer nicht lernt, bleibt dumm' – ist unüberhörbar. Dass die Geschichte von der bildungsbeflissenen Kuh aber nicht als dröge Belehrung daherkommt, ist dem Witz der erzählten Geschichte zu verdanken, die zudem sehr geschickt mit der Personifikation von Tieren (hier: der klugen Kuh) bzw. der Animalisierung von Menschen (hier: der törichten

---

[10] Weitere, als szenische Lesung bereits erprobte Gedichte sind „No sirves para nada" von José Agustín Goytisolo und „Biografía" von Gabriel Celaya, ferner der Text des bekannten Songs „Hijo de la luna".

Mitschüler) arbeitet. Protagonistin ist eine Kuh ‚vom Land', aus der „Quebrada de Humahuaca" (Z. 2), einer spektakulären Schlucht im Nordwesten Argentiniens. Die Kuh entschließt sich trotz ihres hohen Alters die Schule zu besuchen, wo sie im Gegensatz zu ihren faulen und spottlustigen Mitschülerinnen und Mitschülern fleißig lernt und damit so viel Aufmerksamkeit auf sich zieht, dass die Leute aus der Umgebung in Scharen herbeiströmen und ein wahrer „Tumult" („bochinche", Z. 21) ausbricht, der schließlich den Schulbetrieb zum Erliegen bringt. Die Kuh lässt sich in ihrem Lerneifer davon jedoch nicht beirren, und während sich ihre Mitschülerinnen und Mitschüler in Esel („borricos", Z. 26) verwandeln, bleibt sie am Ende die einzige Weise und Kluge („la única sabia fue la vaca", Z. 28). Diese ‚Handlung' ist für Spanischlernende, wenn die vorgeschlagenen Vokabelhilfen gegeben werden, leicht nachvollziehbar. Auch sprachlich und in Bezug auf die formale Gestaltung enthält das Gedicht, das im Erzählmodus eines Märchens gehalten ist („Había una vez ...", Z. 1) und aus sieben jeweils vierzeiligen, paarweise gereimten Strophen besteht, keine besonderen Schwierigkeiten; aus grammatischer Sicht ist jedoch Voraussetzung, dass die Vergangenheitstempora *indefinido* und *imperfecto* bekannt sind.

Methodische Schritte
Als bevorzugte Zielgruppe bieten sich, ähnlich wie bei der Stimmencollage, Lernende im zweiten oder dritten Lernjahr und in einer höheren Jahrgangsstufe (ab Klasse 10) an. Auch die ersten methodischen Schritte (von der Sicherung des Textverstehens bis zur Ausgabe des Arbeitsblatts) sind identisch.

Für die eigentliche Durchführung ist kennzeichnend, dass die bzw. der Lesende und die Pantomime-Darstellerinnen bzw. -Darsteller unterschiedliche Aufgaben zu erfüllen haben, auf die sie durch „Consejos" des Arbeitsblatts vorbereitet werden (vgl. Anhang 4). So muss die bzw. der Lesende auf eine korrekte Aussprache und eine klare Artikulation achten, sie bzw. er muss die erzählenden Passagen, die den Großteil des Gedichts ausmachen, ausdrucksvoll vortragen und den kleinen Dialog zwischen Lehrerin und Kuh („Estás equivocada." – „¿Por qué no puedo estudiar yo?", Z. 10 bzw. 12) rollenkonform darbieten. Eine weitere, für dieses Verfahren spezifische Herausforderung besteht in der Anpassung der Lesegeschwindigkeit an die pantomimische Darstellung. All dies setzt eine entsprechende Markierung des Gedichts voraus, insbesondere Zeichen für schnelleres und langsameres Lesen sowie für Pausen. Im Unterschied zur Stimmencollage, bei der ebenfalls Markierungen zum Einsatz kommen (vgl. Abb. 2), darf im Fall der szenischen Lesung der Originaltext jedoch *nicht* verändert werden. Für die Lernenden, die als Pantomimen agieren und die im Gedicht genannten Figuren (*la vaca, la maestra, los chicos, la gente*) darstellen, besteht die Herausforderung darin, diese im stummen Spiel lebendig werden zu lassen. Hier verlangt vor allem die Darstellung der Kuh als Tier mit menschlichen Eigenschaften großes schauspielerisches Talent und zugleich Einfühlungsvermögen, denn die Rolle darf nicht ins Lächerliche gezogen werden. Die Darstellung der anderen Figuren (Lehrerin, Mitschülerinnen und Mitschüler, sonstige Leute) ist, da es sich um Menschen handelt, einfacher; auch enthält der Text Hinweise auf Eigenschaften (z. B. „La gente ... muy curiosa", Z. 17) sowie auf Verhaltensweisen und Handlungen (z. B. „Los chicos tirábamos tiza", Z. 15), die Anregungen für den Einsatz von Mimik, Gestik und Bewegung geben. Andere Textpassagen wie etwa „La gente llegaba en camiones, en bicicletas y en aviones" (Z. 19-20) oder „Un día toditos los chicos se convirtieron en borricos" (Z. 25-26) verlangen dagegen ein hohes Maß an Kreativität; schließlich steht der Darstellung der Anreise mit unterschiedlichen Verkehrsmitteln die räumliche Begrenztheit der im schulischen Klassenzimmer verfügbaren ‚Bühne' entgegen, und für die plötzliche Verwandlung der Mitschülerinnen und Mitschüler in Esel muss wegen des parallelen Lesevortrags ein schnelles und zugleich bühnenwirksames Verfahren gefunden werden.

Die nachstehenden *stills* aus einer Videoaufzeichnung (Abb. 3) entstammen der szenischen Lesung von „La vaca estudiosa", die im Wintersemester 2013/14 mit Studierenden der Universität Halle durchgeführt wurde. In Bild 1 sieht man die für den Schulbesuch mit weißer Jacke, Tüllhandschuhen und Brille schick gemachte Kuh (vgl. Strophe 2); Bild 2 bezieht sich auf die letzte Strophe und zeigt die Kuh als „única sabia" vor einer Schar eselhafter Mitschülerinnen und Mitschüler.

Einfache szenische Verfahren 167

Ausschnitt 1: Ausschnitt 2:
Schick gekleidet geht die Kuh zur Schule. Die Kuh ist die einzige Kluge.

Abb. 3: „La vaca estudiosa": Ausschnitte aus der szenischen Lesung
(Martin-Luther-Universität Halle-Wittenberg, WS 2013/14)
(Zum Schutz der Persönlichkeitsrechte der Abgebildeten wurden die Abbildungen verfremdet)

5. Standbildfolge (*Secuencia de imágenes fijas*)

Begriff und Zielsetzungen

In einem Standbild (span. *imagen fija* oder *congelada*) werden Situationen und Handlungen „auf einen bestimmten Moment zugespitzt als Bilder aufgebaut" (Scheller 2012, 59); die Darstellerinnen und Darsteller verharren bewegungslos und stumm in einer Pose. Das Publikum hat den Eindruck, ein Bild bzw. eine Skulptur zu sehen (vgl. die Bezeichnung „Statuentheater" des brasilianischen Theatermachers Augusto Boal 1989, 71, 241-254). Das Bauen von Standbildern hat Eingang in zahlreiche Schulfächer gefunden, insbesondere in die (fremd-)sprachlichen und die gesellschaftswissenschaftlichen (vgl. Scheller 2012 & 2019; Schewe 1993).

Im vorliegenden Beitrag wird es im Rahmen einer spezifischen Realisierungsform vorgestellt, der Standbildfolge (*secuencia de imágenes fijas*; vgl. Leitzke-Ungerer 2015 für den Französischunterricht). Damit ist eine nach bestimmten Regeln konzipierte Abfolge von Standbildern gemeint, mittels derer die zentralen Momente der Handlung eines literarischen Texts ‚auf den Punkt' gebracht, d. h. als Standbilder, als *frozen images*, dargestellt werden. Die Standbildfolge hat somit zwei didaktische Funktionen: Sie beinhaltet (in der Vorbereitungsphase) eine intensive sprachlich-analytische Auseinandersetzung mit dem Ausgangstext, denn nur so können die Schlüsselmomente der Handlung herausgefiltert werden, und sie zielt auf eine spezifische Art von *visual literacy* ab, auf ein visuelles Verstehen des Texts, ein „Denken in Bildern" (Leitzke-Ungerer 2015, 148; vgl. Scheller 2019, 73), das in der Schaffung einer Standbildfolge resultiert, die den Text nicht nur resümiert, sondern auch interpretiert. Insgesamt werden mit diesem Verfahren die in Abs. 2 beschriebenen literarisch-ästhetischen Kompetenzen in besonderer Weise gefordert und gefördert.

Neben diesen Vorzügen soll aber auch ein Problem nicht verschwiegen werden, das mit dem Einsatz des Verfahrens einhergeht: Standbilder, auch in der hier vorgeschlagenen Form der Standbildfolge, sind zunächst einmal stumme Bilder; die Fremdsprache bleibt außen vor. Dieses Problem lässt sich aber auf einfache Art und Weise lösen, indem man die Standbilder durch geeignete Anschlussaktivitäten „zum Sprechen bringt" (vgl. Titel von Leitzke-Ungerer 2015) und somit eine schrittweise Integration der Fremdsprache herbeiführt.[11]

Kriterien der Textauswahl
Ähnlich wie im Fall der szenischen Lesung geht es bei der Standbildfolge darum, dass eine Geschichte szenisch dargestellt wird; daher sind narrative Gattungen besonders geeignet. In Frage kommt zum einen kürzere Erzählprosa (Erzählungen, Kurzgeschichten, Novellen, Märchen, Fabeln)[12], zum anderen narrative Gedichte und Songs.

Abgesehen davon, dass in den Ausgangstexten Geschichten erzählt werden müssen, sind jedoch noch weitere Kriterien zu erfüllen (vgl. Leitzke-Ungerer 2015, 149-150). So ist es erstens wünschenswert, dass sich die zentralen Handlungsmomente auf exakt fünf (und nicht etwa drei oder sieben) Schlüsselszenen reduzieren lassen. Damit wird bewusst eine Verbindung zur Struktur des klassischen Dramas angestrebt, dessen in fünf Akten organisierter Aufbau eine

---
[11] Zu möglichen Anschlussaktivitäten vgl. Leitzke-Ungerer 2015, 152-154 und das Arbeitsblatt in Anhang 5.
[12] Im Gegensatz zur szenischen Lesung sind Kürzestgeschichten (*microrrelatos*) nicht geeignet, da aufgrund der gattungstypischen Komprimierung das Herausfiltern von mehreren Schlüsselmomenten der Handlung schwierig bis unmöglich wäre.

spezifische ‚Spannungskurve' aufweist.[13] Diese soll auch in der Standbildfolge nachempfunden werden und kann hier für die Auswahl und Gestaltung der einzelnen Bilder als ‚dramaturgischer Leitfaden' dienen (vgl. unten, Abb. 4). Ein weiteres Kriterium beinhaltet, dass sich die zentralen Handlungsmomente, die im Text mit den Mitteln der Sprache dargestellt werden, auch tatsächlich in *stumme* Bilder überführen lassen. Texte, deren Schlüsselstellen in einer szenischen Fassung nur durch das gesprochene Wort verständlich wären, sind nicht geeignet.

Die Erzählung „El almohadón de pluma" von Horacio Quiroga

Horacio Quiroga (1878-1937) stammte aus Uruguay, verbrachte aber große Teile seines Lebens in Argentinien, wo er als Schriftsteller, Journalist und Professor für spanische Sprache und Literatur tätig war. Die Erzählung „El almohadón de pluma" [Das Federkissen] ist der Sammlung *Cuentos de amor, de locura y de muerte* (1917) entnommen, deren Titel auf zentrale, z. T. biografisch erklärbare Themen des Autors verweist: Liebe (insbesondere die unerfüllte, tragisch endende Liebe; vgl. die ausgewählte Geschichte), Wahnsinn und Tod.

Worum geht es in „El almohadón de pluma"? Alicia und Jordán sind ein junges Ehepaar, das seit kurzem verheiratet ist. Alicia liebt ihren Mann und er liebt sie; trotzdem erscheinen ihr die Flitterwochen im Rückblick wie ein „langer Schauder" („un largo escalofrío", Z. 1) und das vornehme Haus, in dem sie und Jordán leben, kalt und feindlich. Zu Beginn des Winters erkrankt Alicia an einer Grippe, die nicht weichen will. Ein einziges Mal noch kann die junge Frau, gestützt von ihrem Mann, in den Garten gehen, wo sie in haltloses Weinen ausbricht; dann verlässt sie das Bett nicht mehr. Sie verliert an Gewicht, wird immer blasser und schwächer; in ihren Halluzinationen sieht sie einen Menschenaffen auf dem Teppich sitzen, der sie mit Blicken fixiert. Die Ärzte und Jordán sind ratlos. Eigenartig ist, dass sich Alicias Krankheit während des Tages nicht verschlimmert; am Morgen erwacht sie jedoch stets totenbleich und hat das Gefühl, als würde sie von einem schweren Gewicht in das Kopfkissen gedrückt. Schließlich stirbt Alicia. Als das Dienstmädchen das Bett der Toten abziehen will, bemerkt sie auf dem

---

[13] Für die Textsorte Novelle ist die Anlehnung an den Aufbau des klassischen Dramas gattungstypisch; nicht umsonst wurde sie von Theodor Storm als „kleine Schwester des Dramas" bezeichnet.

Kopfkissen Blutspuren; das Kissen selbst ist so schwer, dass sie es zu Boden fallen lässt. Jordán schneidet es auf und macht eine schreckliche Entdeckung: Im Inneren des Kissens steckt ein stark behaartes, zu monströser Größe angeschwollenes Tier (vermutlich ein Insekt), das Alicia offensichtlich das Blut ausgesaugt hat.

Die zentrale Frage, auf die der Text keine eindeutige Antwort gibt und die daher auch im Unterricht diskutiert werden sollte, ist die Frage, woran Alicia eigentlich stirbt. Stirbt sie an der äußeren und inneren Kälte (die sich im Text – wie schon erwähnt, vgl. Abs. 2 – durch entsprechende Ausdrücke und Metaphern manifestiert), stirbt sie an der Schweigsamkeit ihres Ehemanns, der mit ihr kaum ein Wort wechselt und unfähig zu jeder Zärtlichkeit ist, oder lässt sich ihr Tod völlig rational erklären, wie der letzte Abschnitt des Texts mit einem (erfundenen) wissenschaftlichen Hinweis zu blutsaugenden Parasiten glauben machen will?

Auch gattungstypologisch ist der Text interessant, da er mehrere Genres bedient. Man kann ihn aufgrund des Motivs des Blutaussaugens als Vampirgeschichte, aufgrund des Ausgangs der Handlung als Horrorerzählung lesen (das Schlüsselwort „horror" taucht am Ende explizit auf: „La sirvienta dio un grito de horror"). Wenn man dem (pseudo-)wissenschaftlichen Hinweis im letzten Textabschnitt und seiner rationalen Erklärung keinen Glauben schenken möchte, kann man den Tod Alicias auch auf das Wirken übernatürlicher Kräfte zurückführen und den Text als Vorläufer des magischen Realismus sehen.

Methodische Schritte

Auch wenn die Erzählung in einer mit umfangreichen Wortschatzhilfen versehenen Fassung gelesen wird, wie sie etwa die hier verwendete Reclam-Ausgabe bietet, so stellt der Text sprachlich und thematisch doch eine höchst anspruchsvolle Lektüre dar, die sich für fortgeschrittene Spanischlernende (ab 4. Lernjahr, Oberstufe) empfiehlt.

In der Vorbereitungsphase erfolgt eine gründliche Sicherung des Textverstehens, in deren Rahmen mit der Gliederung der Erzählung in *fünf* Abschnitte (und dem Finden passender Zwischenüberschriften) auch bereits auf die Abfolge und das jeweilige Thema der späteren Standbilder hingearbeitet wird. Wenn den Lernenden der Bau von Standbildern noch nicht vertraut sein sollte, so ist – ohne

Bezug auf die hier ausgewählte Erzählung – eine entsprechende Einführung und kurze Erprobung notwendig. Auf jeden Fall müssen Ziel und Ablauf des hier zur Debatte stehenden Verfahrens der *Standbildfolge* erläutert werden; dazu erhalten die Lernenden ein Arbeitsblatt (vgl. Anhang 5), das nicht nur Hinweise zur eigentlichen Standbildfolge, sondern auch zu den Anschlussaktivitäten enthält, in denen die Fremdsprache sukzessive integriert wird.

Aus den „Consejos" für die Erstellung der Standbildfolge sei besonders hervorgehoben, dass von den Lernenden nicht nur Personen, sondern auch Gegenstände (z. B. eine Tür, ein Baum) dargestellt werden können, was (wie in Abs. 2 postuliert) zum Abbau von Hemmungen beitragen kann. Die Nutzung von Verkleidung und Requisiten erleichtert darüber hinaus die Identifikation mit den Rollen und unterstützt die Aussagekraft der Standbilder.

Was die Verwendung der Fremdsprache betrifft, so darf in der vorbereitenden ‚Bauphase' selbstverständlich gesprochen werden; die eigentliche Präsentation der Standbildfolge erfolgt hingegen stumm. Jedes Bild wird etwa zehn Sekunden ‚gehalten'; dann wird das folgende Bild aufgebaut. Die Szenenwechsel zwischen den einzelnen Bildern müssen sich schnell und ebenfalls ohne sprachlichen Austausch vollziehen. Da es im Klassenzimmer keinen Bühnenvorhang gibt, die Zuschauerinnen und Zuschauer andererseits die Umbauphasen nicht sehen, sondern vielmehr den Eindruck einer kontinuierlichen Bilderfolge (ähnlich einem Fotoroman) haben sollen, ist ein kleiner Kunstgriff vonnöten: Eine nicht in die Standbildfolge involvierte Lernende bzw. ein Lernender gibt ein Kommando (z. B. „Clac" – „Clic"), mit dem quasi der fehlende Bühnenvorhang ersetzt wird; dies bedeutet, dass die Zuschauer/innen während der Szenenwechsel die Augen schließen (Kommando „Clac") und sie erst dann, wenn das jeweils nächste Standbild aufgebaut ist, wieder öffnen (Kommando „Clic").

In Abb. 4 ist die Standbildfolge zur Erzählung „El almohadón de pluma" zu sehen, die von Studierenden der Universität Halle im WS 2017/2018 erstellt wurde; die Bezeichnungen in Klammern (Terminologie nach Gustav Freytag, *Die Technik des Dramas,* 1863) sollen deutlich machen, dass den Studierenden die erwünschte Orientierung an der Fünf-Akte-Struktur des klassischen Dramas durchaus gelungen ist. Bild 1 („Exposition") zeigt den problematischen Ausgangszustand der jungen Ehe: Alicia ist ihrem Gatten hoffnungsvoll zugewandt,

Jordán ist dagegen zu keiner emotionalen Regung fähig. Gegenstand von Bild 2 („Steigendes Moment") ist die Erkrankung von Alicia, der Jordán und die Ärztin, deren Beistand sich auf die Routinehandlung des Pulsmessens beschränkt, ratlos gegenüberstehen.

Bild 1 („Exposition"):
Der Beginn einer unglücklichen Ehe

Bild 2 („Steigendes Moment"):
Alicia ist schwer erkrankt

Bild 3 („Höhepunkt"):
Alicia hat Halluzinationen

Bild 4 („Retardierendes Moment"):
Alicia ist tot

Bild 5 („Katastrophe"):
Des Rätsels Lösung:
ein blutsaugendes Insekt in Alicias Kopfkissen

Abb. 4: Die Erzählung „El almohadón de pluma" als Standbildfolge
(Martin-Luther-Universität Halle-Wittenberg, WS 2017/18)
(Zum Schutz der Persönlichkeitsrechte der Abgebildeten wurden die Abbildungen verfremdet)

In Bild 3 („Höhepunkt") sieht man die von einer Halluzination gepeinigte Alicia; das im Text als „Menschenaffe" („antropoide") bezeichnete Tier wird durch den

Darsteller des Jordán repräsentiert, was die (laut Text mögliche) Deutung nahelegt, dass Alicia ihren Ehemann als Bedrohung wahrnimmt. Bild 4 („Retardierendes Moment") thematisiert Reaktionen auf den Tod von Alicia: Während die Ärztin weiterhin ratlos ist und Jordán, abgewandt von seiner toten Gattin, in einer nachdenklichen Pose verharrt, zeigen zwei Frauen Mitgefühl mit der Entschlafenen. Bild 5 („Katastrophe und Lösung") setzt die Entdeckung des blutsaugenden Insekts in Szene; hier ist nicht nur die Dienerin, die es aus dem Kopfkissen schüttelt, entsetzt, sondern auch Jordán. Rechts außen, quasi nur noch als ‚Randereignis', sieht man die tote Alicia, die auf einer Bahre weggetragen wird.

6. Bewertung der szenischen Verfahren durch die Studierenden

Abschließend soll kurz und eklektisch auf Einschätzungen der Studierenden eingegangen werden, die sich an den Erprobungen der vorgestellten Verfahren beteiligt haben. Zwar erfolgte keine systematische Auswertung (etwa mittels Fragebogen); insgesamt hat sich jedoch ein sehr positives Meinungsbild ergeben. Dabei wurde insbesondere deutlich, dass die im Beitrag geltend gemachten Gründe für den Einsatz der Verfahren – inszenatorische und unterrichtsmethodische Einfachheit, Abbau von Hemmungen und Möglichkeiten der Differenzierung, Förderung fremdsprachenspezifischer, insbesondere literarisch-ästhetischer Kompetenzen – auch von den Studierenden bestätigt wurden. Einige besonders plakative Äußerungen seien abschließend vorgestellt; der jeweils bestätigte Einsatzgrund erscheint in Klammern.

„Ich mag Rollenspiele überhaupt nicht, weil ich nicht schauspielern kann. Aber bei der **Standbildfolge** eine Tür darzustellen, das war kein Problem."
(Einfachheit der Verfahren; Abbau von Hemmungen)

„Mir fällt bei Rollenspielen oft nicht ein, was ich sagen könnte, und schon gar nicht in der Fremdsprache. Bei der **Standbildfolge** durfte ich erst mal stumm bleiben und dafür meine schauspielerischen Talente zeigen."
(Abbau von Hemmungen; Möglichkeiten der Differenzierung)

„Ich kann das spanische [r] nicht so richtig ‚rollen', aber in der **Stimmencollage** habe ich es, nachdem ich die Zeile „Rrum rrum rrum" mehrmals in unterschiedlichen Tonlagen gesprochen habe, zum ersten Mal gut hinbekommen."
(Förderung fremdsprachenspezifischer Kompetenzen, hier: Aussprache)

„Die Pantomime (im Rahmen der **szenischen Lesung**) hat mir sehr geholfen. Ich habe erst jetzt wirklich verstanden, was diese Gedichtzeile bedeutet."
(Förderung literarisch-ästhetischer Kompetenzen)

Nicht zuletzt wurde auch das Motivationspotential der Verfahren gewürdigt; dies zeigt etwa folgende Äußerung:

„Mit Gedichten kann ich eigentlich gar nichts anfangen, aber die Annäherung über die **szenische Lesung** hat wirklich Spaß gemacht."

Bibliographie

ARMSTRONG, Thomas. ³2009. *Multiple Intelligences in the Classroom*. Alexandria: ASCD Books.

BENJAMIN, Walter. 1980 [1935]. „Das Kunstwerk im Zeitalter seiner technischen Reproduzierbarkeit", in: Benjamin, Walter. *Gesammelte Schriften* Bd. I, Werkausgabe Bd. 2. edd. Rolf Tiedemann & Hermann Schweppenhäuser. Frankfurt a. M.: Suhrkamp, 431-469.

BOAL, Augusto. 1989. *Theater der Unterdrückten. Übungen für Schauspieler und Nicht-Schauspieler*. Frankfurt a.M.: Suhrkamp.

BURWITZ-MELZER, Eva. 2005. „Kompetenzen für den Literaturunterricht heute", in: *Fremdsprachen lehren und lernen* 3, 94-110.

COUNCIL OF EUROPE. 2018. *Common European Framework of Reference for Languages: Learning, Teaching, Assessment. Companion Volume with New Descriptors*; https://rm.coe.int/cefr-companion-volume-with-new-descriptors-2018/1680787989, 01.10.2019.

GARDNER, Howard. 1983. *Frames of Mind. The Theory of Multiple Intelligences*. New York: Basic Books.

GARDNER, Howard. 2000. *Intelligence Reframed: Multiple Intelligences for the 21st Century*. New York: Basic Books.

HALLET, Wolfgang. 2015. „Die Performativität und Theatralität des Alltagshandelns. Performative Kompetenz und kulturelles Lernen", in: Hallet, Wolfgang & Surkamp, Carola. edd. *Handbuch Dramendidaktik und Dramapädagogik*. Trier: Wiss. Verlag Trier, 53-70.

INSPECTION ACADÉMIQUE SARTHE. ed. 2003. *Arts et poésie*; http://www.dsden7nantes.fr/medias/fichier/artpoes_1132217416203.pdf, 01.10.2019.

KÜSTER, Lutz. 2015. „Warum ästhetisch-literarisches Lernen im Fremdsprachenunterricht? Ausgewählte theoretische Fundierungen", in: Küster, Lutz & Lütge, Christiane & Wieland, Katharina. edd. *Literarisch-ästhetisches Lernen im Fremdsprachenunterricht. Theorie – Empirie – Unterrichtsperspektiven*. Frankfurt a. M.: Lang, 15-32.

KMK 2004: KULTUSMINISTERKONFERENZ. ed. *Bildungsstandards für die erste Fremdsprache (Englisch/Französisch) für den Mittleren Schulabschluss*; http://www.kmk.org/fileadmin/veroeffentlichungen_beschluesse/2003/2003_12_04-BS-erste-Fremdsprache.pdf, 01.10.2019.

KMK 2012: KULTUSMINISTERKONFERENZ. ed. *Bildungsstandards für die fortgeführte Fremdsprache (Englisch/ Französisch) für die Allgemeine Hochschulreife*; http://www.kmk.org/fileadmin/veroeffentlichungen_beschluesse/2012/2012_10_18-Bildungsstandards-Fortgef-FS-Abi.pdf, 01.10.2019.

KÜPPERS, Almut & SCHMIDT, Torben. edd. 2011. *Inszenierungen im Fremdsprachenunterricht*. Frankfurt a. M.: Diesterweg.

LEITZKE-UNGERER, Eva. 2008. „Akustische Inszenierung von Erzählungen und Gedichten im fremdsprachlichen Literaturunterricht. Hörspielarbeit mit französischen, spanischen und italienischen Texten", in: *Fremdsprachen Lehren und Lernen* 37, 164-183.

LEITZKE-UNGERER, Eva. 2013. „Intermedialität. Anmerkungen zum literaturwissenschaftlichen Konzept und zum fremdsprachendidaktischen Potenzial", in: Leitzke-Ungerer, Eva & Neveling, Christiane. edd. *Intermedialität im Französischunterricht*. Stuttgart: ibidem, 11-29.

LEITZKE-UNGERER, Eva. [2]2015. „Standbilder zum Sprechen bringen. Eine szenisch-visuelle Annäherung an literarische Texte", in: Surkamp, Carola & Hecke, Carola. edd. *Bilder im Fremdsprachenunterricht. Neue Ansätze, Kompetenzen und Methoden*. Tübingen: Narr, 147-164.

N.N. o.J. „Sapito trovador"; https://sociedadvenezolana.ning.com/profiles/blogs/poemaso nomatopeyicos, 01.10.2019.

NÜNNING, Ansgar & SURKAMP, Carola. [3]2010. *Englische Literatur unterrichten*. Bd. 1: *Grundlagen und Methoden*. Seelze: Kallmeyer & Klett.

QUIROGA, Horacio. 1954 [1917]. „El almohadón de pluma", in: Quiroga, Horacio. *Cuentos de amor, de locura y de muerte*. Buenos Aires: Losada. Text zitiert nach: *Cuentos hispanoamericanos*. ed. Monika Ferraris. Stuttgart: Reclam 2005, 9-17.

RAJEWSKY, Irina O. 2002. *Intermedialität*. Tübingen: Francke.

SCHÄDLICH, Birgit. 2019. „Die neuen Skalen des *Companion Volume* zu Literatur: ein Beitrag zur Modellierung literarisch-ästhetischer Kompetenzen im Fremdsprachenunterricht?", in: *Zeitschrift für Fremdsprachenforschung* 30/2, 199-213.

SCHELLER, Ingo. [6]2012. *Szenisches Spiel. Handbuch für die pädagogische Praxis*. Berlin: Cornelsen Scriptor.

SCHELLER, Ingo. [5]2019. *Szenische Interpretation. Theorie und Praxis eines handlungs- und erfahrungsbezogenen Literaturunterrichts in Sekundarstufe I und II*. Seelze: Kallmeyer & Klett.

SCHEWE, Manfred. 1993. *Fremdsprache inszenieren. Zur Fundierung einer dramapädagogischen Lehr- und Lernpraxis*. Oldenburg: Carl von Ossietzky Universität.

SCHLAAK, Claudia. 2017. „Bewahrung literarischer Ästhetik und kreative Literaturarbeit. Ausgewählte Beispiele für die Textarbeit im Spanischunterricht", in: *Hispanorama* 158, 79-83.

SCHNELL, Ralf. 2002. „Medienästhetik", in: Schanze, Helmut. ed. *Metzler Lexikon Medientheorie, Medienwissenschaft: Ansätze – Personen – Grundbegriffe*. Stuttgart: Metzler, 207-211.

SCHÜLEIN, Frieder & ZIMMERMANN, Michael. 2002. „Spiel- und theaterpädagogische Ansätze", in: Bogdal, Klaus-Michael & Korte, Hermann. edd. *Grundzüge der Literaturdidaktik*. München: dtv, 258-271.

VOWINCKEL, Antje. 1995. *Collagen im Hörspiel. Die Entwicklung einer radiophonen Kunst*. Würzburg: Königshausen & Neumann.

WALSH, María Elena. o. J. „La vaca estudiosa"; https://www.letras.com/maria-elena-walsh/1003800/, 01.10.2019.

WOLF, Werner. 1999. *The Musicalization of Fiction. A Study in the Theory and History of Intermediality*. Amsterdam: Rodopi.

Anhang
Anhang 1: Stimmencollage: Das Gedicht „Sapito trovador"

	Sapito trovador
1	- Gui, gui, gui
2	Canta el sapito
3	Su serenata a la luna
4	- Rrrum, rrrum
5	Interrumpe el idilio
6	Un automóvil
7	- Rrui, gui, ui, rrui, trata el sapito
8	De afinar su canto
9	Y ¡Zas!
10	Es arrancado del agua
11	Por el hijo alado
12	De la noche
13	-Machiquiri, machiquiri
14	se escucha
15	un chasquido
16	el pozo perdió su corazón
17	y la luna un trovador

el sapo (Titel)   Kröte
afinar (8)   (Instrument) stimmen; verfeinern, veredeln
arrancar (10)   herausreißen, herausrupfen
alado, -a (11)   geflügelt (*el ala* – der Flügel)
el chasquido (15)   Knacken, Knackgeräusch
el pozo (16)   Brunnen

Quelle: https://sociedadvenezolana.ning.com/profiles/blogs/poemasonomatopeyicos; Vokabelangaben: ELU

Anhang 2: Stimmencollage: Arbeitsblatt zum Gedicht „Sapito trovador"

El collage de voces
(texto fuente: el poema "Sapito trovador")

¿Qué es un collage de voces?
Es una lectura expresiva de un poema en voz alta realizada por varios lectores y que representa una interpretación dramática y exclusivamente auditiva del texto.

Regla principal: Hay que respetar el texto original.
Regla adicional: Se pueden realizar pequeños cambios si la creación artística lo requiere
(p. ej.: repetir palabras o expresiones).

Desarrollo

[Condición previa: Lectura detallada del poema y actividades para asegurar la comprensión]

Actividades para recitar bien el poema
- Formar grupos (de tres a seis alumnos).
- Familiarizarse con el recitado expresivo del poema:
  - Cada estudiante lee el poema en voz alta y de manera expresiva.
  - Tras cada recitación se realiza una breve evaluación (p. ej.: ¿Qué sentido transmite el recitado expresivo del poema? ¿Es clara la articulación? ¿Tiene una entonación adecuada? ¿Hay errores de pronunciación?, etc.)

Realizar el collage de voces
- Distribuir los roles: ¿Quién(es) lee(n) qué partes del poema y de qué manera?
- Preparar el collage de voces y realizar uno o más ensayos en grupo.
- Representar el collage de voces delante de la clase.

Consejos

La representación del texto
- Emplear 'formaciones' distintas de lectores (p. ej. solistas, duetos o tríos, grupos pequeños, coros grandes).
- Utilizar la repetición de palabras, expresiones o versos como medio artístico, p. ej. para acentuar su importancia.
- Crear un acompañamiento acústico. Para ello se pueden usar los objetos del entorno como 'instrumentos musicales' (p. ej. golpear la mesa con un lápiz).

La voz
- Explotar las distintas cualidades de voz (p. ej. hablada, susurrada, cantada, etc.
- Hacer uso de los diferentes parámetros acústicos del sonido y la voz para expresar emociones y estados (p. ej. cansancio, enfadado buen humor, tristeza, asombro, etc.)
  - modo de fonación (p. ej. voz rota o crepitante, voz de hálito, falsete, etc.)
  - volumen: desde la voz susurrada hasta el grito
  - tono de voz (p. ej. grave o agudo)
  - velocidad de emisión: lenta vs. Rápida

Anhang 3: Szenische Lesung: Das Gedicht „La vaca estudiosa" von María Elena Walsh

La vaca estudiosa

1	Había una vez una vaca	17	La gente se fue muy curiosa
2	en la Quebrada de Humahuaca.	18	a ver a la vaca estudiosa.
3	Como era muy vieja,	19	La gente llegaba en camiones,
4	estaba sorda de una oreja.	20	en bicicletas y en aviones.
5	Y a pesar de que ya era abuela	21	Y como el bochinche aumentaba
6	un día quiso ir a la escuela.	22	en la escuela nadie estudiaba.
7	Se puso unos zapatos rojos,	23	La vaca, de pie en un rincón,
8	guantes de tul y un par de anteojos.	24	rumiaba sola la lección.
9	La vio la maestra asustada	25	Un día toditos los chicos
10	y dijo: Estas equivocada.	26	se convirtieron en borricos.
11	Y la vaca le respondió:	27	Y en ese lugar de Humahuaca
12	¿Por qué no puedo estudiar yo?	28	la única sabia fue la vaca.
13	La vaca, vestida de blanco,		
14	se acomodó en el primer banco.		
15	Los chicos tirábamos tiza		
16	y nos moríamos de risa.		

la Quebrada de Humahuaca (2)   Schlucht im Nordwesten Argentiniens
el tul (8)   Tüll (Stoffart)
el bochinche (21)   Tumult, Aufruhr; Klatsch
rumiar (24)   (Kuh) wiederkäuen
el borrico (26)   Esel (auch fig.)
sabio, -a (28)   weise, klug

Quelle: https://www.letras.com/maria-elena-walsh/1003800/; Vokabelangaben: ELU

Anhang 4: Szenische Lesung: Arbeitsblatt zum Gedicht „La vaca estudiosa"

La recitación escénica
(texto fuente: el poema "La vaca estudiosa" de María Elena Walsh)

Desarrollo
[Condición previa: Lectura detallada del poema y actividades para asegurar la comprensión]
- Formar grupos de tres a seis estudiantes.
- Cada grupo elige una persona que recite el poema.
- Los demás participantes del grupo actúan. Es decir, representan la 'historia' del poema haciendo una pantomima.
- (como *alternativa*) Elegir una persona para dirigir la puesta en escena y otra que se ocupe de la escenografía
- Las dos actividades principales – la recitación y la pantomima – se realizan paralelamente. El resultado (y el objetivo principal) es una interpretación del poema.
- Ensayar la puesta en escena en el grupo.
- Presentar la puesta en escena a la clase.

Consejos para realizar el recitado escénico

Tarea inicial: Repartir los siguientes papeles:
- El lector/la lectora
- Los protagonistas de la 'historia' del poema (*la vaca, la maestra*)
- Otros personajes de la 'historia' del poema (*los chicos, la gente*)
- (*facultativo*) Objetos, p. ej. una puerta, un camión, un avión
- (*facultativo*) El director/la directora
- (*facultativo*) El escenógrafo/la escenógrafa

Consejos para el lector o la lectora
- Marcar el énfasis (p. ej. por subrayado) y las pausas (p.ej. por //) en el texto
  Ejemplo: "La única sabia fue // la vaca".
- Pronunciar correctamente las palabras y articular bien las frases.
- Leer todo el texto en voz alta, lentamente y de manera expresiva.
- Prestar atención a que el recitado y la pantomima estén bien 'sincronizados'. Por eso, hay que tener en cuenta la velocidad de emisión; no hay que leer el texto ni demasiado rápido ni demasiado lento.

Consejos para los actores/las actrices de la pantomima
- Identificarse bien con el rol (mímica, gestos, movimientos).
- Actuar de manera expresiva y (un poco) exagerada.

Anhang 5: Standbildfolge: Arbeitsblatt zur Erzählung „El almohadón de pluma"

La secuencia de imágenes fijas
(texto fuente: el cuento "El almohadón de pluma" de Horacio Quiroga)

Desarrollo
[Condición previa: Lectura detallada del cuento y actividades para asegurar la comprensión]

Preparar la secuencia de imágenes fijas (trabajo en grupo)
1) Formar grupos de cuatro estudiantes como mínimo.
2) Repartir los roles:
   - Los protagonistas: Alicia, Jordán, el médico/la médica, la sirvienta
   - *Alternativo*: objetos, p. ej. una puerta o una columna de la casa
3) Cada grupo prepara una secuencia de imágenes fijas (cinco imágenes como máximo) para 'narrar' la historia y representar los momentos más importantes de la acción.

Consejos prácticos
- En el aula: separar el escenario de los espectadores
- El cambio entre las diferentes imágenes tiene que hacerse rápidamente y en silencio
- Durante el cambio de imágenes los espectadores cierran los ojos (con el comando 'clac'-'clic')

La representación del cuento a través de una secuencia de imágenes fijas
(Fase muda, sin diálogos)
4) Cada grupo representa el cuento a través de una secuencia de cinco imágenes fijas. Los demás tienen la impresión de ver una fotonovela.

Actividades posteriores, para integrar la lengua (Fase con diálogos)
5a) **"La silla caliente": Interrogatorio de los protagonistas**
   (o solamente de uno de ellos, p. ej. de Alicia)
5b) **Representación de una escena clave, con diálogos**
   (versión teatralizada completa)

'Pronunciar lo impronunciable y jugar a lo absurdo' – Métodos del teatro aplicado en el aula de ELE
Victoria del Valle Luque (Paderborn)

> S'il faut absolument que l'art ou le théâtre serve à quelque chose, je dirais qu'il devrait servir à apprendre aux gens qu'il y a des activités qui ne servent à rien, et qu'il est indispensable qu'il y en ait (Eugène Ionesco).

Introducción

De acuerdo con el título del presente volumen *Entre la creatividad y la tradición literaria* nuestro propósito es enfocar la creatividad dramática a la hora de trabajar con textos literarios en el aula de Lengua Extranjera (LE). Es a través de la creatividad que conseguimos dotar los textos de lo que denominamos como 'lo literario' y acercar a las alumnas y los alumnos a comprender la naturaleza del texto literario. Antes de hacer referencia a estudios sobre la creatividad dramática y el teatro aplicado y de presentar ejemplos de puesta en práctica queremos hacer una brevísima reflexión introductoria con el fin de situar, en términos genéricos, los conceptos en cuestión: el texto literario y la creatividad.

Según la definición de la RAE la literatura es el "arte de la expresión verbal", entendiéndose como verbal todo aquello "que se refiere a la palabra, o se sirve de ella". Por lo tanto, la literatura abarca tanto textos escritos (literatura escrita) como hablados, cantados (literatura oral) o visualizados (literatura visual). El texto literario se caracteriza por su diferencia (la alteración, la tergiversación) de lo 'no literario'; del uso cotidiano de la palabra. Más que una forma de texto, lo literario debe comprenderse como una calidad de texto.

En el contexto educativo nos servimos de un amplio término de texto, el así llamado *erweiterter Textbegriff*. Comprendemos el texto, proveniente del latín *textum* (tejido), como una construcción de sentido mediante signos conjuntos y entrelazados (cf. del Valle Luque 2016, 111). El proceso de descodificación del conjunto tejido para extraer el sentido es, como bien sabemos, la lectura. Si partimos de un concepto amplio de texto, el concepto de lectura también debe ampliarse. Puesto que, si el texto literario de base es multimedial, la lectura obviamente también lo es. La comprensión lectora en este sentido ya no puede referirse solo a la lectura de un texto escrito como descodificación de letras impresas y extracción de su sentido; debe asimismo abarcar la lectura de signos visuales, auditivos y performativos. Si consideramos, por ejemplo, un cómic o una obra de teatro un texto literario, entonces, el acto de recepción es, en ambos casos, la lectura: leemos un cómic y leemos una escenificación. De este modo comprendemos el texto como un enunciado comunicativo y lo literario como una calidad. Ambos se manifiestan en diversas formas mediáticas, ya sean visuales, auditivas o performativas.

En la enseñanza de LE este amplio concepto de lo literario coincide con el amplio término de texto y nos abre las puertas a un concepto holístico del aprendizaje estético. Lo cierto es que la finalidad no es otra que la de aprender la lengua literaria a través de las múltiples manifestaciones estéticas de las culturas de nuestras lenguas meta.

Pensándolo así, el texto literario en el aula de LE no tiene porqué ser *a priori* un texto impreso. Pero esta conclusión no es nueva. Ya sabemos, por experiencia, que existen otros géneros aparte del texto impreso; entre otros, los de índole audiovisual. Los libros de texto y el currículum de Español como Lengua Extranjera (ELE) integran géneros literarios multimediales como cómics, cortometrajes, poemas visuales, etc. El uso de textos multimediales literarios es doblemente prometedor: por un lado, son, debido a su formato, más asequibles para las y los adolescentes (aprendientes de LE) y, por otro, más apropiados para hacer entender el aspecto explícito del 'texto literario' para poder, posteriormente, analizar su composición, sus características y su mensaje.

La asequibilidad del formato de un texto literario multimedial nos brinda la oportunidad de poder acceder con las y los estudiantes a un estudio profundo del contenido. Enfocaríamos en esto el valor semántico del texto literario cuyo fin sería hacer un análisis de texto. Usamos el texto literario multimedial para enseñar la lectura (literaria), y, de este modo, preguntarnos ¿cómo se lee y se entiende un (determinado) texto literario?

Sin querer desvalorar la lectura, que, por supuesto, es *el* requisito indispensable en la clase de literatura, lo que nos parece importante es destacar el valor *creativo* del texto literario, es decir, la mirada hacia el proceso de su creación. Nos interesa hacer hincapié en la pregunta ¿cómo se crea un (determinado) texto literario? y traerla al aula. La idea es que el texto literario se comprenda desde su proceso de creación. El texto de partida sería aquel que aún no existe, que aún está por construir. Se nos permite de este modo mostrar a nuestras alumnas y nuestros alumnos el proceso de la creación literaria.

Por un lado, nos basamos teóricamente en la descripción psicológica de la creatividad según Groeben (2013, 14) y en su idea del triángulo mágico "Denken, Fühlen, Handeln", y, por el otro, en el estudio didáctico de tareas creativas para el uso del texto literario en el aula de LE expuestas por Caspari (2005). Nos parece importante destacar el hecho de la 'creación' dentro de la idea de la creatividad en el ámbito de la enseñanza, ya que 'crear' significa producir algo de la nada. Implementar el acercamiento creativo, entendido como acto de creación, nos abre espacios para la producción y la experiencia productiva. En el caso de LE además se nos presenta el maravilloso efecto secundario de usar la lengua meta y fomentar todo tipo de destrezas lingüísticas. Tanto en cuanto a la producción de texto, entendida como construcción creativa (o simplemente creación), como a la recepción de texto, entendida como la desconstrucción (o simplemente la creación de sentido).

Somos totalmente conscientes de que es más fácil hacer esta reflexión teórica sobre la necesidad del enfoque proceso-creativo en el aula de literatura de LE que ponerlo en práctica. Y todavía más, si nos da cierto vértigo pisar el aula sin texto de partida y sin saber a qué producto puede llevarnos el proceso creativo. Respondemos a esta incertidumbre con las palabras de Ionesco, citadas al principio, que tan acertadamente nos revelan la importancia de la falta de sentido. En el aula hay también actividades que no sirven para nada, pero que son indispensables. Dentro del proceso creativo debe de haber espacio experimental y lúdico, sin sentido. Puesto que el sentido está en el proceso mismo, como es el caso de los juegos. Quizá sea 'el juego' la acción que necesitamos poner en cuestión.

Creatividad dramática: Del juego escénico al teatro aplicado
Todos utilizamos el juego dramático en clase, aunque a veces no seamos conscientes de ello, ya sea en forma de juegos de imitación, de escenificación de situaciones, chistes, cuentos, etc. Todos conocemos y tenemos experiencia con los juegos de rol; nos son muy útiles, a la hora de practicar la LE, para producir frases, para expresar e interactuar oralmente (cf. Boquete & del Valle Luque 2017, 84). ¿Qué tal si ponemos el enfoque en el juego?, ¿si jugamos con y a la comunicación? En cierto modo, imitar, escenificar y jugar, sobre todo, con un fin comunicativo (lo que llamamos el juego dramático), son en realidad las claves del teatro: ¿cómo combinar esta necesidad de comunicarse de una forma cercana a la realidad con la idea de hacer teatro?, ¿cómo salir del juego de la imitación para entrar en una metodología inspirada en el teatro?

Observamos que el término "juego" nos ayuda aquí a expresar el sinsentido de la acción, su aspecto lúdico, su facilidad. Más allá de esta observación proponemos desarrollar una metodología basada en el teatro aplicado. Usamos el término "teatro" de forma muy consciente, ya que, además de ser el medio natural para la puesta en escena de la lengua meta, incorpora el indispensable elemento estético (cf. Schewe 2014, 168). Remarcamos en este aspecto precisamente porque consideramos el elemento estético la ficha clave que diferencia el juego de rol del juego dramático y que nos permite jugar con aquello que distingue la comunicación cotidiana del diálogo teatral (cf. Boquete & del Valle Luque 2017, 85).

A diferencia de las clases de comunicación al uso, la interpretación escénica se centra, entre otras cosas, en la articulación, en el ritmo y el tono de voz, en el uso preciso de la mirada, en la mímica y los gestos, en la postura y la actitud corporal, así como el aprovechamiento del espacio. Justamente en estos asuntos encontramos los pequeños elementos con los que se nos permite 'dramatizar', es decir, alterar la expresión oral para proporcionarle su espectro estético y jugar con él. En concreto, es el componente estético del teatro el que nos permite, por ejemplo, pronunciar lo impronunciable y jugar a lo absurdo.

El teatro aplicado a la enseñanza de lenguas extranjeras

Nos servimos del término "teatro aplicado" para referirnos al uso de las técnicas teatrales en otros escenarios y con otras finalidades distintas a las del teatro 'convencional'. Vinculado con el teatro popular de Augusto Boal (1979, 20), el teatro aplicado se entiende como una forma teatral con carácter popular con compromiso social. Motos (2013, 13) define el teatro aplicado como teatro con un sentido de utilidad y una intención específica. En su "mapa del territorio del Teatro Aplicado" (véase figura 1) vemos como el ámbito de actuación del teatro aplicado abarca diferentes actividades sociales, terapéuticas, formativas y educativas. Siempre con el fin de producir un cambio: un cambio social (en forma de intervención sociopolítica, teatro del oprimido (Boal 1979), teatro en las prisiones, etc.), un cambio personal de curación y también colectivo socio-emocional (dramaterapia), un cambio corporativo y una mejora profesional (teatro de empresa) o un cambio educativo (teatro en la educación).

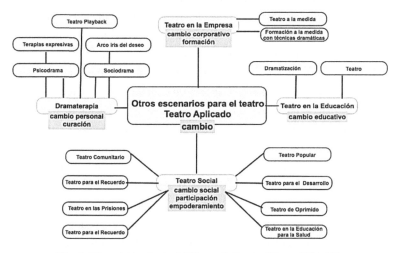

Fig. 1: Mapa del territorio del Teatro Aplicado (Motos 2013, 13)

De todos los campos de acción del teatro aplicado, es el teatro en la educación en el que queremos detenernos para exponer los componentes metodológicos, concretamente para el aula de LE. El teatro es una herramienta educativa y transformadora de la educación en muchos sentidos, asegura Motos (2013, 5):

el teatro en la educación sería una propuesta para mejorar al ser humano contribuyendo al desarrollo de aquellas cualidades motoras, cognitivas, sociales, emotivas y culturales que propician el perfeccionamiento de las personas y el progreso democrático de la sociedad.

El teatro aplicado a la enseñanza estimula la imaginación y el pensamiento creativo de las y los estudiantes y fomenta el pensamiento crítico y un uso más elevado de procesos cognitivos y de las inteligencias múltiples (cf. ibid.).

En la introducción hemos mencionado que el juego de rol siempre está presente en el aula de lenguas extranjeras. Sin embargo, las actividades que priman en estos contextos educativos suelen limitarse a las relacionadas con la presentación de determinados momentos de comunicación cotidiana (en el supermercado, en la recepción del hotel, en el restaurante etc.) en las que rara vez se encuentra lugar para los aspectos estéticos, teatrales en sí mismos. Lo primero que se deja de lado por falta de tiempo, espacio o conocimientos, es el aspecto artístico (estético) y creativo de la puesta en escena. La estética propia de lo artístico y las destrezas y habilidades requeridas para llegar a un resultado final a través de una dramatización son puntos de apoyo en el aprendizaje de la lengua meta mucho más fructíferos de lo que podemos imaginar. Justamente la dramatización de la comunicación hace que el acto comunicativo, siempre intencionado en el aula de LE, sea un acto de comunicación auténtica. Esto es así porque la ficción teatral en la que se juega no es la imitación de una realidad presentada, como es el caso en los juegos de rol, sino una 'realidad fictiva'.

Para llegar a un uso metodológico habría que iniciar un concepto sistematizado del teatro aplicado a la enseñanza de lenguas extranjeras. Antes de nada, hay que diferenciar la finalidad de su implementación, que puede, según Motos (2006, 3), dividirse en dos básicamente: por un lado, la de centrarse en el proceso, hacer teatro con el fin de desarrollar y fomentar la expresión comunicativa u otros objetivos curriculares; y, por otro lado, la de centrarse en el producto, presentar un espectáculo o un texto literario (véase figura 2).

Fig. 2: Teatro en educación (Motos 2006, 391)

Por supuesto que los métodos para ambas finalidades pueden intercambiarse, dado que también hay un proceso para la producción del producto. No obstante, 'el guion' del uso didáctico cambia, por decirlo en términos teatrales. El siguiente paso sería entonces reconocer los elementos que cada una de las finalidades supone para el aula y el grupo específica e individualmente. Queremos proponer un uso creativo de métodos teatrales en el aula de LE, y lo explicamos con Motos, enfocado en el proceso.

El enfoque en el proceso: la comunicación teatral

Si aplicamos los métodos del teatro a la enseñanza de lenguas con el enfoque en el proceso, las actividades dramáticas se centran en juegos de expresión, juegos dramáticos, actividades de sensopercepción, representación de papeles y dramatización de la comunicación (cf. Motos 2006, 392). En este caso hay que concentrarse en trabajar la "comunicación teatral" (Boquete & Medina 2018, 27).

El trabajo de la comunicación teatral es fundamental en el teatro. Los ejercicios para trabajar la voz, la pronunciación y la misma presencia escénica se centran en los aspectos para y no verbales. Los autores Boquete y Medina (cf. ibid.) proponen los siguientes cinco aspectos teatrales:

- **Jugar con el estatus:** El estatus determina la relación de los personajes. Las relaciones de estatus pueden oscilar en su nivel; un personaje puede mostrar un estatus más alto, igual o más bajo que otro personaje (p. ej. profesor y alumno, madre e hija, ladrón y policía, dentista y paciente, etc.). El juego de estatus consiste en alterar y cambiar relaciones de estatus en su naturaleza y dramatizar su efecto, p. ej. un profesor con estatus más bajo que un alumno, un paciente con un estatus igual que un dentista, etc.
- **Jugar con el rol:** Se trata de construir el personaje con comportamientos, vestimenta, elementos escénicos, utilería, etc. Con la puesta en evidencia o exageración se logra dramatizar aspectos característicos del rol, así, por ejemplo, el profesor puede llevar siempre un bolígrafo en la mano y moverlo de manera peculiar.
- **Jugar con el objetivo:** Debe determinarse un objetivo que lleva al personaje a una acción como consecuencia. De modo que la acción que las y los alumnos tienen que desarrollar en la escena o en el ejercicio de comunicación teatral tenga un motivo y una meta clara. Por ejemplo, el objetivo de un ladrón detenido por un policía puede ser escaparse.
- **Jugar con la acción-reacción:** Como reacción a los objetivos se realizan pues las acciones, que tienen un por y para qué. Para diferenciar la acción del objetivo puede ayudar usar verbos para definir la acción, p.ej. la frase "tengo frío" puede, según el objetivo que se tenga, informar, persuadir, animar, expresar una queja, despistar, etc.
- **Jugar con el conflicto:** Con el juego de la acción y reacción se genera el conflicto. Y es el conflicto, finalmente, como destacan los autores, lo que hace posible la escena dramática. Sin conflicto no habría drama. Dos o varios personajes aportan con sus acciones al conflicto dramático puesto en escena. En el conflicto se hacen ostensibles todos los demás aspectos. Una acción puede justificarse con el objetivo, la característica y el estatus del rol. Puede, asimismo, desencadenar reacciones u otras acciones que de la misma manera pueden y deben justificarse.

A través de estos cinco aspectos conseguimos que las y los estudiantes vean (y vivan) algunas facetas comunicativas y su potencial dramático. Con ellos damos a entender los efectos de la exageración, alteración y tergiversación; nos acercamos mucho al entendimiento de la naturaleza del texto literario, que, tal y como subrayan Boquete y Medina (2018, 31), no es más que un espejo de la vida: "El docente tiene que guiar al alumno en esta búsqueda y debe tener en cuenta el potencial educativo de este proceso, puesto que el teatro es un reflejo de la vida misma".

El aquí expuesto potencial dramático de la comunicación debe también, especialmente para el aula de ELE, girarse del revés para destacar el potencial comunicativo de la dramatización. Una vez dentro del juego, las alumnas y los alumnos han de entender lo que está pasando en escena y la perspectiva de los personajes con respecto al conflicto generado. Esto les permite usar espontánea y auténticamente la lengua meta. Trabajar con estos aspectos en ejercicios teatrales es un medio ideal para llevar a cabo una aplicación enfocada por tareas y también, una forma más de desarrollar la creatividad dentro del aprendizaje de LE.

El enfoque en el producto: la complejidad de la creatividad dramática
Si aplicamos los métodos del teatro a la enseñanza de lenguas con el enfoque en el producto, hay que considerar la complejidad de la creatividad dramática como bien indica Motos (2006, 390). Según el autor, al tratar el arte dramático hay que considerar como mínimo las siguientes variables (cf. ibid.):

- acotar claramente al espacio disponible;
- distinguir las personas creativas (y su enfoque) involucradas: autor/a, dramaturga/o, director/a, actor/a, espectador/a;
- distinguir los medios de expresión: corporal, verbal, plástica, rítmica, musical, multimedia;
- precisar las facetas del producto: la escritura del texto escrito, la puesta en escena, el espectáculo, la interpretación de los actores, el diseño de la escenografía (coreografía, iluminación, maquillaje, vestuario, etc.);
- distinguir entre obras de arquitectura efímera (cómo es el caso del performance, el juego de rol, la escenificación, incluso la obra de teatro) y obras de carácter de archivo (por ejemplo cuando grabamos una obra).

El teatro, aunque sea aplicado, y no queremos decir que aquí se trate de una degradación, debe también en el ámbito escolar considerar sus dimensiones. El teatro aplicado a la LE, también debe, así lo consideramos, involucrar el componente estético, ya que puede ser tanto un instrumento adecuado para desarrollar la capacidad de expresión y comunicación, como alcanzar un nivel aceptable de alfabetización artística.

El enfoque en el proceso puesto en práctica: interacción (a), comunicación no verbal (b), improvisación (c)

A modo de sistematizar la comunicación teatral para el aula de ELE proponemos un acercamiento progresivo, aumentando el grado de complejidad y dificultad. Los ejercicios de interacción preparan los ejercicios de comunicación y ambos ayudan a resolver los desafíos de la improvisación. La estética del juego y de la espontaneidad debe estar presente en todo momento, pues se trata de teatralizar la comunicación, de alterar y tergiversar actos comunicativos para dotarlos de calidad literaria. No es necesario un texto de partida pues se llega a él implementando métodos del teatro.

Mientras que los ejercicios de interacción y comunicación son más de entrenamiento, las improvisaciones ya pueden llegar a ser pequeñas obras de teatro. Además, surge en ellas una comunicación espontánea y auténtica. En cualquier representación improvisada cada participante adopta un papel que afecta directamente a los demás. Cualquier alteración que uno de los involucrados introduzca va a provocar respuestas que modificarán el punto de partida. Hablamos de un proceso compartido, de interacción y de respuestas recíprocas, esencia de la dramatización, en el que se negocia el sentido de la acción que se está representando.

(a) Ejercicios para el desarrollo de la interacción

Comenzamos por la interacción y su mejora en el aula, con una serie de ejercicios muy sencillos (cf. Bercebal et al. 2000):
- formar parejas: supone jugar con la similitud entre uno o varios aspectos (cuerpo, tiempo, espacio, energía) en el movimiento de dos participantes o de dos grupos;

- hacer lo mismo: similitud entre todos los componentes del movimiento de dos participantes o de dos grupos;
- hacer lo contrario: lograr movimientos contrarios a los del otro participante o del grupo;
- ser complementario: intentar generar movimientos que complementen los movimientos del otro participante o del grupo;
- conducir y seguir: las dos partes se mueven en una misma dirección. Un líder conduce el movimiento de uno o de varios;
- moverse en un espejo: las dos partes se mueven de forma simultánea una frente a la otra;
- acción-reacción, pregunta-respuesta, conversación: presentación de un enunciado que estimula la respuesta del compañero o compañeros.

Ejercicio de entonación

Para ejercitar las diferencias de entonación e intención comunicativa proponemos el siguiente ejercicio. Las acciones se manifiestan en forma de verbo y nos ayudan a saber qué queremos conseguir con cada frase. Usamos por ejemplo la frase: *Hace frío*. Los participantes tienen que expresar esta misma frase con diferentes intenciones (cf. Boquete & del Valle Luque 2017, 88):

a) informar: contestamos a una pregunta que alguien nos hace;

b) persuadir: estamos en la calle y no queremos expresar directamente a la persona que nos acompaña que necesitamos entrar a un sitio caliente, por muy bonitas que sean las casas de su pueblo por fuera;

c) animar: decimos "hace frío" a alguien que le gusta el esquí y no hay suficiente nieve porque las temperaturas están muy altas;

d) protestar: llevamos un rato esperando el autobús con un amigo y estamos molestos por la baja temperatura y mostramos nuestro desagrado.

Estas acciones las hacemos con un por o para qué. Así, la frase adquiere una intención u otra. Esto posiciona a nuestros personajes en una situación de acción-reacción constante donde se pueden generar diferentes conflictos u obstáculos en el desarrollo de la acción. Hay un conflicto general que se crea por el objetivo de cada personaje y luego los que se generan por las acciones que se utilizan para buscar estrategias que nos ayuden a llegar a nuestro fin.

(b) Ejercicios de comunicación no verbal
La comunicación no verbal es parte de la comunicación oral; la expresión de la cara, los movimientos de las manos o la disposición del cuerpo muestran sentimientos, estados de ánimo, deseos, necesidades, etc. De hecho, hay veces en las que la comunicación no verbal tiene más significación que los mensajes verbales. Según Santos Sánchez (2010, 28), estos son los componentes que caracterizan la comunicación no verbal interesantes para trabajar con ellos en ejercicios teatrales en el aula de ELE:
- paralingüístico: modificadores fónicos (carraspeos), reacciones, pausas y silencios que comunican;
- kinésico: movimientos y posturas corporales que matizan el mensaje, el gesto;
- proxémico: uso y distribución del espacio;[1]
- cronémico: concepción y uso del tiempo, p. ej. la velocidad con que se habla.

Basándose en estas pautas Boquete y Medina (2018, 29) proponen los siguientes ejercicios para teatralizar la comunicación no verbal, que son muy prácticos en los niveles iniciales, ya que ayudan a la desinhibición y desarrollan códigos no lingüísticos útiles para comunicarse.

Ejercicio 1: una escena en el aeropuerto, comunicación sin sonido
En el aeropuerto, ya pasado el control de embarque, una persona se acuerda de que tiene que decir algo muy importante que se le había olvidado. A través de un cristal antirruido tiene que comunicar por gestos lo siguiente: "¡He olvidado regar las plantas, hay que hacerlo todos los días, ½ litro de agua!" El resto del grupo tiene que descodificar el mensaje.

Ejercicio 2: una conversación ...
Una conversación, en una situación determinada, en la que se sustituyen los nombres de las cosas por un gesto que lo represente (también puede estar acompañado por un sonido onomatopéyico).

---

[1] Muy relevante para el aula de ELE ya que "el mundo hispano es una cultura de contacto, de proximidad entre los participantes en un diálogo, donde el espacio vital que un hablante necesita para sentirse cómodo en una conversación, es reducido" (Boquete & Medina 2018, 29).

... en el supermercado:
Persona A*:* Llega a un supermercado y quiere comprar: jabón, desodorante, café, manzanas, una bolsa de patatas fritas, mantequilla. (Atención, no se puede usar las palabras que nombran los objetos o sus características. Se tiene que hacer entender por gestos y sonidos).
Persona B: Es la dependienta/el dependiente de un supermercado y tiene que descodificar las cosas que la otra persona necesita.

... en la tienda de deportes:
Persona A*:* Llega a una tienda de deportes y quiere comprar: una raqueta de tenis, un gorro de piscina, unas gafas de piscina, unas botas de fútbol, una camiseta, una toalla, una mochila. (Atención, no se pueden usar las palabras que nombran los objetos o sus características. Hay que darse a entender mediante gestos y sonidos).
Persona B*:* Es la dependienta/el dependiente de la tienda de deportes y tiene que descodificar las cosas requeridas.

... en la ferretería
Persona A*:* Llega a una ferretería y quiere comprar: unas tijeras, diez tornillos, un martillo, un destornillador, un taladro, un pincel, una escoba. (Atención, no se pueden usar las palabras que nombran los objetos o sus características. Hay que darse a entender mediante gestos y sonidos).
Persona B: Es la dependienta/el dependiente de la ferretería y tiene que descodificar las cosas requeridas.

(c) Ejercicios y escenas de improvisación
Según Johnstone (2002 [1979]) y Walter (2014, 234) entendemos la improvisación teatral como escenificaciones espontáneas que se desarrollan sin ningún texto de base. No obstante, pueden oscilar en el grado de intervención, pudiendo tratarse de improvisaciones libres, semidirigidas o dirigidas. La dirección de la escena improvisada no debe entenderse como un guion. Se trata, por así decirlo, de ideas, acotaciones e impulsos que tienen los actores antes de salir o durante el desarrollo de la escena. Consideramos que el grado de dirección depende mucho

de la experiencia del grupo con la improvisación teatral. Proponemos por ello una serie de ejercicios de improvisación dirigida y semidirigida. Diferenciamos entre ejercicio y escena. El ejercicio suele trabajar un aspecto en concreto, se aplica en colectivo y tiene carácter de entrenamiento. La escena, por el contrario, ya es una 'obra' ya que se improvisa ante un público (el propio grupo).

Ejercicio de improvisación dirigida: sentimientos extremos
Se asignan números a los siguientes actos comunicativos y sentimientos:
- 1 = discutir acaloradamente;
- 2 = reír desaforadamente;
- 3 = dolor físico intenso;
- 4 = miedo, pavor desmedido.

El grupo va caminando por el espacio (el aula) y al escuchar el número tiene que reaccionar a su forma e interactuar con los demás.

Ejercicio de improvisación semidirigida: encuentros
El grupo va caminando por el espacio (el aula), los participantes se encuentran en parejas. El profesor o la profesora anuncia el motivo del encuentro:
- 1 = ¡Os encontráis después de 10 años!
- 2 = Hay que transmitir una muy buena noticia.
- 3 = Hay que comunicar una muy mala noticia.
- 4 = Necesitas que te presten 20€.

A partir de ahí hay que improvisar la escena. Este ejercicio puede hacerse en grupo (varias escenas a la misma vez) o individualmente. Otra variación sería que solo las parejas saben lo que tienen que improvisar y el público ha de adivinar el motivo del encuentro.

Escena de improvisación dirigida (actúan dos personas)
En las escenas de improvisación (dirigida, semi-dirigida y libre) no solo aumenta progresivamente el grado de improvisación, es decir, el involucramiento individual de las y los estudiantes, si no que también nos acercamos mucho más a lo que llamamos 'teatro'. Como ya hemos mencionado con respecto al enfoque en el producto, esto significa que hay que tener en cuenta los aspectos formales

de la escena igual que el contenido de la misma (p.ej. *En el parque*). Por tanto hay que considerar una preparación escenográfica: Actuación frente a un público (el resto del grupo), preparación de un espacio adecuado (escenario, sillas en fila, etc.), etc. Después de la actuación se da espacio a una reflexión literaria sobre la puesta en escena. La reflexión debe considerar la forma y el contenido. Esto distingue la escena de improvisación del juego de rol. No solo presentamos un diálogo, si no que lo actuamos – y reflexionamos posteriormente los efectos de la dramaticación.

En el parque
Persona A: Estás sentado/a en un banco del parque leyendo el periódico y un/a señor/a con aspecto extranjero se sienta a tu lado y empieza a leer por encima del hombro.
Persona B: Vas paseando por el parque y te sientas al lado de una persona que está leyendo el periódico. No tienes dinero para comprar uno y tienes que leer las ofertas de empleo porque necesitas trabajo. Eres extranjero.

Escena de improvisación semidirigida (actúan dos personas)
En el restaurante:
Persona A: Eres el o la cliente en un restaurante. Te encuentras un pelo en la comida.
Persona B: Eres la camarera/el camarero. Tienes muchos problemas y necesitas tu trabajo. Eres muy amable con la o el cliente y haces todo para que no te echen del trabajo.

El examen:
Persona A: Eres el o la profesor/a. Descubres a B copiando en el examen. Tienes la obligación legal de comunicarlo a la dirección del centro.
Persona B: Eres la o el estudiante. En el examen copias de tu compañero/a. Para ti es sumamente importante aprobar porque quieres entrar a la universidad. Haces todo para evitar problemas.

Escena de improvisación libre (varias personas actúan)

Antes de comenzar se indica a los participantes que escriban en un papel: una palabra, una frase, un título, etc. Después se toma un papel al azar, se lee en voz alta y los participantes deben comenzar una improvisación teatral teniendo en cuenta esa premisa.

Reflexión final

Hemos hecho una propuesta metodológica, basada en los preceptos del teatro aplicado, mediante el uso de técnicas dramáticas enfocadas a desarrollar la comunicación literaria en el aula de LE. Nuestro objetivo es el de proponer pequeños módulos de ejercicios teatrales en los que las alumnas y los alumnos viven el proceso y los resultados como creaciones propias. El uso y desarrollo de sus competencias lingüísticas en la lengua meta son un efecto muy bienvenido y también intencionado; no obstante, no deja de ser secundario. El enfoque debe de estar en la creación dramática, en la teatralización de la comunicación, pues, como indicamos en la introducción, es en la calidad literaria del enunciado en la que merece la pena detenerse. La dramatización nos permite repetir, exagerar, y ridiculizar, sin perder la motivación (hasta que salga), un gesto, una palabra un acto comunicativo, etc. Son entonces las características de la dramatización vividas las que provocan reflexiones literarias entre las y los participantes.

Los ejercicios mostrados deben comprenderse como parte de un conjunto mucho más amplio, cuyo fin último podría ser la puesta en escena de uno o varios textos surgidos como resultado de todo el proceso. La dramatización puede convertirse en puesta en escena y ser expuesta en público o compartida con otros grupos. Aunque, como ya se ha indicado, los escenarios y los fines del teatro aplicado son diferentes a los del teatro convencional y pueden por ende usar todo tipo de formas aplicables al contexto didáctico.

Las tareas teatrales permiten además centrarnos en pequeños detalles, a veces tan decisivos, de la comunicación (entonación, gesto, uso del espacio, etc.); en las improvisaciones podemos destacarlos y jugar con ellos, cada quien, mostrando su personalidad, cada quien a su manera. Se nos permite así fomentar las competencias expresivas y comunicativas, teniendo en cuenta los requisitos individuales de los estudiantes, hecho que hace ostensivo el proceso individual de aprendizaje. Con el enfoque en el proceso creativo en la enseñanza de lengua y literatura extranjeras hacemos que nuestras y nuestros estudiantes se familiaricen con lo literario a través de sus propias creaciones. Con el aprendizaje creativo y la mirada en el proceso de creación los acercaremos mucho más a un entendimiento maduro del producto final, al propio texto literario.

Bibliografía

BERCEBAL, Fernando & DE PRADO, David & LAFERRIÉRE, Georges & MOTOS, Tomás. 2000. *Sesiones de trabajo con los pedagogos de hoy*. Ciudad Real: Editorial Ñaque.

BOAL, Augusto. 2013 [1979]. *Theater der Unterdrückten*. Frankfurt a.M.: Suhrkamp Verlag.

BOQUETE MARTÍN, Gabino & DEL VALLE LUQUE, Victoria. 2017. "El teatro aplicado a la enseñanza de ELE", en: *Hispanorama* 158, 84-89.

BOQUETE MARTÍN, Gabino & MEDINA ORELLANA, Juan Manuel. 2018. "La importancia de la voz, el gesto, la acción y la palabra en la comunicación", en: Ministerio de Educación y Formación Profesional. ed. *El teatro como atajo pedagógico. Cuadernos ELtE 2017*, 26-32; https://publicacionesoficiales.boe.es/, 11.12.2019.

CASPARI, Daniela. 2005. "Kreativitätsorientierter Umgang mit literarischen Texten – revisited", en: *Praxis Fremdsprachenunterricht* 6, 12-16.

DEL VALLE LUQUE, Victoria. 2016. "Text- und Medienkompetenz", in: Bär, Marcus & Franke, Manuela. edd. *Spanisch Didaktik*. Berlin: Cornelsen, 110-139.

JOHNSTONE, Keith. 2002 [1979]. *Improvisation und Theater*. Berlin: Alexander Verlag.

MOTOS, Tomás. 2006. "Creatividad en arte dramático", en: De la Torre, Saturnino & Violant, Verónica. edd. *Comprender y Evaluar la creatividad*. Vol. 1. Málaga: Aljibe, 389-400.

MOTOS, Tomás. 2013. "Otros escenarios para el teatro: el teatro aplicado", en: Motos, Tomás & Stronks, Dianne & Navarro, Antoni & Ferrandis, Domingo. edd. *Teatro en la educación: pedagogía teatral (73)*. Ciudad Real: Ñaque editores, 1-18.

RAE. 2019. "Literatura", en: *Diccionario de la lengua española*. Edición del Tricentanario (RAE); https://dle.rae.es/literatura, 11.12.2019.

SANTOS SÁNCHEZ, Diego. 2010. *Teatro y enseñanza de lenguas*. Madrid: Arco Libros.

SCHEWE, Manfred. 2014. "Für das Ästhetische einen Ort schaffen. DaF als Bauhaus – ein Vorentwurf", en: Bernstein, Nils & Lerchner, Charlotte. edd. *Ästhetisches Lernen im DaF-/DaZ-Unterricht*. Göttingen: Universitätsverlag, 167-177.

RAE. 2019. "Verbal", en: *Diccionario de la lengua española*. Edición del Tricentanario (RAE); https://dle.rae.es/verbal, 11.12.2019.

WALTER, Maik. 2014. "Mit Worten Räume bauen: Improvisationstheater und szenische Wortschatzvermittlung", en: Bernstein, Nils & Lerchner, Charlotte. edd. *Ästhetisches Lernen im DaF-/DaZ-Unterricht*. Göttingen: Universitätsverlag, 233-247.

LITERARISCHE TEXTE
IN ZENTRALEN PRÜFUNGEN

Wie steht's um die Literatur im Spanischabitur? Eine Analyse schriftlicher Abituraufgaben aus vier Bundesländern
Frank Schöpp (Würzburg)

1. Einleitung

Die seit Anfang der 2000er Jahre den fremdsprachendidaktischen Diskurs dominierende Standardorientierung stellt, wie Hallet (2017, 235) zu Recht bemerkt, aus verschiedenen Gründen eine „Herausforderung" für die Literaturdidaktik dar. Drei zentrale Aspekte in diesem Kontext sind

a) die Marginalisierung der Literatur „durch eine Reduktion des Begriffs der kommunikativen Kompetenz auf die Anforderungen alltagsweltlicher Kommunikationssituationen" (ebd., 233),

b) „die Frage nach dem [...] Bildungswert der Literatur" (ebd.) sowie

c) das Problem der Überprüfbarkeit der an literarischen Texten entwickelten Kompetenzen durch standardisierte Testverfahren (vgl. ebd.).

Eine Reihe von Autorinnen und Autoren äußern insbesondere in den Jahren zwischen dem Erscheinen der Bildungsstandards für die erste Fremdsprache für den Mittleren Schulabschluss (KMK 2004) und den Abiturstandards (KMK 2012) ihre Sorgen um den Platz der Literatur im Fremdsprachenunterricht. Stellvertretend für zahlreiche Publikationen sei hier auf Rössler (2008) verwiesen. Die Autorin stellt die Entwicklung fest, „literarische Texte im Besonderen und fiktionale Welten im Allgemeinen als Gegenstände des Französisch- und Spanischunterrichts zur Disposition zu stellen" (ebd., 52). Zwar würden diese nicht als Gegenstand des Fremdsprachenunterrichts ausgeschlossen,

> aber Sach- und Gebrauchstexte, die den lebensweltlichen Bezug des Französisch- und Spanischunterrichts sicherstellen sollen – und deren Einsatz sich einem pragmatisch-utilitaristischen Verständnis von Fremdsprachenlernen verdankt [...] – rücken zunehmend ins Zentrum der Curricula (ebd.).[1]

Auf die o. g. Herausforderung für die Literaturdidaktik haben die Vertreterinnen und Vertreter der Fachdidaktiken der modernen Fremdsprachen unterschiedlich

---

[1] Der Frage nachzugehen, wie sich diese Beobachtung Rösslers im Unterrichtsalltag auswirkt, dürfte interessante Ergebnisse versprechen.

reagiert. Zwei überzeugende, unterschiedliche, aber sich nicht ausschließende Antworten geben Steinbrügge (2015) sowie Diehr und Surkamp (2015). Steinbrügge (2015, 7) setzt sich zum Ziel, zu zeigen, dass „die Literatur etwas kann, was nur die Literatur kann":

> [D]as *entscheidende* Kriterium für die Auswahl eines Textes ist im Fremdsprachenunterricht nicht sein Inhalt, sondern seine sprachliche Form. Fremdsprachenlehrerinnen und -lehrer dürfen nicht so tun, als gäbe es dieses aufdringliche Eigenleben des Signifikanten nicht, sondern sie müssen im Gegenteil dem Signifikanten dieses Eigenleben gestatten und darin gerade das fremdsprachendidaktische Potenzial erkennen. Dieses Kriterium erfüllen Texte, die eine hohe sprachliche Dichte aufweisen, oder, um es mit den Strukturalisten zu sagen, einen hohen Grad an *Poetizität* oder *Literarizität*. Das heißt, der Text hat bestimmte Merkmale, die bewirken, dass die Sprache abweicht von der Alltagssprache (ebd., 9; Hervorhebungen im Original).

Der Autorin zufolge belohnen literarische Texte das für das Fremdsprachenlernen charakteristische „langsame, wiederholte, stockende und zögernde Lesen" (ebd., 10), da sie beispielsweise Leer- und Unbestimmtheitsstellen aufweisen, die gerade zu einem mehrfachen Lesen einladen. Sie betont explizit, dass literarische Texte im Fremdsprachenunterricht nicht der Entwicklung einer „literarischen Bildung, sondern dem Spracherwerb" (ebd.) dienen. Ihre Forderung nach einem „Kanon an sprachlich hochstrukturierten Texten" (ebd.) für fortgeschrittene Lernende ist konsequent und ausdrücklich zu unterstützen.[2]

Eine andere Reaktion auf die o. g. Herausforderungen findet sich bei Diehr und Surkamp (2015, 25), die eine Modellierung von auf das literarische Lesen bezogenen Kompetenzen versuchen.[3] Diehr und Surkamp (ebd.) fokussieren in ihrem Modell aus Gründen der Überschaubarkeit ausschließlich die Besonderheiten literarischer Rezeptionsprozesse, wobei sie mit Blick auf reale Lektüre- und Interpretationsprozesse explizit auf deren Interaktion mit anderen Fähigkeiten und Fertigkeiten hinweisen (ebd., 24):

---

[2] Steinbrügge nimmt im Zusammenhang mit dieser Forderung keine Differenzierung nach Alter bzw. Lernjahr vor, was ich insofern problematisch finde, als jüngere Lernende, etwa Siebtklässler im zweiten Lernjahr, durch sprachlich hochstrukturierte Texte demotiviert werden können.

[3] Ein anderes, häufig rezipiertes Modell wurde z. B. von Burwitz-Melzer (2007) zur Diskussion gestellt.

Wie steht's um die Literatur im Spanischabitur?

Der spezifisch literarische Charakter der angestrebten literaturbezogenen Kompetenzen manifestiert sich [...] insbesondere in drei Bereichen: im motivational-attitudinalen, im ästhetisch-kognitiven und im sprachlich-diskursiven Bereich [...] (ebd.; siehe Abb. 1).

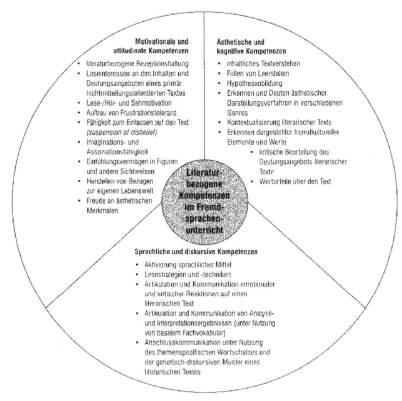

Abb. 1: Modell zur Darstellung der literaturbezogenen Kompetenzen im Fremdsprachenunterricht aus Diehr und Surkamp (2015, 25)

Das Verdienst der beiden Autorinnen besteht v. a. in der Sichtbarmachung der Kompetenzen, die sich im Fremdsprachenunterricht *ausschließlich* an literarischen Texten entwickeln lassen. „Sich kritisch mit dem Deutungsangebot eines literarischen Textes auseinanderzusetzen und unter Bezug auf den Text ein Urteil zu fällen" (ebd., 30), ist eine Kompetenz, die im Fremdsprachenunterricht ebenso zu entwickeln und zu fördern ist wie die Bereitschaft, sich überhaupt auf literarische Texte einzulassen, oder die Fähigkeit zur Artikulation der individuellen Analyseergebnisse (vgl. ebd., 29-30).

Sowohl Steinbrügge (2015) als auch Diehr und Surkamp (2015) gelingt es m. E. sehr überzeugend, das besondere Potenzial literarischer Texte für den Fremdsprachenunterricht aufzuzeigen. Ich plädiere hier für eine Verbindung der beiden auf den ersten Blick unterschiedlichen Positionen. Gemeinsam ist ihnen die Überzeugung, dass Literatur für den Fremdsprachenunterricht unverzichtbar ist. Zudem weist Steinbrügge (2015, 10) explizit darauf hin, dass beispielsweise beim Lesen eines Gedichtes „genuin literarisch-ästhetische Kompetenzen geschult" würden, sie sieht darin allerdings nicht das *zentrale* Anliegen des Einsatzes von Literatur. Dieses bestehe vielmehr darin, so die Autorin, den Lernenden die Gelegenheit zu bieten, „ihre Lesefähigkeit zu schulen" und Sprechanlässe zu ermöglichen (vgl. ebd.). Auch Diehr und Surkamp weisen in ihrem Artikel ausdrücklich auf die Notwendigkeit hin, im Rahmen der Unterrichtsplanung Aufgaben zu erstellen, die „schriftliche und mündliche Fertigkeiten ausbilden", die Autorinnen (2015, 32) betonen jedoch gleichzeitig, dass diese Aufgaben „Lernende befähigen [sollten], an dem Genuss literarischer Texte, an der Kommunikation darüber sowie an der Produktion eigener literarischer Versuche teilzuhaben".

Vor dem Hintergrund dieses Einblicks in den fachdidaktischen Diskurs soll im vorliegenden Beitrag der Frage nachgegangen werden, welche Rolle literarische Texte als Grundlage für schriftliche Abiturprüfungen im Fach Spanisch spielen. Bilden literarische Texte überhaupt die Basis für schriftliche Abiprüfungen oder werden dafür in Zeiten der Kompetenzorientierung ausschließlich Sach- und Gebrauchstexte herangezogen? Wie sind die Prüfungen aufgebaut? Gibt es spezielle literaturbezogene Kompetenzen, die Lernende entwickelt haben sollten, um gut auf die Prüfungen vorbereitet zu sein? Und inwieweit besitzen Steinbrügges (2015, 5) auf den Französischunterricht bezogene Feststellungen, „die Aufforderung, aus der Perspektive einer bestimmten Figur einen Brief oder einen inneren Monolog zu schreiben" sei zur Jahrtausendwende unvorstellbar gewesen, während sich „kreative Schreibaufgaben [...] mittlerweile geradezu standardmäßig in Oberstufenklausuren oder Abituraufgaben finden", auch für den Spanischunterricht Gültigkeit? Neben der Untersuchung des quantitativen Vorkommens literarischer Texte sowie ihrer Zugehörigkeit zu verschiedenen Gattungen und Entstehungszeiten wird auch auf die Frage nach der Herkunft der Autorinnen und Autoren (Spanien, Lateinamerika, etc.) eingegangen. Damit versteht sich dieser Artikel als ein Beitrag zur Beschreibung des Stellenwerts literarischer Texte und literaturbezogener Kompetenzen in den Prüfungen zur Allgemeinen Hochschulreife im Fach Spanisch.

2. Die Bildungsstandards

Ein kurzer Blick mit der literaturdidaktischen Brille auf die Bildungsstandards für die Abiturprüfung (KMK 2012) ist insofern interessant, als Lehrkräfte sich an diesem zentralen Dokument orientieren sollen, wenn sie eine Fremdsprache in der gymnasialen Oberstufe unterrichten und Schülerinnen und Schüler auf das Abitur vorbereiten.[4] Zudem sind die Bildungsstandards die Grundlage der Lehrpläne bzw. Curricula der Bundesländer (vgl. z. B. Hessisches Kultusministerium 2016).

Die Bildungsstandards für den Mittleren Schulabschluss (KMK 2004) wurden in den Jahren nach ihrem Erscheinen für ihre mangelnde Berücksichtigung des Umgangs mit literarischen Texten in der Sekundarstufe I von Fremdsprachendidaktikerinnen und -didaktikern zu Recht kritisiert. Stellvertretend für eine Vielzahl von Publikationen sei hier der Beitrag von Bergfelder (2007, 16) zitiert, die die Situation wie folgt zusammenfasst:

> Sowohl die Verortung des Umgangs mit literarischen Texten (als Lernbereich bzw. Weg zum Kompetenzerwerb) als auch die Integration literarischer Kompetenzen (als Teilkompetenzen fremdsprachiger Kompetenzen) sind also derzeit unbefriedigend.

Die Kritik war insgesamt glücklicherweise vehement genug und wurde von den Verantwortlichen für die Erstellung der Abiturstandards ernst genommen (vgl. Caspari 2013, 65). In Bezug auf die hier interessierende Berücksichtigung literarischer Kompetenzen findet sich bereits in der Fachpräambel der Bildungsstan-

---

[4] Wie Koch (2016, 31) betont, sind mangels spezifischer Bildungsstandards für das Spanische die Bildungsstandards für die erste Fremdsprache (Englisch/Französisch) für den Mittleren Schulabschluss „gemeinsam mit den Bildungsstandards für die fortgeführte Fremdsprache (Englisch/Französisch) für die Allgemeine Hochschulreife (2012) [...] auch für den Spanischunterricht der zentrale Orientierungsmaßstab und daher in die Spanisch-Lehrpläne der einzelnen Länder eingeflossen".

dards für die gymnasiale Oberstufe der vielversprechende Hinweis, dass die Text- und Medienkompetenz entsprechend dem Stellenwert des Umgangs mit Texten und Medien in der Sekundarstufe II „eine erhöhte Bedeutung" erhält (KMK 2012, 10). Tatsächlich stellt sie neben der funktionalen kommunikativen Kompetenz, der interkulturellen kommunikativen Kompetenz, der Sprachbewusstheit und der Sprachlernkompetenz einen der fünf Kompetenzbereiche dar. Konkret auf literarische Texte bezogen ist der vierte Standard der Text- und Medienkompetenz auf dem grundlegenden Niveau (ebd., 20): „Die Schülerinnen und Schüler können sich mit den Perspektiven und Handlungsmustern von Akteuren, Charakteren und Figuren auseinandersetzen und ggf. einen Perspektivenwechsel vollziehen". Burwitz-Melzer und Caspari (2017, 64) beschreiben den hier erwähnten Perspektivenwechsel, der mit einer literarischen Figur vollzogen wird, als einen

> hypothetischen Verstehensprozess, der sich darin manifestiert, dass der Lernende die Gedanken, Wünsche und Motive einer Figur nicht nur nachvollziehen, sondern auch selbst in Worte fassen und zu einem stimmigen Bild vervollständigen kann.

Die Lernenden müssen also neben gut entwickelten rezeptiven und produktiven kommunikativen Teilkompetenzen auch über Kompetenzen aus dem Bereich der motivationalen und attitudinalen Kompetenzen verfügen, nämlich über die Fähigkeit, sich in Figuren einzufühlen. Genau diese Kompetenz findet sich im Modell von Diehr und Surkamp (2015, 25-26).

Auch der sechste Standard ist im Kontext der Ausbildung literaturbezogener Kompetenzen relevant (KMK 2012, 20): „Die Schülerinnen und Schüler können Textvorlagen durch das Verfassen eigener – auch kreativer – Texte erschließen, interpretieren und ggf. weiterführen". Im Fremdsprachenunterricht ist demnach ausdrücklich die Kompetenz zu fördern, in Anknüpfung an einen (literarischen) Text einen eigenen Text erstellen und dabei Gattungsmerkmale berücksichtigen zu können, beispielsweise indem die Schülerinnen und Schüler die Fortsetzung einer Kurzgeschichte verfassen oder angedeutete Handlungsstränge ausführen.[5]

---

[5] Caspari (2013, 68) verweist zu Recht darauf, dass sich auch die beiden ersten Standards des erhöhten Niveaus besonders gut mit literarischen Texten entwickeln lassen.

Bei der Auswertung der Prüfungsaufgaben wird ein besonderer Fokus auf der Frage liegen, inwieweit die beiden hier zitierten Standards, die konkret auf literarische Texte zu beziehen sind, eine Rolle spielen.

3. Das Untersuchungskorpus

Für die Analyse werden im Folgenden die baden-württembergischen, bayerischen, hessischen und nordrhein-westfälischen Abituraufgaben der Jahre 2014 bis 2019 im Fach Spanisch auf das Vorkommen literarischer Texte und der dazu gehörenden Aufgabenstellungen untersucht. Was die Wahl der Bundesländer betrifft, so fällt diese auf vier der fünf bevölkerungsreichsten Länder, die sich hinsichtlich der Position, die das Fach Spanisch in der jeweiligen Sprachenfolge einnimmt, in zwei Gruppen einteilen lassen: Am häufigsten wird Spanisch an allgemeinbildenden Schulen in Nordrhein-Westfalen gelernt, wo im Schuljahr 2018/19 141.278 Schülerinnen und Schüler den Unterricht des Spanischen als zweite, dritte oder spät beginnende Fremdsprache, gelegentlich auch als erste Fremdsprache, besuchen (vgl. Statistisches Bundesamt 2019, 105). Die Verhältnisse in Hessen, das den fünften Platz in der Reihenfolge der bevölkerungsreichsten Länder belegt, sind identisch, Spanisch kann auch hier als zweite, dritte und spät beginnende Fremdsprache erlernt werden, ganz vereinzelt sogar als erste Fremdsprache in der Sekundarstufe. Dagegen nimmt Spanisch in Bayern und Baden-Württemberg, den zweit- und drittgrößten Bundesländern, die Position einer dritten und spät einsetzenden Fremdsprache ein. Eine Folge dieser unterschiedlichen Schulsprachenpolitiken ist, dass im Schuljahr 2018/19 in Hessen 41.747 Schülerinnen und Schüler Spanisch lernten, während die Zahlen in den bevölkerungsreicheren südlichen Ländern Bayern und Baden-Württemberg mit 30.969 bzw. 36.374 deutlich darunter lagen (ebd., 104). Der Anteil der Spanischlernenden an der Gesamtzahl aller Schülerinnen und Schüler betrug damit in Nordrhein-Westfalen und Hessen, den beiden Ländern, in denen Spanisch fest als zweite Fremdsprache etabliert ist, 7,33% bzw. 6,59%. In Baden-Württemberg und Bayern hingegen lag dieser Anteil lediglich bei 3,26% bzw. 2,47%.[6]

---

[6] Angesichts der Gesamtschülerzahl an allgemeinbildenden Schulen in den beiden letztgenannten Bundesländern lässt sich erahnen, in welchem Umfang das Fach Spanisch wachsen könnte, wäre das Fach dort auch als zweite Fremdsprache zugelassen.

Im untersuchten Zeitraum wurde Spanisch in Hessen und Nordrhein-Westfalen als Grund- und Leistungskursfach angeboten, während in den beiden anderen Ländern grundsätzlich keine Möglichkeit zur Schwerpunktsetzung in Form eines Leistungskurses existierte. Unter anderem diesem Unterschied ist die Tatsache geschuldet, dass die Anzahl der im Folgenden untersuchten Abiturklausuren je nach Bundesland variiert.

4. Der Aufbau der schriftlichen Abiturprüfung in den vier Bundesländern

Die Ausführungen in diesem Kapitel beziehen sich ausschließlich auf die *schriftlichen* Abiturprüfungen in den vier genannten Bundesländern im Zeitraum zwischen den Jahren 2014 und 2019. Auf eventuell existierende mündliche Prüfungsteile, wie etwa die mündliche Kommunikationsprüfung in Baden-Württemberg, wird nicht eingegangen.

In Baden-Württemberg dauert die schriftliche Abiturprüfung im Fach Spanisch inklusive der Auswahlzeit 210 Minuten und besteht aus insgesamt drei Aufgaben.[7] Die erste, *Comprensión de texto*, dient der Überprüfung des Verstehens eines spanischen Textes und erfolgt, im Unterschied zu den Prüfungen der drei anderen untersuchten Bundesländer, in Form von geschlossenen bzw. halboffenen Aufgabenformaten. Die Schülerinnen und Schüler müssen beispielsweise entscheiden, ob Aussagen richtig oder falsch sind und ihre Entscheidung anhand eines Zitats aus dem Text belegen. Ein anderes Aufgabenformat sieht die Zuordnung einzelner Aussagen zu Personen aus dem Text vor, wobei erneut die Entscheidung mittels eines Zitats zu begründen ist. Der Fokus der beiden weiteren Aufgaben liegt auf der Textproduktion, sie tragen die Bezeichnungen *Análisis* (Reorganisation oder Analyse) und *Redacción* (Kommentar oder gestaltende Interpretation). Erstere

> erfordert das eigenständige, verknüpfende bzw. vergleichende Verarbeiten und Darstellen bekannter bzw. im Ausgangstext und ggf. in (einer) weiteren Textvorlage(n) präsentierter Sachverhalte. Dies kann auch durch eine Aufgabe zur Sprachmittlung in die Ziel-

---

[7] Das im Internet verfügbare Servicepaket (Ministerium für Kultus, Jugend und Sport Baden-Württemberg 2018) informiert u. a. über die Gestaltung der Prüfungsteile.

sprache überprüft werden (Ministerium für Kultus, Jugend und Sport Baden-Württemberg 2018, 10).

Dagegen verlangt die dritte und letzte Teilaufgabe entweder eine argumentative Stellungnahme oder eine gestaltende Interpretation, also etwa das Verfassen eines Tagebucheintrags. Dies ist die einzige Teilaufgabe, bei der die baden-württembergischen Schülerinnen und Schüler eine Wahl treffen können. Sie müssen sich zwischen einer Aufgabe, die sich auf den Bereich des jeweiligen Schwerpunktthemas der Abiturprüfung bezieht, und einer zweiten Aufgabe, die einen Bezug zu einem anderen Thema aus dem Bereich der interkulturellen Kompetenz herstellt, entscheiden.

In Bayern dauerte die schriftliche Abiturprüfung im Fach Spanisch in den Jahren 2014 und 2015 240 Minuten, in den Jahren 2016 bis 2019 270 Minuten, jeweils inklusive der Auswahlzeit. 30 Minuten davon waren der Überprüfung des Hörverstehens (Prüfungsteil A) gewidmet, einem Kompetenzbereich, der im Untersuchungszeitraum kein Bestandteil der schriftlichen Abiturprüfungen Baden-Württembergs, Hessens und Nordrhein-Westfalens ist. Für die drei weiteren Prüfungsteile „Preguntas sobre el texto" (B), „Opinión/Redacción" (C) und „Mediación" (D) hatten die Schülerinnen und Schüler demnach 210 bzw., in den Jahren 2016 bis 2019, 240 Minuten Zeit. Dabei standen für die Teile B und C zwei Texte zur Auswahl: ein Sachtext und ein literarischer Text. Die drei obligatorisch zu bearbeitenden offenen „Preguntas sobre el texto" (B) bezogen sich auf den gewählten Text. Bei Prüfungsteil C bestand eine thematische Verwandtschaft zum gewählten Text, die Prüflinge konnten zwischen vier verschiedenen Aufgaben wählen, von denen eine die Beschreibung und Kommentierung einer Karikatur vorsah. Die Schülerinnen und Schüler sollten in diesem Prüfungsteil ein in der Textvorlage angesprochenes bzw. verwandtes Thema auf Grund von Wissen und Erfahrungen über den Rahmen des Textes hinaus durchdenken und in einen größeren Zusammenhang stellen. Mit Blick auf die hier interessierenden Aufgaben auf der Basis eines literarischen Textes ist festzuhalten, dass eine der drei anderen Aufgaben sich konkret auf den literarischen Text beziehen *konnte*. Die Sprachmittlungsaufgabe (D) war für alle Schülerinnen und Schüler unabhängig vom gewählten Text identisch.

In Hessen dauerte in den Jahren 2014 bis 2018 die schriftliche Abiturprüfung Spanisch im Grundkursfach (GK) 180, im Leistungskursfach (LK) 240 Minuten. In beiden Fällen standen 45 Minuten Auswahlzeit zur Verfügung, um aus den insgesamt drei Vorschlägen einen zur Bearbeitung auszuwählen. Zwei der Vorschläge enthielten reine Textaufgaben, beim dritten handelte es sich um die so genannte ‚kombinierte Aufgabe', die aus einer im Umfang verkürzten Textaufgabe in Verbindung mit einer Aufgabe zur Sprachmittlung bestand. Seit dem Jahr 2019 dauert die Prüfung – inklusive der 60-minütigen Auswahlzeit – im Grundkurs 255 Minuten und im Leistungskurs 300 Minuten. Die Prüfung besteht nun aus zwei Teilen, nämlich einer Sprachmittlungsaufgabe und einer Aufgabe, die den Titel „Schreiben mit integriertem Leseverstehen" trägt. Für letztere sah die Prüfung aus dem Jahr 2019 die Wahlmöglichkeit zwischen einem Sachtext und einem literarischen Text vor.

Die Bearbeitungszeit der Abiturklausur in Nordrhein-Westfalen beträgt 180 Minuten im Grundkurs (hier findet eine Unterscheidung zwischen Spanisch als fortgeführter, GK(f), und in der gymnasialen Oberstufe neu einsetzender Fremdsprache, GK(n), statt) und 255 Minuten im Leistungskurs (LK), zu denen jeweils 30 Minuten Auswahlzeit kommen. Den Prüflingen werden sowohl im Grund- als auch im Leistungskurs zwei Prüfungsvorschläge unterbreitet. Einer Klausur liegt ein literarischer Text zugrunde, einer anderen ein Sach- und Gebrauchstext. Dazu kommt jeweils eine Aufgabe zur Sprachmittlung.

Wie die Ausführungen zeigen, sieht eine schriftliche Abiturprüfung im Fach Spanisch – wie in den anderen modernen Fremdsprachen – auf Grund des föderalen Bildungssystems Deutschlands nicht in jedem Bundesland gleich aus. Zu den auffälligsten Unterschieden zählen die lediglich in den baden-württembergischen Abiturprüfungen zu findenden geschlossenen und halb-offenen Aufgabenformate zur Überprüfung des Textverständnisses, die nicht vorhandene Wahlmöglichkeit zwischen einem literarischen und einem Sach- und Gebrauchstext bei der Textaufgabe in Baden-Württemberg, die lediglich in Bayern obligatorische Aufgabe zum Hörverstehen sowie die Möglichkeit, in Hessen bis einschließlich 2018 die Aufgabe zur Sprachmittlung zu umgehen. Zumindest einige der festgestellten Unterschiede dürften in der ersten Hälfte der 2020er Jahre verschwinden, liefert doch die *Vereinbarung zur Gestaltung der gymnasialen*

Oberstufe und der Abiturprüfung eindeutige Richtlinien „zur Sicherung der Vergleichbarkeit der Abiturergebnisse unter den Ländern" (KMK 2018, 4). Eine der in diesem Dokument festgelegten Maßnahmen betrifft die Vereinheitlichung der Bearbeitungszeit.

5. Die Auswertung des Korpus
5.1 Die Auswertung der Prüfungstexte nach Textsorten

Um die Übersichtlichkeit zu erhöhen, erfolgt die Auswertung in Tabellenform:

Land	Literarische Texte	Sach- und Gebrauchstexte
Baden-Württemberg	2	4
Bayern	6	6
Hessen GK	8	9
Hessen LK	10	7
NRW GK(f)	6[8]	6
NRW GK(n)	6	6
NRW LK	6	6

Tab. 1: Übersicht über die Textsorten in den schriftlichen Prüfungen der Jahre 2014 bis 2019

Die quantitative Übereinstimmung zwischen Bayern, wo es im Untersuchungszeitraum keine Unterscheidung in Grund- und Leistungskurse gab, und den drei Kursformen in Nordrhein-Westfalen (GK(f), GK(n) und LK), erklärt sich durch die Tatsache, dass die Schülerinnen und Schüler in beiden Ländern in der Abiturprüfung jeweils die Wahlmöglichkeit zwischen einem literarischen Text und einem Sach- und Gebrauchstext hatten, ihnen also in jedem der sechs untersuchten Jahre eine Klausur auf der Grundlage eines literarischen Textes angeboten wurde. Die Zahlen für den Grund- bzw. den Leistungskurs in Hessen liegen et-

---

[8] Trotz intensiver Bemühungen war es nicht möglich, die nordrhein-westfälische Abituraufgabe auf der Grundlage eines literarischen Textes für den Grundkurs der fortgeführten Fremdsprache aus dem Jahr 2019 einzusehen. Sie wird in Tabelle 1 dennoch berücksichtigt, da es hier um die Frage nach der Textsorte geht; für die Auswertungen der Abiturprüfungen nach Autorinnen und Autoren bzw. Gattungen der Prüfungstexte sowie nach Operatoren muss jedoch auf diese Klausur verzichtet werden.

was höher, weil die Prüflinge in den Jahren 2014 bis 2018 zwischen drei Texten wählen konnten, von denen mindestens einer ein literarischer Text war. Seit 2019 besteht nur noch die aus Bayern und Nordrhein-Westfalen bekannte Wahlmöglichkeit zwischen zwei Klausuren: eine auf Basis eines literarischen und eine auf Basis eines Sach- und Gebrauchstextes. Einzig die schriftliche Abiturprüfung in Baden-Württemberg sieht diese Wahlmöglichkeit nicht vor, dort erhielten die Schülerinnen und Schüler im Untersuchungszeitraum lediglich zweimal Abituraufgaben, die sich auf einen literarischen Text bezogen. Unter Berücksichtigung der nicht verfügbaren nordrhein-westfälischen Prüfung aus dem Jahr 2019 (vgl. Fußnote 8) besteht das Korpus aus insgesamt 43 Klausuren auf der Grundlage eines literarischen Textes, die sich wie folgt auf die vier Bundesländer verteilen: Baden-Württemberg: 2; Bayern: 6; Hessen: 18; Nordrhein-Westfalen: 17.

5.2 Die Auswertung der literarischen Prüfungstexte nach Autorinnen und Autoren sowie nach Gattungen

Zunächst ist ein ausgewogenes Geschlechterverhältnis festzustellen (siehe Tab. 2-8): 23 Abiturprüfungen auf der Grundlage eines von einer Frau[9] verfassten literarischen Textes stehen 20 von Männern geschriebene Texte gegenüber. Auffällig ist lediglich die Situation in Bayern, wo alle sechs für den Untersuchungszeitraum ausgewählten literarischen Texte aus der Feder von Schriftsteller*innen* stammen.

Da das Korpus drei Texte von Josefina Aldecoa und je zwei Texte von Roberto Bolaño, Laura Esquivel, Almudena Grandes und Fernando Fernán Gómez enthält, beträgt die Zahl der Autorinnen und Autoren insgesamt 37. Diese 37 Schriftstellerinnen und Schriftsteller kommen aus zehn verschiedenen Ländern. Spanien führt die Liste der Herkunftsländer mit 17 Namen an. Auf dem zweiten Platz liegt mit deutlichem Abstand Chile, das mit neun Autorinnen und Autoren im Korpus vertreten ist, was sich mit der thematischen Schwerpunktsetzung einiger Bundesländer erklären lassen dürfte. Die Texte mexikani-

---

[9] Ein literarischer Text wurde von einem Autorinnen-Duo verfasst: von der Spanierin Rosa Ribas und der Deutschen Sabine Hofmann. Für die Auswertung der Nationalität der Schriftstellerinnen und Schriftsteller wurde dieser Text Spanien zugeordnet.

scher bzw. paraguayischer Schriftstellerinnen und Schriftsteller liegen drei- bzw. zweimal Abiturprüfungen zugrunde, jeweils einmal handelt es sich um Texte von Autorinnen und Autoren aus Argentinien, Costa Rica, El Salvador, Marokko, Panama und Uruguay.

Ein Blick auf die Gattung der Texte in den insgesamt 43 schriftlichen Prüfungen zeigt, dass lediglich Drama und Epik vertreten sind. Lyrische Texte fehlen hingegen vollständig. Zwischen den beiden vorkommenden Gattungen existiert ein erhebliches quantitatives Ungleichgewicht: Zwei Klausuren mit einem Auszug aus einem Theaterstück[10] stehen 41 Klausuren auf der Grundlage eines epischen Textes gegenüber. Hier dominieren ganz eindeutig Auszüge aus Romanen vor literarischen Kurzformen (*cuentos, relatos*).

Prüfungsjahr	Autor/in	Titel	Erscheinungsjahr	Gattung
2014	Josefina Aldecoa	*Historia de una maestra*	1990	novela
2018	Mario Benedetti	„Andamios"	1996	cuento

Tab. 2: Literarische Prüfungstexte nach Autorinnen und Autoren sowie nach Gattung in Baden-Württemberg (2014-2019)

Prüfungsjahr	Autor/in	Titel	Erscheinungsjahr	Gattung
2014	Josefina Aldecoa	*Historia de una maestra*	1990	novela
2015	Almudena Grandes	„El secreto de Edu"	2014	relato breve
2016	Almudena Grandes	*El lector de Julio Verne*	2012	novela
2017	Liliana Heker	„La fiesta ajena"	1991	cuento
2018	Susana López Rubio	*El encanto*	2017	novela
2019	Rosa Ribas & Sabine Hofmann	*Don de lenguas*	2013	novela policiaca

Tab. 3: Literarische Prüfungstexte nach Autorinnen und Autoren sowie nach Gattung in Bayern (2014-2019)

Prüfungsjahr	Autor/in	Titel	Erscheinungsjahr	Gattung
2014	Laura Esquivel	*Tan veloz como el deseo*	2001	novela

---

[10] Es handelt sich in beiden Fällen um Auszüge aus dem Theaterstück *Las bicicletas son para el verano* (1977) des spanischen Schauspielers, Regisseurs und Schriftstellers Fernando Fernán Gómez, die Grundlage je einer Klausur für das Grundkursfach Spanisch der Jahre 2015 und 2016 im hessischen Landesabitur waren.

2014	Adolfo Puerta Martín	*El día que me quieras*	2009	novela
2015	Roberto Bolaño	*Los detectives salvajes*	1998	novela
2015	Fernando Fernán Gómez	*Las bicicletas son para el verano*	1977	obra de teatro
2016	Fernando Fernán Gómez	*Las bicicletas son para el verano*	1977	obra de teatro
2017	Roberto Ampuero	*El último tango de Salvador Allende*	2012	novela
2018	Isabel Allende	*De amor y de sombra*	1984	novela
2019	Miguel Delibes	*El príncipe destronado*	1973	novela

Tab. 4: Literarische Prüfungstexte nach Autorinnen und Autoren sowie nach Gattung in Hessen – Grundkurs (2014-2019)

Prüfungsjahr	Autor/in	Titel	Erscheinungsjahr	Gattung
2014	Roberto Bolaño	*Los detectives salvajes*	1998	novela
2014	Alfredo Gómez Cerdá	*Noche de alacranes*	2005	novela
2015	Lucía Etxebarria	*Amor, curiosidad, prozac y dudas*	1997	novela
2015	Sandra Sabanero	*Boda mexicana*	2002	novela
2016	Carmen Martín Gaite	*Los parentescos*	2001	novela
2016	Luis Sepúlveda	„¡Salud, profesor Gálvez!"	1998	cuento
2017	Manuel Rivas	„El escape"	2002	relato breve
2017	Antonio Skármeta	*Los días del arcoíris*	2011	novela
2018	Josefina Aldecoa	*Historia de una maestra*	1990	novela
2019	Laura Esquivel	*Como agua para chocolate*	1989	novela

Tab. 5: Literarische Prüfungstexte nach Autorinnen und Autoren sowie nach Gattung in Hessen – Leistungskurs (2014-2019)

Prüfungsjahr	Autor/in	Titel	Erscheinungsjahr	Gattung
2014	Sergio Vila-Sanjuán	*Estaba en el aire*	2013	novela

Wie steht's um die Literatur im Spanischabitur?

2015	Delfina Collado Aguilar	„El niño cantor del bus"	1998	cuento
2016	Milia Gayoso	„Naomi"	2006	novela
2017	Alejandro Zambra	*Formas de volver a casa*	2011	novela
2018	Maria Leticia Rivera Pinto	*Vagabundito*	2016	novela

Tab. 6: Literarische Prüfungstexte nach Autorinnen und Autoren sowie nach Gattung in NRW – Grundkurs fortgeführt (2014-2018)

Prüfungsjahr	Autor/in	Titel	Erscheinungsjahr	Gattung
2014	Fernando Sacristán	„La próxima vez"	1998	relato
2015	Maruja Torres	„Niño en el Machu Picchu"	1993	ensayo de viaje
2016	Abderrahmán El Fathi	„El lenguaje de la felicidad"	2010	relato
2017	Carmen Boullosa	*La Milagrosa, México*	1993	novela
2018	Nelson Aguilera	*En el nombre de los niños ... de la calle*	2004	novela
2019	Rose Marie Tapia Rodríguez	*Los ángeles del olvido*	2006	novela

Tab. 7: Literarische Prüfungstexte nach Autorinnen und Autoren sowie nach Gattung in NRW – Grundkurs neubeginnend (2014-2019)

Prüfungsjahr	Autor/in	Titel	Erscheinungsjahr	Gattung
2014	Juan Marsé	*El amante bilingüe*	1990	novela
2015	Jordi Sierra i Fabra	*El hombre con un tenedor en una tierra de sopas*	1998	novela
2016	Elia Barceló	*Las largas sombras*	2009	novela
2017	Marcela Serrano	*Nosotras que nos queremos tanto*	1991	novela
2018	Carla Guelfenbein	*La mujer de mi vida*	2006	novela
2019	Pablo Neruda	*Confieso que he vivido*	1974	autobiografía

Tab. 8: Literarische Prüfungstexte nach Autorinnen und Autoren sowie nach Gattung in NRW – Leistungskurs (2014-2019)

5.3 Die Auswertung der Aufgabenstellungen nach Operatoren

Da in Baden-Württemberg die Überprüfung des Textverständnisses über geschlossene bzw. halb-offene Aufgabenstellungen erfolgt, enthält Tab. 9 keine Operatoren aus dem Anforderungsbereich I.

	Análisis	Redacción
2014	*analizar/comparar*	kein Bezug zum Text
2018	*analizar/comparar*	*redactar un mónologo interior*

Tab. 9: Literarische Prüfungstexte nach Aufgabenstellung in Baden-Württemberg (2014-2019)

Die bayerische Abiturprüfung sieht in Teil B die Beantwortung dreier Aufgaben vor, der so genannten „Preguntas sobre el texto". Von den vier zur Wahl stehenden Aufgaben aus dem Bereich „Opinión/Redacción" (Teil C) bezog sich nur in den Jahren 2014 und 2018 jeweils eine auf den literarischen Text, der die Grundlage für Teil B darstellt.

	Aufgabe 1	Aufgabe 2	Aufgabe 3	Opinión/ Redacción
2014	*describir*	*explicar*	*analizar/ examinar*	*ponerse en el lugar de alguien y redactar una carta*
2015	*describir/ explicar*	*examinar/ explicar*	*aportar ejemplos característicos del lenguaje/analizar*	kein direkter Bezug zum Text
2016	*describir/ exponer*	*presentar/ describir*	*examinar/ analizar*	kein direkter Bezug zum Text
2017	*resumir*	*exponer*	*describir/ analizar*	kein direkter Bezug zum Text
2018	*describir/ examinar*	*exponer*	*interpretar/ analizar*	*redactar una carta*
2019	*exponer*	*comparar*	*analizar*	kein direkter Bezug zum Text

Tab. 10: Literarische Prüfungstexte nach Aufgabenstellung in Bayern (2014-2019)

Die hessische Abiturprüfung bestand im Untersuchungszeitraum aus drei, im Leistungskurs in einigen Fällen aus vier Aufgaben.

	Aufgabe 1	Aufgabe 2	Aufgabe 3
2014	*describir*	*caracterizar*	*escribir un diálogo* (fiktives Treffen mit Protagonistin)

2014	*resumir*	*caracterizar/describir*	*evaluar*
2015	*resumir*	*caracterizar*	*escribir un mónologo interior*
2015	*resumir*	*caracterizar*	*evaluar*
2016	*resumir*	*caracterizar*	*justificar su opinión*
2017	*resumir*	*comparar*	*redactar un monólogo interior*
2018	*resumir*	*caracterizar*	*sopesar los argumentos a favor y en contra de*
2019	*resumir*	*caracterizar/comparar*	*redactar una carta*

Tab. 11: Literarische Prüfungstexte nach Aufgabenstellung in Hessen – Grundkurs (2014-2019)

	Aufgabe 1	Aufgabe 2	Aufgabe 3	Aufgabe 4
2014	*resumir*	*analizar/comparar*	*comentar*	keine 4. Aufgabe
2014	*presentar*	*analizar*	*comparar*	*comentar*
2015	*resumir*	*analizar/comparar*	*explicar una cita/comentar*	keine 4. Aufgabe
2015	*resumir*	*comparar*	*comentar*	keine 4. Aufgabe
2016	*resumir*	*caracterizar*	*comparar*	*comentar*
2016	*resumir*	*analizar/comparar*	*escribir las reflexiones ... en un diario*	keine 4. Aufgabe
2017	*resumir*	*exponer el trasfondo histórico de*	*caracterizar*	*comentar*
2017	*resumir*	*caracterizar*	*comparar*	*comentar*
2018	*resumir*	*caracterizar/comparar*	*comentar*	keine 4. Aufgabe
2019	*resumir*	*caracterizar/comparar*	*comentar*	keine 4. Aufgabe

Tab. 12: Literarische Prüfungstexte nach Aufgabenstellung in Hessen – Leistungskurs (2014-2019)

In Nordrhein-Westfalen bestanden die schriftlichen Abiturprüfungen auf der Grundlage eines literarischen Textes im Untersuchungszeitraum in der Regel aus drei Aufgaben, im Grundkursfach, insbesondere im Grundkurs der neu einsetzenden Fremdsprache, manchmal auch aus zwei Aufgaben.

	Aufgabe 1	Aufgabe 2	Aufgabe 3
2014	*resumir*	*analizar*	*discutir/comentar*
2015	*resumir*	*analizar*	*comentar*

2016	*describir*	*analizar*	*discutir/comentar*
2017	*resumir*	*explicar/comentar*	keine 3. Aufgabe
2018	*presentar*	*examinar*	*comentar*

Tab. 13: Literarische Prüfungstexte nach Aufgabenstellung
in NRW – Grundkurs fortgeführt (2014-2018)

	Aufgabe 1	Aufgabe 2	Aufgabe 3
2014	*resumir*	*examinar*	*explicar/comentar*
2015	*resumir*	*analizar*	*discutir/comentar*
2016	*describir*	*explicar/analizar*	*discutir/comentar*
2017	*presentar*	*comentar*	keine 3. Aufgabe
2018	*resumir*	*comentar/discutir*	keine 3. Aufgabe
2019	*presentar*	*discutir/comentar*	keine 3. Aufgabe

Tab. 14: Literarische Prüfungstexte nach Aufgabenstellung
in NRW – Grundkurs neubeginnend (2014-2019)

	Aufgabe 1	Aufgabe 2	Aufgabe 3
2014	*describir*	*analizar*	*comentar*
2015	*resumir*	*analizar*	*comentar (en comparación con...)*[11]
2016	*presentar*	*examinar*	*comentar*
2017	*resumir*	*examinar*	*comentar*
2018	*resumir*	*analizar*	*explicar/comentar*
2019	*resumir*	*analizar*	*comentar/comparar*

Tab. 15: Literarische Prüfungstexte nach Aufgabenstellung
in NRW – Leistungskurs (2014-2019)

Insgesamt gibt es in den 43 untersuchten Abiturprüfungen auf der Basis eines literarischen Textes 128 Aufgabenstellungen, die sich wie folgt auf die vier Bundesländer verteilen:

Bundesland	Zahl der untersuchten Aufgabenstellungen
Baden-Württemberg	3
Bayern	20
Hessen GK	24
Hessen LK	34
NRW GKf	14
NRW GKn	15

---

[11] Die Aufgabenstellung lautet: „Comenta la presentación de los indígenas en este texto en comparación con lo que sabes de su situación actual en Latinoamérica." Für diese Aufgabenstellung wurden bei der Analyse der Operatoren zwei Aufforderungsverben angesetzt: *comentar* und *comparar*.

NRW LK	18
∑	128

Tab. 16: Übersicht über die untersuchten Aufgabenstellungen nach Bundesländern

Bei der Auswertung der verwendeten Operatoren ist zu beachten, dass zahlreiche Aufgabenstellungen, insgesamt 32, jeweils zwei dieser Aufforderungsverben enthalten. Daher liegt die Gesamtzahl der Operatoren mit 160 deutlich über der Zahl der Aufgabenstellungen.

Anforderungsbereich	Operator	Anzahl
I	describir	11
I	presentar	6
I	resumir	27
II	analizar	21
II	aportar ejemplos característicos del lenguaje	1
II	caracterizar	12
II	comparar	16
II	examinar	8
II	explicar	8
II	exponer	5
II	interpretar	1
III	comentar	26
III	discutir	6
III	escribir/redactar	8
III	evaluar	2
III	justificar	1
III	sopesar	1
∑		160

Tab. 17: Übersicht über die Operatoren in den untersuchten Abiturprüfungen

Fast ein Drittel der Aufgabenstellungen, nämlich 44, enthalten einen von insgesamt drei Operatoren aus dem ersten Anforderungsbereich, der sich mit „Reproduktion und Textverstehen" überschreiben lässt. In mehr als der Hälfte aller Abiturprüfungen handelt es sich dabei um eine Aufgabenstellung mit dem Operator *resumir*. Deutlich abgeschlagen rangieren *describir* und *presentar* auf den Plätzen zwei und drei. Die quantitativ größte Gruppe aller Aufforderungsverben entstammt dem zweiten Anforderungsbereich, „Reorganisation und Analyse". Hier sind von den insgesamt 72 Nennungen die drei Verben *analizar*, *comparar* und *caracterizar* mit 50 Nennungen die am häufigsten verwendeten Operatoren.[12] Dem Bereich des Wertens und Gestaltens, Anforderungsbereich III, lassen sich 44 Aufforderungsverben zuordnen. In mehr als der Hälfte der Aufgabenstellungen findet sich das Verb *comentar*. Weitere nennenswerte Operatoren sind *escribir* bzw. *redactar*, die als Synonyme gewertet werden[13], sowie *discutir*. *Comentar, discutir, evaluar, justificar* und *sopesar*, die zusammen sechsunddreißigmal belegt sind, gehören allesamt zur Gruppe der Aufforderungsverben, die auf eine Überprüfung des fünften Standards der Text- und Medienkompetenz abzielen: „Die Schülerinnen und Schüler können bei der Deutung eine eigene Perspektive herausarbeiten und plausibel darstellen" (KMK 2012, 20). Auffällig ist, dass sich die Überprüfung der Standards mit allen bisher genannten Operatoren auch auf der Grundlage eines Sach- und Gebrauchstextes erreichen ließe.

Ausschließlich an literarischen Texten lässt sich hingegen der in Kapitel 2 dieses Beitrags zitierte Standard entwickeln und überprüfen, demzufolge die Lernenden in der Lage sein sollen, „sich mit den Perspektiven und Handlungsmustern von Akteuren, Charakteren und Figuren auseinander[zu]setzen und ggf. einen Perspektivenwechsel [zu] vollziehen" (ebd.). Dieser Standard findet allerdings in den 43 untersuchten Abiturprüfungen nur siebenmal Berücksichtigung. Auffällig ist, dass sich kein Beleg in einer der 17 untersuchten nordrhein-westfälischen Abiturklausuren findet. Vier der sieben Aufgabenstellungen finden sich in hessischen Prüfungen für das Grundkursfach, zwei in bayerischen und eine in einer der insgesamt nur drei baden-württembergischen:

---

[12] Der Operator *aportor ejemplos característicos del lenguaje* wird als Synonym zu *caracterizar* betrachtet.

[13] Das Verb *redactar* ist in sechs Prüfungen enthalten (je dreimal *redactar un monólogo* und *redactar una carta*), der Operator *escribir* zweimal (je einmal *escribir un diálogo* und *escribir la reflexiones ... en un diario*). Die letztgenannte Aufgabenstellung findet sich in einer hessischen Abiturprüfung im Leistungskursfach Spanisch aus dem Jahr 2016. Die vollständige Aufgabenstellung lautet: „Usted es un joven español de la edad de Baltasar. Escriba las reflexiones acerca de su propio futuro en un diario." Da hier nicht die Perspektive einer literarischen Figur eingenommen werden soll, sondern die Schülerinnen und Schüler einen Tagebucheintrag aus der Perspektive einer bzw. eines spanischen Jugendlichen verfassen sollen, liegt eine Aufgabenstellung vor, die Standard 6 aus dem Kapitel zur „Text- und Medienkompetenz" (KMK 2012) überprüft. Die Schülerinnen und Schüler sollen in der Lage sein, „Textvorlagen durch das Verfassen eigener – auch kreativer – Texte [zu] erschließen, [zu] interpretieren und ggf. weiter[zu]führen" (ebd., 20).

Redacte un monólogo desde la perspectiva de Sebastián o de Costa en el que el personaje justifica su decisión teniendo en cuenta la situación en Cochabamba presentada en *También la lluvia* y el rodaje de la película de Sebastián y de Costa (Baden-Württemberg 2018).

En una carta la maestra le comenta a su madre que está completamente desilusionada y que quiere dejar su trabajo. Póngase en el lugar de la madre y redacte una carta en la que intenta convencer a su hija para que continúe en la escuela (Bayern 2014).

Una semana más tarde Patricio le escribe una carta a un amigo asturiano y le cuenta cómo se las ha arreglado durante los primeros días en La Habana. Redacte la carta (Bayern 2018).

En Madrid usted se encuentra con Elvira que hoy tendrá unos 90 años y habla con ella sobre la función de la educación hoy en día y en el franquismo. Escriba el diálogo (Hessen GK 2014).

Usted es Dolores y acaba de hablar con su hija. Escriba el monólogo interior de Dolores (Hessen 2015 GK).

Durante el vuelo de regreso a Chile Casandra reflexiona sobre su decisión de dejar su vida en Alemania y empezar una nueva en su país de origen. Redacte el monólogo interior (Hessen GK 2017).

En el año 2019 Pablo, que ahora es abuela, escribe una carta a sus nietos en la que les habla de su relación con su padre, recién fallecido, y de aquel día en que le impusieron las insignias. Redacte la carta de Pablo (Hessen GK 2019).

6. Kreativ-produktive Aufgabenstellungen im Spanischabitur

Es ist ein Charakteristikum kreativ-produktiver Aufgabenstellungen, dass sie unterschiedliche Umsetzungsmöglichkeiten erlauben, dies wird auch bei einem Blick auf die oben aufgeführten sieben Belege aus dem Korpus deutlich. Ein Vergleich der Aufgabenstellungen zeigt, dass diese unterschiedlich ausführlich sind. Besonders aufschlussreich ist die Kontrastierung der Aufgaben aus dem hessischen Landesabitur der Jahre 2014 und 2015. Die sehr knappe Aufgabenstellung aus dem Jahr 2015 ist bis auf die Textsorte (innerer Monolog) und die Situation (nach dem Gespräch mit Dolores' Tochter Manolita) nicht weiter festgelegt. Die Lernenden müssen sich mit der Figur (Dolores) in ihrer aktuellen Situation auseinandersetzen, ihre Lage innerlich nachvollziehen, das Gespräch mit der Tochter Manolita Revue passieren lassen, Dolores' Haltung zu Manolitas Schwangerschaft untersuchen und sich fragen, welche Gefühle in Dolores vorherrschen. Beim Verfassen des inneren Monologs sollten sie sich zudem bewusst machen, dass sich Dolores' Aufgewühltheit sprachlich in kurzen, unvollständigen, reihenden Sätze widerspiegelt und dass der Text Gedankensprünge ebenso wie Fragen und Ausrufe enthalten kann bzw. sollte. Mit Blick auf die Korrektur dieses Prüfungsteils ist davon auszugehen, dass Lehrkräfte hier ausgesprochen unterschiedliche Lösungsvorschläge lesen werden. Diese Unterschiede können sich zum einen auf den Umfang sowie die sprachliche Komplexität des inneren Monologs beziehen, darüber hinaus auch auf den Grad der Bezugnahme auf den Ausgangstext und natürlich auf die kreative Ausgestaltung des Textes. Insbesondere dieser letztgenannte Aspekt dürfte dazu führen, dass sich Korrigierende mit der Problematik der Vergleichbarkeit der inneren Monologe konfrontiert sehen. Tatsächlich enthalten die für die Lehrkraft bestimmten Lösungs- und Bewertungshinweise die Information, dass unterschiedliche Wege möglich sind. Ein denkbarer inhaltlicher Schwerpunkt ist Dolores' Sorge über Manolitas Schwangerschaft und deren Zukunft als alleinerziehende Mutter, ein anderer könnte in Gedanken über ihre eigene Rolle als zukünftige Großmutter bestehen.

Die Aufgabenstellung aus dem hessischen Abitur im Grundkurs 2014 unterscheidet sich von der soeben erläuterten, abgesehen davon, dass hier ein Dialog zu verfassen ist, in einem wesentlichen Aspekt: Sie enthält eine konkrete Angabe zum Gesprächsgegenstand, nämlich „la función de la educación hoy en día y en el franquismo". Selbstverständlich werden auch hier zum Teil recht ungleiche Schülerinnen- und Schülerprodukte entstehen, die Unterschiede in der sprachlichen Qualität des Textes oder der Berücksichtigung der im Originaltext enthaltenen Informationen aufweisen dürften. Die Vorgabe des Themas des Gesprächs mit Elvira dürfte jedoch die Skizzierung zumindest von Eckpunkten eines Erwartungshorizontes erlauben.

Grundsätzlich gilt es anzuerkennen, dass es sich beim vierten und in geringerem Maße auch beim sechsten Standard des grundlegenden Niveaus der Text- und Medienkompetenz um eher schwer evaluierbare Standards handelt. Vergleichsweise leicht evaluierbar ist hingegen der erste Standard, der besagt, dass die Schülerinnen und Schüler „sprachlich und inhaltlich komplexe, literarische und nicht-literarische Texte verstehen und strukturiert zusammenfassen" (KMK 2012, 20) können. Sehr treffend fassen Fäcke & Tesch (2017, 68) die Besonderheiten der Text- und Medienkompetenz mit Blick auf die Überprüfbarkeit ihrer Standards zusammen:

> Insgesamt bildet die Text- und Medienkompetenz eine Brücke zwischen Kompetenzen, die einer standardbasierten Evaluation unter enger Berücksichtigung der Objektivität, Validität und Reliabilität Rechnung tragen, und Forderungen, die Bildung, Persönlichkeitsentwicklung Jugendlicher und Auseinandersetzung mit komplexen Inhalten in der Sekundarstufe II nicht einer vermeintlich inhaltsleeren Kompetenzorientierung opfern wollen.

In quantitativer Hinsicht ist das Ergebnis der Auswertung der kreativ-produktiv ausgerichteten Aufgabenstellungen ernüchternd. Dass sich in 43 untersuchten schriftlichen Abiturprüfungen bzw. 44 Aufgabenstellungen mit einem Operator des Anforderungsbereichs III der Einfluss der Rezeptionsästhetik nur siebenmal (bzw. bei Berücksichtigung der hessischen Abiturprüfung im Leistungskursfach aus dem Jahr 2016 achtmal) in Form einer kreativen Aufgabe bemerkbar macht, ist zu bedauern, prägt dieses Modell doch seit Mitte der 1980er Jahre den Umgang mit Literatur im Fremdsprachenunterricht wie kein anderes. Steinbrügge (2015, 5) sieht in der „didaktische[n] Transformation der literaturwissenschaftlichen Rezeptionstheorie" gar einen „der gelungensten Transfers von der Wissenschaft zur Didaktik". Die eingangs zitierte Feststellung der Autorin (ebd.), kreative Schreibaufgaben würden sich „mittlerweile geradezu standardmäßig in Oberstufenklausuren oder Abituraufgaben finden", kann für die untersuchten schriftlichen Abiturprüfungen im Fach Spanisch nicht bestätigt werden.

7. Zusammenfassung der Ergebnisse und Schlusswort

Alljährlich im Frühling werden die vermeintlich unterschiedlichen Ansprüche, die die schriftlichen Abiturprüfungen der 16 Bundesländer an die Schülerinnen und Schüler in Deutschland stellen, von den Medien aufgegriffen und zum Teil recht polemisch diskutiert. Es gehört zu den Topoi dieser Debatten, dass einigen Bundesländern ein leichtes, anderen ein schwieriges Abitur attestiert wird. Tatsächlich ließen sich durch die Analyse der Abituraufgaben im Fach Spanisch eindeutige Unterschiede zwischen den vier ausgewählten Bundesländern nachweisen, die hier noch einmal zusammengefasst werden sollen.

Zunächst konnte die Existenz literarischer Texte in den schriftlichen Abiturprüfungen im Fach Spanisch belegt werden – wenn auch in unterschiedlicher

Quantität. Die von Rössler (2008) zum Ausdruck gebrachte Befürchtung, Sach- und Gebrauchstexte könnten die Literatur in den Hintergrund drängen, hat sich damit zumindest in Bezug auf die Abituraufgaben aus den vier Bundesländern nicht bewahrheitet. Es ist davon auszugehen, dass die Existenz dieser Prüfungsaufgaben auf der Grundlage literarischer Texte mit einer entsprechenden Berücksichtigung von Literatur im Unterricht einhergeht.

Was die schriftlichen Abiturprüfungen betrifft, so haben sich zum einen Unterschiede in Bezug auf deren Aufbau zeigen lassen. Diese betreffen neben der zur Verfügung stehenden Bearbeitungszeit und unterschiedlichen Aufgabenformaten zur Überprüfung des Leseverstehens (geschlossene bzw. halb-offene Aufgabenformate in Baden-Württemberg vs. offene Aufgabeformate in den drei anderen Ländern) vor allem das Vorhanden- oder Nicht-Vorhandensein von Wahlmöglichkeiten. Während den Prüflingen in Baden-Württemberg entweder ein literarischer Text oder ein Sach- und Gebrauchstext vorgelegt wird, hatten hessische Schülerinnen und Schüler in den ersten fünf Jahren des Untersuchungszeitraums, also zwischen 2014 und 2018, die Wahl zwischen drei verschiedenen Texten. Im selben Zeitraum konnten hessische Prüflinge die Aufgabe zur Sprachmittlung umgehen, in den drei anderen Bundesländern war (und ist) sie hingegen verpflichtender Bestandteil der Abiturprüfung. Ein bayerisches Alleinstellungsmerkmal ist die Integration einer Aufgabe zur Überprüfung der Hörverstehenskompetenz in die schriftliche Abiturprüfung.

Zum anderen konnte gezeigt werden, dass die Kompetenz, die Perspektive einer literarischen Figur zu übernehmen und aus deren Sicht einen Text zu verfassen, eine vergleichsweise unbedeutende Rolle in den untersuchten Prüfungen spielt. Besonders auffällig ist der Befund für das Land Nordrhein-Westfalen, das seinen Schülerinnen und Schüler zwar eine Wahlmöglichkeit zwischen einem literarischen und einem Sach- und Gebrauchstext bietet, für das sich aber in keiner der 17 ausgewerteten Abiturklausuren eine Aufgabe zur Perspektivenübernahme belegen lässt. Ein Grund für die insgesamt geringe Zahl von kreativ-produktiven Aufgaben in den schriftlichen Abiturprüfungen könnte in der Schwierigkeit ihrer Evaluation bestehen. Der Spanischunterricht würde allerdings eine unangemessene Verengung erfahren, wenn man zugunsten eines hohen Maßes an Objektivität und Reliabilität auf offene und darüber hinaus sogar auf kreative Verfahren verzichten würde (Fäcke & Tesch 2017, 67).[14]

Es bleibt zu hoffen, dass im Unterricht aller modernen Schulfremdsprachen auch weiterhin literarische Texte eine zentrale Rolle spielen werden und sich ihre Bedeutung auch in zentralen Abschlussprüfungen widerspiegelt. Gleichzeitig wäre es aus Sicht der Literaturdidaktik wünschenswert, dass kreativ-produktive Aufgabenstellungen in diesem Zusammenhang eine deutliche Aufwertung erfahren würden. Unbeschadet der Tatsache, dass ihre Bewertung infolge weiter gefasster Umsetzungsmöglichkeiten anderen Prinzipien folgt als ein *resumen* oder eine Charakterisierung, besitzen diese Aufgaben eine Existenzberechtigung im Kontext des institutionellen Fremdsprachenlernens.

Bibliographie

BERGFELDER, Angela. 2007. „Literarische Texte in der Sekundarstufe I. Eine Standortbestimmung im Zeitalter der Bildungsstandards", in: *Praxis Fremdsprachenunterricht* 4/3, 13-17.

BURWITZ-MELZER, Eva. 2007. „Ein Lesekompetenzmodell für den fremdsprachlichen Literaturunterricht", in: Bredella, Lothar & Hallet, Wolfgang. edd. *Literaturunterricht, Kompetenzen und Bildung*. Trier: Wissenschaftlicher Verlag, 127-157.

BURWITZ-MELZER, Eva & CASPARI, Daniela. 2017. „Text- und Medienkompetenz", in: Tesch, Bernd & von Hammerstein, Xenia & Stanat, Petra & Rossa, Henning. edd. *Bildungsstandards aktuell: Englisch/Französisch in der Sekundarstufe II*. Braunschweig: Diesterweg, 56-83.

CASPARI, Daniela. 2013. „,Literatur' in offiziellen Vorgaben für den Fremdsprachenunterricht: Ein Vergleich des Berliner Rahmenplans (1984), der Bildungsstandards (2003), der EPA (2002/04) und der Abiturstandards (2012)", in: Grünewald, Andreas & Plikat, Jochen & Wieland, Katharina. edd. *Bildung – Kompetenz – Literalität. Fremdsprachenunterricht zwischen Standardisierung und Bildungsanspruch*. Seelze: Kallmeyer & Klett, 60-73.

DIEHR, Bärbel & SURKAMP, Carola. 2015. „Die Entwicklung literaturbezogener Kompetenzen in der Sekundarstufe I: Modellierung, Abschlussprofil und Evaluation", in: Hallet, Wolfgang & Surkamp, Carola & Krämer, Ulrich. edd. *Literaturkompetenzen Englisch. Modellierung – Curriculum – Unterrichtsbeispiele*. Seelze: Kallmeyer & Klett, 21-40.

FÄCKE, Christiane & TESCH, Bernd. 2017. *Die standardbasierte Abiturprüfung Französisch. Prüfungsaufgaben in Theorie und Praxis*. Seelze: Kallmeyer & Klett.

HALLET, Wolfgang. 2017. „Literaturdidaktik", in: Surkamp, Carola. ed. *Metzler Lexikon Fremdsprachendidaktik. Ansätze – Methoden – Grundbegriffe*. Stuttgart: Metzler, 233-237.

---

[14] Die Autorin und der Autor formulieren diese Position in Bezug auf den Französischunterricht, sie ist allerdings auf die Situation aller modernen Fremdsprachen übertragbar.

HESSISCHES KULTUSMINISTERIUM. 2016. *Kerncurriculum gymnasiale Oberstufe Spanisch*; https://kultusministerium.hessen.de/sites/default/files/media/hkm/kcgo-sp_gymnasiale_ob erstufe.pdf, 12.12.2019.

KMK = Sekretariat der Ständigen Konferenz der Kultusminister der Länder in der Bundesrepublik Deutschland. 2004. ed. *Bildungsstandards für die erste Fremdsprache (Englisch/ Französisch) für den Mittleren Schulabschluss*. Beschluss der Kultusministerkonferenz vom 4.12.2003. München: Luchterhand; https://www.kmk.org/fileadmin/Dateien/veroef fentlichungen_beschluesse/2003/2003_12_04-BS-erste-Fremdsprache.pdf, 12.12.2019.

KMK = Sekretariat der Ständigen Konferenz der Kultusminister der Länder in der Bundesrepublik Deutschland. 2012. ed. *Bildungsstandards für die fortgeführte Fremdsprache (Englisch/Französisch) für die Allgemeine Hochschulreife*. Beschluss der Kultusministerkonferenz vom 18.10.2012; https://www.kmk.org/fileadmin/Dateien/veroeffentlichungen_be schluesse/2012/2012_10_18-Bildungsstandards-Fortgef-FS-Abi.pdf, 12.12.2019.

KMK = Sekretariat der Ständigen Konferenz der Kultusminister der Länder in der Bundesrepublik Deutschland. 2018. Vereinbarung zur Gestaltung der gymnasialen Oberstufe und der Abiturprüfung (Beschluss der Kultusministerkonferenz vom 07.07.1972 i. d. F. vom 15.02.2018); https://www.kmk.org/fileadmin/Dateien/veroeffentlichungen_beschluesse/ 1972/1972_07_07-VB-gymnasiale-Oberstufe-Abiturpruefung.pdf, 12.12.2019.

KOCH, Corinna. 2016. „Hörverstehen, Hörsehverstehen und Leseverstehen – theoretisch und praktisch", in: Bär, Marcus & Franke, Manuela. edd. *Spanisch-Didaktik: Praxishandbuch für die Sekundarstufe I und II*. Berlin: Cornelsen, 26-43 und 211-222.

MINISTERIUM FÜR KULTUS, JUGEND UND SPORT BADEN-WÜRTTEMBERG. 2018. *Abiturprüfung in den modernen Fremdsprachen an Gymnasien der Normalform und Aufbauform mit Internat ab Abitur 2014. Servicepaket*; https://km-bw.de/,Lde/Startseite/Schule/Abitur_BW, 12.12.2019.

N.N. 2018a. *Abitur. Original-Prüfungsaufgaben mit Lösungen. Gymnasium Baden-Württemberg. Spanisch*. Hallbergmoos: Stark.

N.N. 2018b. *Abitur. Original-Prüfungsaufgaben mit Lösungen. Gymnasium, Gesamtschule NRW. Spanisch*. Hallbergmoos: Stark.

N.N. 2019a. *Abitur. Original-Prüfungsaufgaben mit Lösungen. Gymnasium Baden-Württemberg. Spanisch*. Hallbergmoos: Stark.

N.N. 2019b. *Abitur. Original-Prüfungsaufgaben mit Lösungen. Gymnasium, Gesamtschule NRW. Spanisch*. Hallbergmoos: Stark.

RÖSSLER, Andrea. 2008. „Standards ohne Stoff? Anmerkungen zum Verschwinden bildungsrelevanter Inhalte aus den curricularen Vorgaben für den Französisch- und Spanischunterricht", in: Lüger, Heinz-Helmut & dies. edd. *Wozu Bildungsstandards? Zwischen Input- und Outputorientierung in der Fremdsprachenvermittlung* (Beiträge zur Fremdsprachenvermittlung, Sonderheft 13). Landau: Empirische Pädagogik, 35-58.

STATISTISCHES BUNDESAMT. 2019. *Bildung und Kultur. Allgemeinbildende Schulen. Schuljahr 2018/19*; https://www.destatis.de/DE/Themen/Gesellschaft-Umwelt/Bildung-Forsch ung-Kultur/Schulen/Publikationen/Downloads-Schulen/allgemeinbildende-schulen-211010 0197004.pdf?__blob=publicationFile, 12.12.2019.

STEINBRÜGGE, Lieselotte. 2015. „Das didaktische Potenzial von literarischen Texten im Fremdsprachenunterricht", in: *französisch heute* 46/3, 5-10.

STELLENWERT UND EINSATZ VON LITERATUR IN DER LEHRERAUSBILDUNG

Funktionen von Literatur im Spanischunterricht aus der Sicht von Lehramtsstudierenden
Manuela Franke (Potsdam)

1. Einleitung

Die Diskussionen über Literatur im Fremdsprachenunterricht (FSU) sind vielseitig. Jede Reform des Fremdsprachenunterrichts hatte auch eine „Neujustierung und Neubewertung" (vgl. z. B. Krumm 2003, 16; Steinbrügge 2016, 8) ihres Stellenwerts zur Folge. In den vergangenen Jahrzehnten standen die Rolle und die Funktion von Literatur im Kontext der Kompetenzorientierung ebenfalls immer wieder auf dem Prüfstand (vgl. hierzu beispielsweise den Band von Bredella & Hallet 2007), wobei die Frage nach der Rolle aufkam, die Literatur vor dem Hintergrund des veränderten Zu- und Umgangs mit ihr im modernen Fremdsprachenunterricht spielen soll und kann. Lehrende an Universitäten sind damit betraut, angehende Spanischlehrinnen und -lehrer in die Lage zu versetzen, professionellen und kompetenzorientierten Fremdsprachenunterricht zu gestalten, dies beinhaltet auch einen didaktisch sinnvollen Umgang mit Literatur. Vor allem im Rahmen des Praxissemesters bietet sich für Studierende die Möglichkeit, theoretische Kenntnisse in der Unterrichtspraxis anzuwenden.

In diesem Beitrag wird eine empirische Studie vorgestellt, die im Sommersemester 2019 an der Universität Potsdam mit Studierenden im Praxissemester Master durchgeführt wurde. Das Ziel der Erhebung war es, die Rolle zu erfassen, die angehende Spanischlehrende Literatur im Fremdsprachenunterricht vor bzw. nach dem Praxissemester zuschreiben. Es wird hierbei folgenden Fragen nachgegangen:
1. Welche Genres bewerten die Studierenden als für den Spanischunterricht relevant?
2. Welche Funktionen schreiben sie Literatur im Spanischunterricht zu?
3. Welche Auswahlkriterien legen sie bei der Wahl der für den Fremdsprachenunterricht relevanten Genres an?
4. Welchen Einfluss haben die Erfahrungen während des Praxissemesters auf ihre Überlegungen?

Die Ergebnisse der Studie sollen Auskünfte darüber geben, inwiefern Studierende ihre im Studium erworbenen theoretischen Kenntnisse für die Praxis anwendbar machen und welche Überlegungen sie in diesem Zusammenhang anstellen. Durch die Erhebung vor dem Praxissemester können Rückschlüsse auf „didaktische Unterrichtserwartungen" der Studierenden geschlossen werden, die auf bereits erworbenen fachwissenschaftlichen und fachdidaktischen Kenntnissen beruhen. So können didaktische Überlegungen, die die Studierenden vor der intensiven Praxiserfahrung anstellen, sichtbar gemacht werden. Basierend auf der Vorgehensweise der Studierenden bei der Verbindung von theoretischem Wissen mit konkreten praktischen Überlegungen kann zukünftig eine gezieltere Vorbereitung der Studierenden auf das Praxissemester im entsprechenden Vorbereitungsseminar erreicht werden.

Durch die Erhebung nach dem Praxissemester wird der Einfluss der Schulerfahrung auf die didaktischen Denkstrukturen der Studierenden deutlich. Diese zugrunde legend kann eine sukzessive Begleitung des Praxissemesters entworfen werden, die ausgehend von den Ausgangbedingungen der Studierenden eine Kompetenzsteigerung begleitet und sie zur Reflexion des eigenen unterrichtlichen Handelns anleitet.

2. Die Rolle der Literaturwissenschaft in der universitären Lehramtsausbildung

Die Konsequenzen der Kompetenzorientierung für die Verwendung von Literatur im Fremdsprachenunterricht werden unterschiedlich diskutiert (vgl. z. B. Neuhofer 2018, 102). Besonders problematisch scheint die Diskrepanz zwischen den sprachlichen Anforderungen der Texte und dem Zielniveau der Lernenden, sodass Neuhofer zu dem Schluss kommt: „Lehrbuchtexte und ein paar mehr oder weniger authentische Zeitungsartikel scheinen [...] dann doch geeigneter" (ebd.). Schließlich müssen die Lernenden am Ende ihrer Schullaufbahn unter Beweis stellen, dass sie in der Lage sind, relativ simple Texte zu verstehen und zu verfassen; der Fokus liegt also auf der Vermittlung einer kommunikativen Kompetenz. Es geht dann eben nicht um eine Auseinandersetzung mit poetischer Sprache, Sprachspielen oder Bildsprache etc. (vgl. ebd.). Diese für Österreich getroffene Aussage lässt sich auf die Situation des Fremdsprachenunterrichts der zweiten oder gar dritten Fremdsprache in Deutschland übertragen. Auch in Deutschland gestaltet sich der Einsatz von Literatur im Fremdsprachenunterricht häufig schwierig, wenn man lediglich die Frage nach einem direkten kommunikativen Nutzen bzw. einer konkreten Anwendungsmöglichkeit stellt. Deutlich wird diese Einstellung beispielsweise anhand der Abitur-Bildungsstandards für Fremdsprachen (vgl. KMK 2012), in denen literarische Texte lediglich als Mittel zum Sprachlernen verstanden werden. Literatur dient hier einzig der Vermittlung kommunikativer Kompetenz (vgl. Hallet 2018, 131). Steinbrügge gibt jedoch zu bedenken, dass ein Fremdsprachenunterricht, der „sich an pragmatischen Zielen der Befähigung zur Kommunikation und an den Zielen interkulturellen Lernens" (Steinbrügge 2016, 17) orientiere, immer auch die Arbeit mit Literatur umfasse.[1]

Obwohl der Stellenwert von Literatur im schulischen Fremdsprachenunterricht also auch aktuell umstritten scheint, spielt sie im universitären Teil der Lehramtsausbildung weiterhin eine zentrale Rolle. Die der Literaturwissenschaft zugeschriebene Bedeutung im Lehramtsstudium[2] soll beispielhaft anhand der Leistungspunkteverteilung in der Studienordnung von 2019 für das Fach Spanisch an der Universität Potsdam skizziert werden (siehe Abb. 1 und 2).

An der Universität Potsdam sind die Leistungspunkte im Bachelor auf die Bereiche Fachdidaktik, Sprachwissenschaft, Linguistik, Sprachpraxis und Kulturwissenschaft aufgeteilt, wobei die Sprachpraxis mit 18 Leistungspunkten 30 % einnimmt. Die Fachwissenschaften sind zu gleichen Teilen vertreten, sodass die Literaturwissenschaft 26 % der im Bachelor Lehramt Spanisch zu erwerbenden Leistungspunkte umfasst. Der geringe Anteil an Leistungspunkten (9 LP) der Fachdidaktik wird durch das Masterstudium ausgeglichen, in dem 40 % der Leistungspunkte in der Fachdidaktik erbracht werden müssen. Die Literaturwissenschaft umfasst im Master nur die Hälfte der Punkte (20 LP). Fasst man den Bachelor- und Masterstudiengang zusammen, so werden 23,76 % der Leistungs-

---

[1] Die Debatte um die Rolle von Literatur im Kontext der Kompetenzorientierung kann an dieser Stelle lediglich angerissen werden (vgl. hierzu ausführlich z. B. Surkamp 2012).
[2] Die geschichtliche Entwicklung der Literaturwissenschaft im Kontext des Lehramtsstudiums skizziert z. B. Steinbrügge (2016).

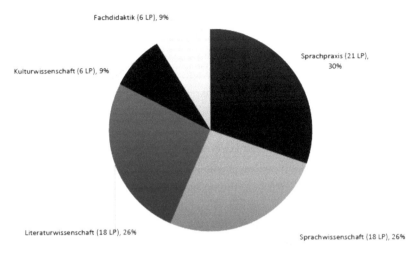

Abb. 1: Leistungspunkte pro Bereich im Bachelor Lehramt Spanisch – Universität Potsdam (vgl. Universität Potsdam 2019, 948, 953)

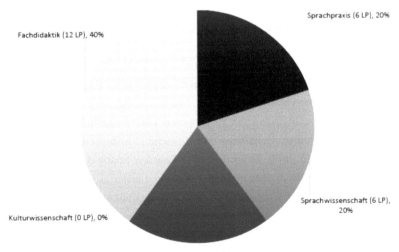

Abb. 2: Leistungspunkte pro Bereich im Master Lehramt Spanisch – Universität Potsdam (vgl. Universität Potsdam 2019, 949, 955)

punkte in den Literatur- bzw. Sprachwissenschaften, 17,82 % (ohne Praxissemester im Master[3]) in der Fachdidaktik, 5,94 % der Leistungspunkte in der Kulturwissenschaft und 26,73 % in der Sprachpraxis erbracht.

Die Relevanz fachwissenschaftlicher Inhalte im Studium erschließt sich vielen Lehramtsstudierenden nicht unmittelbar. Der universitäre Teil der Lehramtsausbildung stehe Hallet zufolge entsprechend häufig – nicht nur seitens der Studierenden – für die angeblich mangelnde Relevanz seiner Inhalte hinsichtlich der beruflichen Praxis in der Kritik. Grundlegend für diese Kritik ist der Glaube, es handele sich beim Lehramtsstudium um eine rein auf den Beruf vorbereitende Ausbildung. Was dann aber das Ziel der universitären Lehramtsausbildung sein kann, beantwortet Hallet (2018, 125) hinsichtlich der Anglistik wie folgt:

> Um diese Frage zu beantworten, muss man nach einem Wissen und Können suchen, das für ein akademisch-wissenschaftliches Studium spezifisch, zugleich aber transfertauglich ist in dem Sinne, dass es über das Studium hinaus als Grundlagenwissen in der didaktischen Praxis taugen und dienen kann.

Auch für das Lehramtsstudium der romanischen Schulfremdsprachen gilt anzunehmen, dass das Ziel der Vermittlung von Kategorien, Konzepten und Theorien ist, die Studierenden in die Lage zu versetzen, diese „auf eine Vielzahl von Gegenständen und Phänomenen anwendbar" (ebd.) zu machen. Es sollte den Studierenden demnach möglich sein, ein literarisches Werk selbständig zu analysieren und zu begreifen und es in der Folge didaktisch fundiert für Lernende aufzubereiten. Hallet definiert didaktisches Denken als bestehend aus einer bildungstheoretischen und kategorialen Dimension. So seien Lehrkräfte dazu in der Lage festzulegen, welche Kenntnisse und Fähigkeiten, warum im Fremdsprachenunterricht vermittelt werden sollen (vgl. ebd., 126). Die Fachwissenschaften dienen dabei als Grundlage für die Diskussion fachdidaktischer Fragestellungen. Die Literaturwissenschaft ist eine von mehreren Bezugswissenschaften der Fachdidaktik (vgl. Schädlich 2004, 287).[4]

Die an der hier vorgestellten Studie teilnehmenden Studierenden haben ihre literaturwissenschaftliche und auch fachdidaktische Ausbildung zum Großteil vollständig bzw. fast vollständig durchlaufen und sollten über Grundlagen-

---

[3] Das gesamte Praxissemester umfasst 24 Leistungspunkte.
[4] Ausführlich zum Verhältnis der Fachdidaktik zu den Fachwissenschaften und der entsprechenden Rolle der Fachdidaktik vgl. Hallet (2018, 129-130).

wissen hinausgehende literaturwissenschaftliche Kenntnisse haben. Es stellt sich die Frage, inwiefern sie dazu in der Lage sind, ihr vorhandenes Wissen mit den in der Schule an sie gestellten praktischen Ansprüchen in Beziehung zu setzen.

3. Studiendesign

Die Studie fand im Sommersemester 2019 an der Universität Potsdam im Rahmen des Praxissemesters Spanisch im Master statt. An der Studie nahmen insgesamt 15 Personen teil, davon acht weiblich, fünf männlich, zwei ohne Angaben. Die Studierenden waren im Alter zwischen 23 und 31 Jahren. Fünf Personen studierten als Zweitfach eine weitere Fremdsprache (Englisch oder Französisch), acht Personen machten keine Angabe zum Zweitfach, jeweils eine Studentin bzw. ein Student studierte als Zweitfach Griechisch und Latein, eine bzw. einer Wirtschaft, Arbeit und Technik (WAT) und eine bzw. einer Sport. Eine Person studierte drei Fächer (Spanisch, Englisch, WAT). Die Erhebung fand zu zwei Zeitpunkten statt. Die erste Erhebung wurde im Vorbereitungsseminar (Februar 2019) durchgeführt. Die Studierenden bekamen folgende Arbeitsaufträge:

Arbeitsauftrag 1:

Literatur im Spanischunterricht
1. Malen Sie eine Berglandschaft mit so vielen Hügeln, wie Ihnen für den Fremdsprachenunterricht relevante Genres einfallen. 2. Visualisieren Sie auf jedem Hügel ein Genre, das Sie im FSU für relevant halten. 3. Notieren Sie unter jedem Hügel das Motto des Genres.

Die zunächst geforderte bildliche Darstellung von Literatur im Fremdsprachenunterricht erfordert eine kreative Auseinandersetzung mit der Thematik, die zur Folge hat, dass eine Strukturierung und Priorisierung erfolgen muss.

Arbeitsauftrag 2:

Bitte schreiben Sie ein Essay, in dem Sie das von Ihnen gezeichnete Bild erklären und beantworten Sie dabei die folgenden Fragen: • Wie stehen Sie persönlich zu den einzelnen Genres? • Warum haben Sie was, wie, wo dargestellt?

- Welche Rolle und Funktion kommen dem jeweiligen Genre im FSU Ihrer Meinung nach zu?
- Welche Erfahrungen haben Sie im FSU bisher mit Literatur gemacht? (Ihrem eigenen Unterricht als Schülerinnen und Schüler (SuS), Praktika, etc.)

Der zweite Teil der ersten Erhebung erfolgte ebenfalls vor Antritt des Praxissemesters und nach dem Prinzip der Freiwilligkeit. Zehn Studierende (sechs weiblich, vier männlich) lasen noch einmal ihre eigenen Essays und schauten ihre Bilder an. In der Folge wurden den Studierenden individuell in mündlicher Form Rück-, Verständnis- und Interessensfragen gestellt. So hatten die Studierenden die Möglichkeit, ihre Aussagen zu erläutern und vertieft über ihre Bilder und Texte nachzudenken. Dieselben zehn Studierenden nahmen auch an der zweiten Erhebung teil und berichteten nach dem Praxissemester – ebenfalls in mündlicher Form –, wie sie die Rolle von Literatur im Spanischunterricht nach dem Praxissemester wahrnahmen. Diese zweite Erhebungsphase fand nach dem Praxissemester (Juni 2019) in Form von Interviews statt. Die Interviews begannen mit dem Anschauen der vor dem Praxissemester gemalten Bilder und Texte. Der folgende Interviewleitfaden diente als Gerüst für die Gespräche. Die Zusatzfragen ergaben sich aus Besonderheiten der jeweiligen Bilder und Essays.

Leitfaden für die Gespräche mit den Studierenden

a. Wie stehen Sie heute zu Ihren Ausführungen zur Rolle von Literatur im Spanischunterricht? Wie schätzen Sie die Relevanz der einzelnen Genres nun nach dem Praxissemester ein? Was würden Sie ergänzen/ändern/erweitern/streichen?

b. Was haben Sie in Bezug auf den Einsatz von Literatur im Spanischunterricht bei den Hospitationen im Rahmen Ihres Praxissemesters beobachten können?

c. Welche Erfahrungen haben Sie in Ihrem eigenen Unterricht gemacht? Wie haben Sie selbst in Ihrem Unterricht mit Literatur gearbeitet?

Zusätzliche Frage für: St1_Sp & St7_Sp & St9_Sp & St15_Sp

d. Inwiefern konnten Sie die Arbeit mit *microrrelatos* in Ihrem Praxissemester umsetzen und welche Erfahrungen haben Sie dabei gemacht?

> St4_Sp
> e. Welche Ideen aus dem Seminar „Literatur im Fremdsprachenunterricht" konnten Sie umsetzen und wie ist es Ihnen dabei ergangen? Wenn Sie keine umsetzen konnten: Warum nicht? Welche würden Sie in der Zukunft gern umsetzen und warum?

Dem Grundgedanken der *Grounded Theory* folgend, wurde das vorweg postulierte Kategorienschema (siehe Abschnitt 4) im Prozess der Auswertung erweitert und reflektiert (vgl. Böhm 2003, 476). Die Analyse der Zeichnungen und Essays der Studierenden wurde durch die mündlichen Ergänzungen vervollständigt. Letztere wurden zur Erklärung und für ein umfassendes Verständnis der Studierendentexte herangezogen. Die Produkte der zweiten Erhebungsphase dienten dazu, Meinungsänderungen und die Reflexion der Praxiserfahrung sichtbar zu machen.

4. Präsentation und Diskussion der Ergebnisse

Der in der Fachdidaktik in der Regel zugrunde gelegte breite Literaturbegriff schlägt sich auch in den Antworten der Studierenden nieder, sodass eine große Bandbreite an literarischen Formaten und Genres genannt wird. Dennoch ist zu bemerken, dass scheinbar keine saubere Definition von literarischem Genre (auch nicht im fachdidaktischen Sinne) zugrunde gelegt wird. So werden beispielsweise „Dialoge für Rollenspiele", „Tafelbild" und „summary" (interessanterweise wird hier der englische Begriff verwendet) als literarische Genres bezeichnet.[5] Da das Hauptziel der hier vorgestellten Studie die Ermittlung didaktischer Überlegungen und Bewertungen von Studierenden zu bzw. von Literatur im Fremdsprachenunterricht ist, sollen und können aus den Ergebnissen keine Rückschlüsse auf literaturwissenschaftliche Kenntnisse der Studierenden gezogen werden. So muss der Grund für die Nennung von nicht als Literatur einzustufenden Textsorten nicht zwangsläufig in einem Mangel an Wissen bestehen, sondern kann beispielsweise auch aus einer Fokussierung auf fachdidaktische

---

[5] Auch Wieland (2015, 60) stellt im Rahmen einer Studie zu motivationalen Aspekten von Literatur im Fremdsprachunterricht fest, dass die Teilnehmerinnen und Teilnehmer ihrer Studie in vielen Fällen nicht zwischen literarischen Genres unterscheiden können.

Überlegungen resultieren. Das Problem würde dann in einem „Nicht-Anwenden" von Kenntnissen bestehen und könnte in Form einer weiteren Studie ermittelt werden, deren Fokus auf der Verknüpfung von Theorie und Praxis läge. Aufgrund der großen Bandbreite an von den Studierenden benannten Formaten und Genres, die zum Teil nicht als Literatur eingestuft werden können, wird im Folgenden von Textsorten die Rede sein, so dass die in der Einleitung genannten Fragen nun wie folgt lauten:

1. Welche Textsorten bewerten die Studierenden als für den Spanischunterricht relevant?
2. Welche Funktionen schreiben sie diesen Textsorten im Spanischunterricht zu?
3. Welche Auswahlkriterien legen sie bei der Wahl der für den Fremdsprachenunterricht relevanten Textsorten an?
4. Welchen Einfluss haben die Erfahrungen während des Praxissemesters auf ihre Überlegungen?

4.1 Welche Textsorten bewerten die Studierenden als für den Fremdsprachenunterricht relevant?

Die von den Studierenden genannten Textsorten lassen sich wie in der folgenden Graphik dargestellt gruppieren:

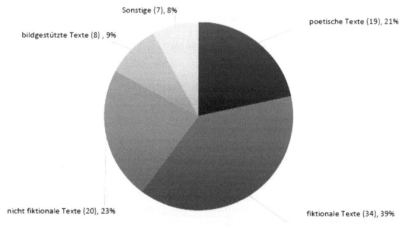

Abb. 3: Nach Studierendenmeinung für den Fremdsprachenunterricht relevante Textsorten

Um die Vielzahl der genannten Textsorten zu veranschaulichen, werden sie in unten stehender Tabelle aufgelistet.

	Nennungen der Studierenden[6]
poetische Texte	• Lieder (5) • Poesie (12) • Songtexte (2)
fiktionale Texte	• Biographie (1)[7] • Belletristik (1) • Drama (3) • Fabel (1) • Komödie (2) • Krimi (3) • kurze Bücher (bspw. Robinson Crusoe[8]) (1) • Kurzgeschichten (7) • kurze spanische Legenden (1) • Märchen (1) • *microrrelato* (6) • *novelas históricas* (1) • Prosa (1) • Roman (6) • Tragödie (1)
nicht fiktionale Texte	• journalistische Texte (2) • Nachrichten aus dem Internet (1) • Sachtexte (11) • Werbetext (1) • wissenschaftliche Texte (1) • Zeitungsartikel (4)
bildgestützte Texte	• Bilderroman (1) • Comic (4) • *Graphic Novel* (3)
Sonstiges	• Blog (1) • Dialog (1) • Dialoge für Rollenspiele (1) • (in)formeller Brief (2) • Rede (1) • *summary* (1) • Tafelbild (1)

Tab. 1: aus Sicht der Studierenden relevante Textsorten

---

[6] Die Textsorten werden mit den Begrifflichkeiten aufgeführt, die die Studierenden in ihren Zeichnungen und Essays verwendet haben.
[7] Zur Problematik der Gattungsbestimmung von Biographien vgl. z. B. ausführlich Klein 2009.
[8] Beispielnennung von St7_Sp.

Am häufigsten werden literarische Texte in Form von Gedichten (12 Nennungen) und Kurzgeschichten (sieben Nennungen) genannt (siehe Tab. 1). Wieland stellt in ihrer Studie von 2015 fest, dass vor allem kurze literarische Formen im Unterricht gelesen werden. Sie befragte 38 Schülerinnen und Schüler hinsichtlich ihrer Erfahrungen mit Literatur im Französisch- (21 Personen), Spanisch- (14 Personen) und Italienischunterricht (2 Personen). Dabei gaben 19,51 % an, Gedichte im Fremdsprachenunterricht zu lesen, 24,39 % Kurzgeschichten und 13,01 % Erzählungen, worunter Wieland Sagen, Fabeln und Märchen zusammenfasst (vgl. Wieland 2015, 60). Da die Studierenden ihre Präferenz für kurze Textsorten nur zum Teil didaktisch untermauern, bleibt zu vermuten, dass diese Entscheidung intuitiv oder ggf. basierend auf eigenen Erfahrungen aus der Schulzeit getroffen wird. *Microrrelatos* werden von sechs Studierenden angeführt. Die relativ häufige Nennung kann darauf zurückgeführt werden, dass im vorangegangenen Semester ein didaktisches Seminar mit diesem Schwerpunkt stattgefunden hat.

Einige der genannten Textsorten (z. B. wissenschaftliche Texte, historische Romane etc.) lassen darauf schließen, dass eine Vielzahl der Studierenden zu diesem Zeitpunkt ihrer Ausbildung nur bedingt ein Bewusstsein für fachdidaktische Fragen im Kontext von Textsorten entwickelt haben, denn sie äußern sich in ihren Essays zwar kritisch hinsichtlich einiger didaktischer Auswahlkriterien (z. B. Textlänge, sprachliche Komplexität), stufen aber dennoch Textsorten als relevant für den Fremdsprachenunterricht ein, die diesen Kriterien nicht gerecht werden können (z. B. Biographien oder historische Romane). Auch hier findet demnach keine Anwendung vorhandenen Wissens statt. Ebenfalls auffällig erscheint die häufige Nennung von Beispielen aus dem Englischen (z. B. Robinson Crusoe), die einerseits mit der in der Regel höheren Sprachkompetenz, die Lernende in Englisch erreichen, andererseits mit der Tatsache, dass Englisch das Zweitfach einiger Studienteilnehmenden ist, erklärt werden kann. Dennoch zeigt sich auch hieran, dass didaktische Überlegungen scheinbar weniger relevant sind als andere Auswahlkriterien, denn auch im Anfängerunterricht Spanisch ist die Arbeit mit authentischen Textsorten möglich. Trotzdem verweisen nur zwei Studierende darauf, dass im Anfangsunterricht mit einfachen Texten gearbeitet werden könne.

Hallet beschreibt 2018 eine „Öffnung und Ausdifferenzierung der Literatur- und Kulturwissenschaften", die sich sowohl in Form von geänderten Rezeptionsweisen als auch anhand eines „sich verändernde[n] literarische[n] Publikum[s] [...] und neue[n] (digitalen) Vertriebswege[n]" (Hallet 2018, 132) zeige. Obwohl sich durch die digitalen Medien für den Fremdsprachenunterricht eine Vielzahl neuer Möglichkeiten hinsichtlich des Literatureinsatzes, wie auch des Vorwissens von Lernenden ergibt, nennen nur zwei Studierende eine „digitale" Textsorte, nämlich den Blog bzw. „Nachrichten aus dem Internet". Dies lässt darauf schließen, dass digitale Textsorten noch nicht oder nur bedingt in das Bewusstsein der Studierenden gelangt sind.

4.2 Welche Funktionen schreiben Studierende Texten im Spanischunterricht zu?

Die für die Analyse entwickelten Hauptkriterien basieren auf den Ausführungen der Sekundärliteratur zur Funktion und Aufgabe sowie den Einsatzmöglichkeiten von Literatur im Fremdsprachenunterricht, 1. Sprache, 2. textkulturelles Erfahren und 3. Effekte von Literatur, die wiederum in verschiedene Unterkriterien unterteilt sind:

1. Kriterium „Sprache"

Das Kriterium „Sprache" umfasst alle Aspekte, die sich in erster Linie auf den Gebrauch von Sprache beziehen und ist in drei Unterkategorien unterteilt: a) „Texte als sprachliches Vorbild", b) „Veranschaulichung der Einsatzmöglichkeiten von Sprache" und c) „Sprachhandlungen der Lernenden mit Texten". Im Folgenden wird die Aufschlüsselung der Unterkategorien dargestellt:

- a) Texte als sprachliches Vorbild
    - i. Redemittel und Wortschatz
    - ii. grammatikalische Strukturen
- b) Veranschaulichung der Einsatzmöglichkeiten von Sprache
    - i. „künstlerische" Sprache (z. B. Sprachspiele; ambivalente, poetische etc. Sprache) (vgl. z. B. Neuhofer 2018, 103; Hellwig 2008, 60-61)
    - ii. Vorbild für Alltagskommunikation

c) Sprachhandlungen der Lernenden mit Texten
  i. Förderung der Argumentationsfähigkeit (vgl. Hellwig 2008, 60 mit Bezug auf Klieme 2004)
  ii. Förderung des Leseverstehens
  iii. Förderung der Sprechkompetenz
  iv. kreative Schreibaufgaben
  v. literaturanalytische Interpretationen (vgl. Hellwig 2008, 60)
  vi. resümierendes bzw. beschreibendes Schreiben (z. B. Zusammenfassungen oder Berichte)

Unter a) und b), sind alle Äußerungen der Studierenden zusammengefasst, nach denen verschiedenen Textsorten als „Lieferanten" für Wortschatz, Redemittel oder Grammatikthemen oder als Beispiel für den Gebrauch von Sprache dienen können (siehe Abb. 4).

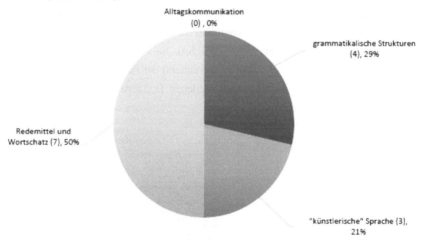

Abb. 4: Literatur als sprachliches Vorbild und zur Veranschaulichung von Einsatzmöglichkeiten von Sprache

Obwohl die Studierenden eine Vielzahl von Textsorten nennen, die Alltagssprache abbilden können (z. B. Comics, Kurzgeschichten), wird die mögliche Vorbildfunktion der Textsorten und die damit verbundenen Sprechanlässe nicht explizit berücksichtigt. Zwar nimmt die Verwendung verschiedener Textsorten zur Vermittlung von Redemitteln und Wortschatz (50 %) zusammen mit der Vermittlung von grammatikalischen Strukturen (29 %) den größten Raum ein, jedoch werden die Anwendungsmöglichkeiten der durch Texte erworbenen sprachlichen Strukturen nicht systematisch thematisiert. Dies ist vor allem deshalb interessant, weil der Lebensweltbezug und die Relevanz für den Alltag bei den Auswahlkriterien stark repräsentiert sind (siehe unten). Offensichtlich beziehen sich die Studierenden hierbei jedoch in erster Linie auf Inhalte, nicht auf die Sprache.

Hier zeigt sich die Tendenz, Textsorten in erster Linie dazu einzusetzen, Wortschatz, Redemittel bzw. grammatikalische Strukturen zu erlernen; aber auch eine Anwendung bzw. Nachahmung dieser sprachlichen Strukturen (z. B. durch das Erstellen von Gedichten mit denselben sprachlichen Strukturen wie das Ausgangsgedicht oder das Übertragen entnommener Redemittel in einen anderen sprachlichen Kontext) wird von einigen Person vorgeschlagen, z. B. „Die Texte von Komödien und Comics gewinnen von Anfang an die Interesse der SuS, weil sie gebräuchliche Redemittel anwenden. Man kann es gut für die Produktion von Dialogen einsetzen" (St6_Sp). Im Hinblick auf die Inhalte ist hier folgende Tendenz zu verzeichnen, die anhand der sprachlichen Handlungen, die die Studierenden im Kontext verschiedener Textsorten für möglich halten, dargestellt wird (siehe Abb. 5).

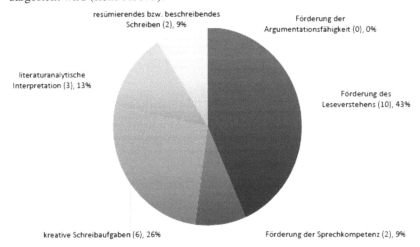

Abb. 5: Sprachhandlungen der Lernenden mit Literatur

Die Hauptfunktion von Texten im Fremdsprachenunterricht sehen Studierende in der Förderung der Lesekompetenz (43 %). Innerhalb der Schreibkompetenz werden in erster Linie kreative Schreibaufgaben als Einsatzmöglichkeiten von Texten benannt. Der Verweis auf kreative Schreibaufgaben erfolgt in der Regel jedoch allgemein, z. B.:

(St6_Sp)

Konkrete methodische Beispiele können vor dem Praxissemester scheinbar noch nicht abgerufen werden, es ist aber schon ein Bewusstsein für das Potential kreativer Schreibaufgaben vorhanden und es wird ganz allgemein über kreative Schreibarbeiten nachgedacht, z. B. „Für mich ist ein Märchen ein Hilfsmittel, um die Kreativität der Schüler zu fördern, man könnte dabei die Satzstruktur den SuS beibringen. Es sollte aber an erster Stelle den SuS sich zu entfalten helfen" (St6_Sp) oder „Comics und Graphic Novels [...] bieten einen Zugang, der insbesondere für jüngere Lerner interessant sein kann, da er kreativ & weniger textlastig ist. Auch eine Gestaltung durch SuS ist möglich" (St11_Sp). Als Grund für die kreative Textarbeit wird in der Regel die höhere Motivation der Lernenden genannt. Die kreative Arbeit mit literarischen Texten ist aber auch – und dieser Aspekt wird gänzlich außer Acht gelassen – deshalb für den Spanischunterricht von Relevanz, da sie ein Nachahmen literarischer – wenn auch elementarer – Formen erlaubt (vgl. Hellwig 2008, 60) und somit den Umgang mit der spanischen Sprache unterstützt.

Die von Hellwig (2008) und Klieme (2004) angesprochene Förderung der Argumentationsfähigkeit durch Literatur wird von den Studierenden nicht genannt, literaturanalytische Interpretationen und resümierendes bzw. beschreibendes Schreiben hingegen halten sie für relevant. Während z. B. das Zusammenfassen von Texten sicherlich auch in der zweiten oder dritten Fremdsprache durchgeführt werden kann, ist das hinsichtlich literarischer Analysen notwendige Sprachniveau vermutlich nur schwer zu erreichen. Hier zeigt sich der typischerweise für Berufsanfängerinnen und -anfänger schwer umsetzbare Abgleich der sprachlichen Voraussetzungen der Lernenden mit der zu erledigenden Aufgabe.

Mit Blick auf bildgestützte Texte geben die meisten Studierenden die verständnisstützende Funktion von Bildern[9] an. So verweisen sieben Personen darauf, dass die Bilder in Comics bzw. *Graphic Novels* das Verstehen erleichtern. Damit wird deutlich, dass ein Bewusstsein für sprachliche Schwierigkeiten zwar besteht, jedoch nicht in differenzierter Form und strukturiert durchdacht wird. Wielands Studie ergab, dass auch Schülerinnen und Schüler den Eindruck haben, mit Comics aufgrund der Bilder besser arbeiten zu können (vgl. Wieland 2015, 62).

2. Kriterium „textkulturelles Erfahren"
Texte werden häufig als zur Förderung der interkulturellen Kompetenz besonders geeignet bezeichnet, da sie neben der Vermittlung von soziokulturellem Orientierungswissen u. a. auch die Möglichkeit zur Perspektivübernahme und zur Selbstpositionierung bieten. Anhand des Analysekriteriums „textkulturelles Erfahren" wurde untersucht, inwiefern Studierende Texten diese Funktion zuschreiben (vgl. Abb. 6). Hierzu wurden folgende Unteraspekte herangezogen:
  a) Identitätsbildung (vgl. Hellwig 2008, 61; Neuhofer 2018, 103)
      i. Konfrontation mit Bekanntem/Gemeinsamen bzw. Unbekanntem/ Neuem (vgl. Neuhofer 2018, 104)
     ii. Texte als „Objekt für subjektive Texterlebnisse" (Steinbrügge 2016, 18; vgl. auch Bredella 2004, 60)
    iii. Entwickeln eines eigenen Standpunktes
    iv. Anregen zur Diskussion
  b) Informationen über die Kultur des Zielsprachenlandes (vgl. u. a. Hellwig 2008, 53-54; Neuhofer 2018, 60, 104)

---

[9] Zur Funktion von Bildern siehe Hallet 2010.

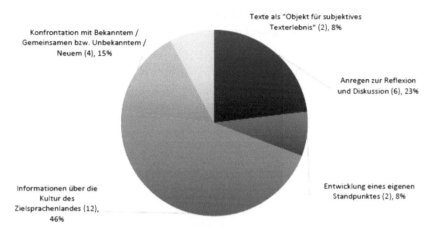

Abb. 6: Textkulturelles Erfahren

Eine der Hauptfunktionen von Texten stellt für die Studierenden die Vermittlung von Informationen über das Zielsprachenland dar, aber auch die Konfrontation mit den Schülerinnen und Schülern bekannten oder unbekannten Inhalten sowie die Reflexion und Diskussion über das Gelesene ist im Kontext des Texteinsatzes für die Studierenden von zentraler Bedeutung. Der Fokus liegt demnach nicht rein auf der Wissensvermittlung, sondern der Unterricht wird als – wie Bredella es formuliert – „Ort, an dem Erfahrungen mit literarischen Texten gemacht werden" (Bredella 2004, 60) verstanden.

Die „Entwicklung eines eigenen Standpunktes" und die „Anregung zur Diskussion" sind eng miteinander verbunden, werden hier jedoch getrennt betrachtet, da Ersteres als innerlicher Prozess gesehen werden kann, der anders als die „Anregung zur Diskussion" nicht immer für die Lehrkraft beobachtbar ist. Nur zwei Studierende geben an, dass Texte die Möglichkeit zum subjektiven Texterlebnis bieten und somit die Chance bergen, die Lernenden individuell und emotionsgebunden an Themen heranzuführen.

3. Kriterium „Sprachhandlungen der Lernenden mit verschiedenen Textsorten"
Das dritte Kriterium umfasst die „Effekte von Texten" auf die Lernenden (vgl. Abb. 7) und wird in folgende Unterpunkte unterteilt:

a) Freude an Texten (vgl. Hellwig 2008, 60-61)
b) Interesse für ein Thema wecken
c) Motivation
d) Steigerung der Behaltensleistung

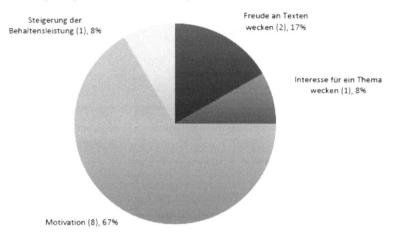

Abb. 7: Effekte von Texten

Der Haupteffekt des Einsatzes von Texten im Fremdsprachenunterricht wird von den Studierenden (67 %) in der Motivationssteigerung gesehen. Die Aspekte „Steigerung der Behaltensleistung", „Freude an Texten wecken" und „Interesse für ein Thema wecken" sind diesem stark untergeordnet und werden nur von einer bzw. zwei Personen genannt. Im Hinblick auf den Aspekt „Interesse wecken" wird interessanterweise deutlich, dass die Studierenden vielmehr dazu neigen, die Texte entsprechend den Interessen der Lernenden auszuwählen und also davon ausgehen, dass bereits ein großes Interesse seitens der Schülerinnen und Schüler herrscht, demzufolge findet das „Wecken von Interesse" durch Texte nur wenig bis gar keine Beachtung.

Zusätzlich zu den im Vorhinein aufgestellten Kriterien haben zwei Studierende darauf verwiesen, dass verschiedene Textsorten zur Vorbereitung auf den Beruf dienen. Sie beziehen sich dabei in erster Linie auf die Formate „Brief" und „Dialog", weshalb diese Funktion hier nur bedingt Berücksichtigung findet. Die stark verbreitete Annahme der Studierenden Texte motivieren die Lernenden steht im Konflikt mit Wielands Feststellung, dass die „geringe Frustrationstoleranz der Lernenden, besonders was die sprachlichen Hürden der gelesenen Texte angeht" (Wieland 2015, 66), nicht unterschätzt werden darf. Entsprechend dem oben beschriebenen Umstand, dass die Studierenden sprachliche Schwierigkeiten in Bezug auf Textsorten nur allgemein und nicht strukturiert und dem Lernniveau angemessen bedenken (ausführlicher hierzu siehe Abschnitt 4.3), findet dieser Aspekt keine Erwähnung durch die Teilnehmenden.

4.3 Welche Auswahlkriterien legen die Studierenden bei der Wahl der für den Fremdsprachenunterricht relevanten Textsorten an?

Bei der Auswahl von Texten für die Arbeit im Fremdsprachenunterricht gilt es, verschiedene Kriterien zu berücksichtigen (vgl. z. B. Krumm 1991, 99-100; Sommerfeldt 2011, 152-153):

1. Lebensweltbezug des Textes (Motivation, Weltwissen der Lernenden, Identifikationspotential),
2. Repräsentativität hinsichtlich Zielsprachenlandkultur (interkulturelle Aspekte),
3. Schwierigkeitsgrad (sprachlich und formal),
4. unterrichtlichen Angemessenheit (z. B. Textlänge, Sprech- und Schreibanlässe, Möglichkeit zur Förderung verschiedener Kompetenzen, Möglichkeiten zur Einbettung in die thematische Arbeit).

Im Folgenden werden die Kriterien dargestellt, die die Studierenden bei der Auswahl von Textsorten für den Fremdsprachenunterricht benennen (siehe Abb. 8). Die Graphik zeigt anschaulich, dass den Studierenden bereits verschiedene didaktische Auswahlkriterien bewusst sind. So verweisen 19 % auf die Verständlichkeit der Texte, also auf den Schwierigkeitsgrad. Die Studierenden führen allerdings – bis auf eine Ausnahme – nicht explizit aus, ob sie unter „Verständlichkeit" rein sprachliche Aspekte oder auch die inhaltliche bzw. formale Komplexität fassen. Auch das Kriterium des Lebensweltbezugs haben 35 % der Teilnehmenden als relevant für die Textauswahl benannt (Alltagsbezug und -relevanz & interessant und ansprechend für die SuS).

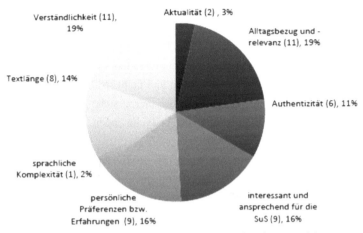

Abb. 8: Kriterien für die Textauswahl für den Spanischunterricht

Interkulturelle Aspekte werden lediglich im Kontext von Authentizität bedacht (11 %). Die Überprüfung eines Textes hinsichtlich seiner Eignung für die Entwicklung einer interkulturellen Kompetenz durch beispielsweise Perspektivwechsel, Aneignung soziokulturellen Orientierungswissen etc. wird jedoch nicht berücksichtigt. Dies ist vor allem deshalb interessant, da eine Vielzahl der Studierenden Texte als Informationsquelle für interkulturelles Wissen sieht und immerhin zwei Studierenden bewusst ist, dass Texte auch zur Reflexion der eigenen Kultur dienen und über die Vermittlung von Wissen hinaus eingesetzt werden können (siehe hierzu Abschnitt 4.2). Die Studierenden gehen bei ihren Überlegungen hinsichtlich der Auswahlkriterien von Texten für den Fremdsprachenunterricht demnach nicht strukturiert vor und greifen nur punktuell auf das bereits vorhandene Wissen zurück, sodass die Wahl der Kriterien willkürlich erscheint.

Hinsichtlich der unterrichtlichen Angemessenheit spielt nur die Textlänge eine Rolle. Die Studierenden stellen keine Überlegungen zu vermittelnden Kompetenzen oder methodischen Aspekten an, dieser Umstand dürfte den noch fehlenden Praxiserfahrungen geschuldet sein.

Für die Studierenden ist ein weiteres Kriterium relevant, wenn sie einen Text für den Spanischunterricht auswählen, nämlich die eigenen Präferenzen (16 %).

Bei den persönlichen Präferenzen ist zwischen Erfahrungen im privaten Kontext, als Fremdsprachenlernende und als Fremdsprachenlehrende zu unterscheiden. In der Regel haben positive Erfahrungen in mindestens einem der drei Bereiche zur Folge, dass die Studierenden die entsprechende Textsorte für den Fremdsprachenunterricht als geeignet oder gewinnbringend einstufen und umgekehrt, z. B.

> Ich persönlich mochte es immer sehr, im FSU Romane zu lesen und hätte mir gewünscht, dass wir noch mehr lesen. [...] Ich persönlich mag Poesie sehr und möchte gern versuchen als LK meine SuS davon zu überzeigen, wie toll Gedichte sind, [...] (St10_Sp).

Es gibt jedoch zwei Ausnahmen, die, obwohl sie selbst keinen Zugang zur jeweiligen Textsorte haben, die Vorteile für den Fremdsprachenunterricht in ihrem Essay darlegen:

> Poesie habe ich an die letzte Stelle gesetzt, da ich selbst Gedichte und dessen Analysen in meinem (Fremd)Sprachenunterricht am wenigsten gemocht habe. [...] Ich habe es in meiner Literaturlandschaft dennoch erwähnt, da es einen wichtigen Bestandteil des FU darstellt und, auch wenn eher unbeliebt, nicht unter den Tisch fallen darf (St8_Sp)

und „Mit Poesie wurde ich hingegen außerhalb des Deutsch-Unterrichts nie warm und würde nur sehr ausgewählte Texte in meinen FSU integrieren" (St14_Sp)). Leider geben die Studierenden auch auf Nachfrage keine differenzierte didaktisch-methodische Begründung zu ihren Aussagen ab. Sie verweisen aber auf das Potential von Gedichten, welches St14_Sp in der Motivation der Lernenden und St8_Sp in der Möglichkeit, Grammatikthemen zu bearbeiten, begründet sieht. Die Relevanz von Gedichten für den Spanischunterricht wird demnach nicht strukturiert oder gar wissenschaftlich begründet.

4.4 Zweite Erhebungsphase: Meinungsänderungen und Reflexion der Praxiserfahrung[10]

Die Interviews nach dem Praxissemester ergaben, dass die Hälfte der teilnehmenden Studierenden selbst Erfahrungen mit dem Einsatz verschiedener Texts-

---

[10] Ziel dieses Unterkapitels ist nicht eine differenzierte Analyse von Erfahrungen während des Praxissemesters im Allgemeinen (ausführlich zum Thema Reflexion in der Lehrerbildung vgl. z. B. Abendroth-Timmer 2017). Der Fokus liegt vielmehr auf der Reflexion der im ersten Teil des Beitrags dargestellten Inhalte und ist entsprechend auf diese reduziert.

orten im Spanischunterricht gemacht hat. Eine Person enthielt sich, vier gaben an, Texte nicht im Unterricht angewandt zu haben. Diejenigen, die Textsorten einsetzen konnten, nutzen insbesondere kurze Formate, nämlich Poesie (1), *microrrelatos* (1), Lieder (3) und Comics (3). Im Rahmen von Hospitationsstunden konnte nur eine Studierende bzw. ein Studierender die Thematisierung eines Romans zum Thema „Revolution in Argentinien" beobachten. An den Titel des Buches konnte er bzw. sie sich nicht mehr erinnern.

Der Großteil der Studierenden (6) gab an, dass sie auch nach dem Praxissemester ihre Meinung hinsichtlich der Textsorten und ihrer Rolle bzw. Funktion im Spanischunterricht nicht geändert habe[11]. Es wird aber deutlich, dass die Entscheidungsgrundlage sich verschoben hat und ein differenzierteres Bewusstsein für sprachliche Schwierigkeiten von Texten sowie eine realistischere Einschätzung der sprachlichen Kapazitäten von Lernenden herrscht. So ergänzen vier Studierende zu den Auswahlkriterien sprachliche Aspekte und benennen konkrete Strukturen (z. B. Vergangenheitszeiten (St3_Sp), Wortschatz zum Thema Personenbeschreibung (vgl. St5_Sp)), wobei eine Person darauf verweist, dass sie Texte mit alltagssprachlichen Konstruktionen für den Spanischunterricht präferiere. Auch der Gesichtspunkt „Authentizität", der bereits vor dem Beginn des Praxissemesters von einigen Studierenden (11 %) stark in den Mittelpunkt gerückt wird, findet nach dem Praxissemester weiterhin Berücksichtigung. Von den vier Studierenden, die die Relevanz des Themas im Interview erläutern, haben zwei (St2_Sp und St8_Sp) vor dem Praxissemester die Authentizität der Texte nicht berücksichtigt.

Die Praxiserfahrungen haben darüber hinaus zur Folge, dass den Studierenden die Relevanz einer didaktisch durchdachten Aufbereitung der Texte (3) sowie eine an die Lerngruppe angepasste Textauswahl als Grundsteine für einen gelingenden Literaturunterricht in der Fremdsprache bewusst(er) ist, z. B.

> Heute nach dieser ganze Zeit in Praxissemester kann ich sagen, Literatur muss man sehr genau auswählen. Ich habe zum Beispiel für die Anwendung von *Imperfecto* Comics benutzt. Kurze, ganz kurze Comics oder Figuren, die die Schüler schon kennen (St6_Sp, Minute 0:40-1:12))

---

[11] Drei Studierende machten keine Angaben zu diesem Punkt, eine Person gab an, ihre Meinung geändert zu haben.

Als besonders schwierig empfinden die Studierenden das Einschätzen des Schwierigkeitsgrades eines Textes: Textlänge (1), unbekannter Wortschatz (4), das Sprachniveau allgemein (1). Die Nennung dieser Aspekte verdeutlicht im Vergleich zur Erhebung vor dem Praxissemester eine Bewusstseinsveränderung hinsichtlich didaktischer Aspekte der Textauswahl. Die sprachlichen Anforderungen von Spanischlernenden und die Bedeutung einer sprachlich angemessenen Textauswahl ist nach dem Praxissemester konkreter durchdacht als zuvor und wird entsprechend mehr thematisiert.

Hinsichtlich der Einsatzbereiche verschiedener Textsorten im Fremdsprachenunterricht geben die meisten Studierenden an, keine Änderung an ihrem Essay bzw. an ihrer Zeichnung vornehmen zu wollen. Lediglich St4_Sp ergänzt, dass Texte dafür verwendet werden können, um sich mit der außersprachlichen Welt zu befassen und erweitert seine bzw. ihre Angaben somit um das Kriterium von Texten als textkulturelles Erfahren.

Es fanden auch einige, wenn auch wenige explizite Reflexionen des eigenen didaktischen Vorgehens statt, z. B. „Was ich gemacht habe, war zu lang.... mh... zu langweilig. Das nächste Mal würd ich kreativer... also kreativere Aufgaben machen" (St6_SP). Die Selbstreflexion ist jedoch in der Regel nicht an einem Hauptkompetenzziel ausgerichtet, sondern auf den – wie oben bereits erläutert – Hauptaspekt der Motivierung von Lernenden bezogen. Erkennbar ist anhand dieses Beispiels aber dennoch die Fähigkeit der Person, ein Problem anhand von Schülerinnen- bzw. Schülerverhalten auszumachen und alternative Vorgehensweisen in Betracht zu ziehen, wobei in diesem Kontext jedoch konkrete Beispiele lediglich auf Nachfrage genannt werden.

5. Fazit

In dieser Studie wurde gezeigt, welche Textsorten Studierende für den Spanischunterricht vor und nach dem Praxissemester als relevant einstufen, welche Funktionen sie ihnen im Kontext des Fremdsprachenlernens zuschreiben und nach welchen Kriterien sie bei der Auswahl von Texten vorgehen. Außerdem wurde überprüft, inwiefern die Studierenden ihre Aussagen nach dem Ende des Praxissemesters ergänzen oder ändern.

Hierbei wurde deutlich, dass die Studierenden nicht von einem klar definierten Genrebegriff ausgehen. Die Vielzahl von verschiedenen und häufig einfach nur genannten unterschiedlichen Textsorten kann als Hinweis auf die von Bredella festgestellte „Heterogenität der Ausgangsvoraussetzungen" (2018, 125) verstanden werden. Dies liegt zum einen im unterschiedlichen Ausbildungsstadium der Studierenden begründet, zum anderen kann aber auch bei identischem Ausbildungsstand nie von homogenen Wissensbeständen ausgegangen werden. Zudem ist die Bandbreite an unterschiedlichen Themenschwerpunkten in der Literaturwissenschaft zu bedenken. Diese heterogenen Ausgangsbedingungen machen die Wichtigkeit von im Kontext literaturwissenschaftlicher Seminare zu vermittelnder Konzepte und Grundlagen deutlich, da diese auf andere Genres übertragen werden und als Basis für fachdidaktische Überlegungen dienen können. Für fachdidaktische Seminare stellt sich vor diesem Hintergrund die Frage nach einem binnendifferenzierten Umgang mit den unterschiedlichen literarischen Wissensständen (z. B. durch Unterstützungsangebote bei literarturdidaktischen Aufgabenstellungen).

Ein Rückgriff auf literaturwissenschaftliches Wissen ist anhand der Aussagen der Studierenden nicht erkennbar, sodass sich für die Zukunft die Frage stellt, wie die Verknüpfung bzw. die Relevanz der Literaturwissenschaft für fachdidaktische Fragestellungen für die Studierenden (noch) transparenter gestaltet werden kann. Um dieser Frage fundiert nachgehen zu können, ist für eine Folgestudie die Abfrage des tatsächlichen literaturwissenschaftlichen Wissenstand der Studierenden geplant.

Der Zusammenhang zwischen persönlichen Präferenzen und der Bewertung der Eignung für den Fremdsprachenunterricht verdeutlicht, dass die Studierenden nur bedingt auf fachdidaktische Konzepte zurückgreifen, obwohl beispielsweise die Überlegungen zu Auswahlkriterien von Texten zeigen, dass ein fachdidaktisches Theoriewissen zumindest zum Teil vorhanden ist. So bedenken die Studierenden vor Beginn ihres Praxissemesters nur in Ausnahmefällen, welchen Einfluss Textlänge, inhaltliche oder sprachliche Komplexität auf die Eignung eines Werkes für den Fremdsprachenunterricht haben. Auch methodische Überlegungen finden – wenn überhaupt – nur unstrukturiert und punktuell statt. Die Studierenden scheinen also nicht auf ein umfassendes Verständnis von Fachdidaktik zurückgreifen zu können. Es stellt sich entsprechend die Frage, ob vorbereitend auf das Praxissemester ein Überblick über (literatur-)didaktische Konzepte zur Verfügung gestellt werden sollte. So könnten beispielsweise gemeinsam mit den Studierenden zentrale didaktische Konzepte und Fragen gesammelt und in Form von Gruppenpuzzeln diskutiert werden. Die Antworten der Studierenden haben gezeigt, dass sie nur Einzelaspekte berücksichtigen und keine Verknüpfung mit literaturwissenschaftlichen Erkenntnissen stattfindet. Die Begleitung des Praxissemester muss also darauf abzielen, den Blick der Studierenden zu erweitern und umfassend über die Vermittlung von Sprache im Unterricht zu reflektieren. Dies könnte in Form von gemeinsam erarbeiteten Checklisten erfolgen, die in Bezug auf den Einsatz von Literatur im Fremdsprachenunterricht beispielsweise die Aufmerksamkeit auf die relevanten didaktischen Überlegungen lenkt (sprachliche und inhaltliche Komplexität, Textlänge, Möglichkeiten der Kompetenzförderung, interkulturelle Inhalte, Lebensweltbezug, Möglichkeiten der methodischen Einbettung im Unterricht etc.). Um dies leisten zu können, ist ein literaturwissenschaftliches Bewusstsein für verschiedene Genres und die Fähigkeit zur Unterscheidung zwischen Literatur und „Nicht-Literatur" notwendig. Es gilt demnach den Studierenden transparent zu machen, welche Textsorte für welchen Kompetenzbereich inwiefern geeignet ist bzw. welche Besonderheiten – je nach Textsorte – zu berücksichtigen sind. Auch gilt es, für die unterschiedlichen Stadien der Lernerinnen- und Lernersprache und die damit verbundenen verschiedenen Bedürfnissen bei der Arbeit mit Literatur zu sensibilisieren.

Zum Teil verändert sich nach dem Praxissemester der Blickwinkel der Studierenden: Didaktisch-methodische Überlegungen werden relevanter, z. B. werden sprachdidaktische Schwierigkeiten wie beispielsweise die sprachliche Komplexität von Texten differenzierter berücksichtigt oder die methodische Aufbereitung von Texten thematisiert. Daraus lässt sich schließen, dass der Fokus der Studierenden sich durch das Praxissemester verschiebt, dies scheint aber in starker Abhängigkeit von der Mentorin bzw. dem Mentor zu erfolgen, sodass auch hier nur dann eine umfassende und strukturierte didaktische Erarbeitung der unterrichtlichen Vorgehensweise erfolgt, wenn sie durch die Betreuung angeleitet wird. Es stellt sich somit die Frage, wie die Studierenden von Seiten der Universität in diesem Prozess möglichst zielführend begleitet werden können. Denkbar wären mit Blick auf den Einsatz von Literatur beispielsweise auf literaturwissenschaftlichen Theorien und aktuellen didaktischen Konzepten basierende strukturierte Empfehlungen zur Planung und Gestaltung von Unterricht zu erarbeiten und diese gezielt in der Praxis anzuwenden.

Zusammenfassend bleibt zu sagen, dass es sich beim Unterrichten um einen äußerst komplexen Prozess handelt, der die Verknüpfung verschiedener Wissenschaftsbereiche und persönlicher und sprachlicher Fähigkeiten erfordert. Für eine optimale Begleitung von Studierenden im Praxissemester ist es deshalb notwendig, ihnen die verschiedenen Teilbereiche des unterrichtenden Handelns transparent zu machen. Hierzu gehört auch eine Zuordnung der im Studium bereits erworbenen Wissensbereiche zu den jeweiligen Anforderungen in der Unterrichtspraxis. Das heißt, dass Studierende vor Beginn des Praxissemesters zunächst das bereits erworbene Wissen wieder aktivieren müssen, also quasi eine Vorentlastung sattfinden muss. Es müssen dann gemeinsam mit ihnen Vorgehensweisen erarbeitet werden, an denen sie sich entlanghangeln können (z. B. *Scaffolds* für die Unterrichtsplanung und/oder Checklisten). Außerdem muss die Aufmerksamkeit der Studierenden immer wieder auch auf fachdidaktische – im Kontext von Literatur im Fremdsprachenunterricht auch literaturwissenschaftliche – Aspekte gelenkt werden, z. B. den Umgang mit sprachlichen Schwierigkeiten, die genretypischen Chancen und Herausforderungen des jeweiligen Textes sowie die Möglichkeiten der Fehlerkorrektur und der Vermittlung sprachlicher Kompetenzen inklusive des Aufbaus und der Progression in der Kompetenzvermittlung. So könnten die Studierenden dabei unterstützt werden, ihre (noch) oftmals nicht bewusst fachdidaktisch bzw. literaturwissenschaftlich erfolgenden guten Gedankengänge strukturiert und fachlich fundiert durchführen zu können.

Bibliographie
ABENDROTH-TIMMER, Dagmar. 2017. „Reflexive Lehrerbildung und Lehrerforschung in der Fremdsprachendidaktik: Ein Modell zur Definition und Rahmung von Reflexion", in: *Zeitschrift für Fremdsprachenforschung* 28/1, 101-126.

BÖHM, Andreas. 2003. „Theoretisches Codieren: Textanalyse in der *Grounded Theory*", in: Flick, Uwe & von Kardorff, Ernst & Steinke, Ines. edd. *Qualitative Forschung. Ein Handbuch*. 2. Auflage. Reinbek: Rowohlt Taschenbuch Verlag, 476-485.

BREDELLA, Lothar. 2004. „Literaturdidaktik im Dialog mit Literaturunterricht und Literaturwissenschaft", in: Bredella, Lothar & Delanoy, Werner & Surkamp, Carola. edd. *Literaturdidaktik im Dialog*. Tübingen: Narr, 21-64.

BREDELLA, Lothar & HALLET, Wolfgang. edd. 2007. *Literaturunterricht, Kompetenzen und Bildung*. Trier: WVT.

HALLET, Wolfgang. 2010. „Die Visualisierung des Fremdsprachenlernens. Funktionen von Bildern und *visual literacy* im Fremdsprachenunterricht", in: Lieber, Gabriele. ed. *Lehren und Lernen mit Bildern. Ein Handbuch zur Bilddidaktik*. Baltmannsweiler: Schneider Verlag, 212-223.

HALLET, Wolfgang. 2018. „Konzeptueller Transfer. Interdisziplinäre Konzeptbildung in den Literatur- und Kulturwissenschaften und in der Englischdidaktik", in: Diehr, Bärbel. ed. *Universitäre Englischlehrerausbildung*. Bern: Lang, 123-142.

HELLWIG, Karlheinz. 2008. „Von Inhalten zu Kompetenzen des Literaturunterrichts: Thesen zur aktuellen Bedeutung fremdsprachige Literaturdidaktik und ihres Hauptgegenstandes, der Literatur", in: Blell, Gabriele & Kupetz, Rita. edd. *Fremdsprachenlehren und -lernen. Prozesse und Reformen*. Frankfurt a. M.: Lang, 51-65.

KLEIN, Christian. 2009. *Handbuch Biographie. Methoden, Traditionen, Theorien*. Berlin: Springer.

KLIEME, Eckhard. 2004. „Was sind Kompetenzen und wie lassen sie sich messen?", in *Pädagogik* 6, 10-13.

KMK (Sekretariat der Ständigen Konferenz der Kultusminister der Länder in der Bundesrepublik Deutschland). 2012. *Bildungsstandards für die fortgeführte Fremdsprache (Englisch / Französisch) für die Allgemeine Hochschulreife* (Beschluss der Kultusministerkonferenz vom 18.10.2012); https://www.kmk.org/fileadmin/Dateien/veroeffentlichungen_beschluesse/2012/2012_10_18-Bildungsstandards-Fortgef-FS-Abi.pdf, 19.11.2019.

KRUMM, Hans-Jürgen. 1991. „Die Funktion von Texten beim Lernen und Lehren von Fremdsprachen", in: Bausch, Karl-Richard & Christ, Herbert & Krumm, Hans-Jürgen. edd. *Texte im Fremdsprachenunterricht als Forschungsgegenstand. Arbeitspapiere der 11. Frühjahrskonferenz zur Erforschung von Fremdsprachenunterricht*. Bochum: Brockmeyer, 97-103.

KRUMM, Hans-Jürgen. 2003. „Lehr- und Lernziele", in: Bauch, Karl-Richard & Christ, Herbert & Krumm, Hans-Jürgen. edd. *Handbuch Fremdsprachenunterricht*. 4. Auflage. Tübingen: Francke, 116-121.

NEUHOFER, Monika. 2018. „Wozu Literatur und warum eigentlich? Schulischer Fremdsprachenunterricht in Zeiten der Kompetenzorientierung am Beispiel der zweiten lebenden Fremdsprache in Österreich", in: *HeLix. Dossiers zur romanischen Literaturwissenschaft* 11/1, 98-107.

SCHÄDLICH, Birgit. 2004. „Französische Literaturwissenschaft aus Sicht der Lehrenden und Studierenden. Ansätze für eine universitäre Literaturdidaktik in der Lehrerausbildung", in: *Zeitschrift für Fremdsprachenforschung* 15/2, 285-295.

SOMMERFELDT, Kathrin. 2011. „Literatur behandeln", in: Sommerfeldt, Kathrin. ed. *Spanisch Methodik. Handbuch für die Sekundarstufe I und II*. Berlin: Cornelsen, 151-174.

STEINBRÜGGE, Lieselotte. 2016. *Fremdsprache Literatur. Literarische Texte im Fremdsprachenunterricht*. Tübingen: Narr Francke Attempto Verlag.

SURKAMP, Carola. 2012. „Literarische Texte im kompetenzorientierten Fremdsprachenunterricht", in: Hallet, Wolfgang & Krämer, Ulrich. edd. *Kompetenzaufgaben im Englischunterricht. Grundlagen und Unterrichtsbeispiele*. Seelze: Kallmeyer, 77-90.

UNIVERSITÄT POTSDAM. ed. 2019. *Zweite Satzung zur Änderung der fachspezifischen Studien- und Prüfungsordnungen für das Bachelor- und Masterstudium im Fach Französisch und im Fach Spanisch für das Lehramt für die Sekundarstufen I und II (allgemeinbildende Fächer) an der Universität Potsdam vom 21.Februar 2019*; https://www.uni-potsdam.de/ambup/2019/ambek-2019-13-947-955.pdf, 19.11.2019.

WIELAND, Katharina. 2015. „Zu motivationalen Aspekten literarischen Lesens im Fremdsprachenunterricht", in: Küster, Lutz & Lütge, Christiane & Wieland, Katharina. edd. *Literarisch-ästhetisches Lernen im Fremdsprachenunterricht. Theorie – Empirie – Unterrichtsperspektiven*. Frankfurt a. M.: Lang, 57-68.

Schwere Texte leicht gemacht.
Zum Umgang mit literarischen Texten in der Praxis des Spanischunterrichts und in der Lehrerbildung
Bernd Tesch (Tübingen)

Die Verwendung literarischer Texte im schulischen Unterricht des Spanischen als spät gelernte und häufig dritte Fremdsprache mit kurzen Lernstrecken leidet meist darunter, dass die Komplexität dieser Texte in der Regel deutlich über den sprachlichen Kompetenzen der Lernenden liegt. Lediglich bei denjenigen, die bereits durch Merkmale ihrer individuellen Sprachlernbiografie, z. B. längere Aufenthalte im spanischsprachigen Ausland, über gute Voraussetzungen für das Textverstehen verfügen, verläuft der Einstieg in literarische Texte relativ problemlos.

Aus der Perspektive der Lehrerbildung von angehenden Spanischlehrerinnen und -lehrern gehört die Fähigkeit, Texte im Hinblick auf thematisch und sprachlich angemessene Komplexität für eine bestimmte Lerngruppe auszuwählen, zu den didaktischen Kernkompetenzen. Tritt noch die Fähigkeit hinzu, Aufgaben zur Förderung der Textkompetenz bei Schülerinnen und Schülern zu konzipieren, lernwirksam im Unterricht einzusetzen und Lernendentexte zu diesen Aufgaben zu evaluieren, so könnte man dieses Fähigkeitenbündel als didaktische Textkompetenz bezeichnen (vgl. Tesch 2019).

Vor diesem Hintergrund stellt der vorliegende Beitrag Ergebnisse eines interdisziplinären Projekts der Lehrstühle für romanistische Fachdidaktik der Universität Tübingen sowie des Lehrstuhls für romanistische Linguistik der Universität Kassel[1] vor, das sowohl auf die Förderung des literarischen Lesens im Spanischunterricht als auch auf die Förderung der didaktischen Textkompetenz angehender Spanischlehrkräfte mit Hilfe einer hochschuldidaktischen Lernumgebung abzielt. Des Weiteren werden Praxisbeispiele zum Unterrichtskonzept „Schwere Texte leicht gemacht" vorgestellt.

---

[1] Im Rahmen der „Qualitätsoffensive Lehrerbildung" (PRONET) der Uni Kassel, gefördert durch das BMBF.

1. Literarische Textrezeption im Spanischunterricht

Spanisch wird bundesweit meist als dritte Fremdsprache angeboten, gelegentlich auch als zweite, d. h. alle Schülerinnen und Schüler haben vorher schon Englisch, häufig auch Französisch oder Latein als Fremdsprache gelernt. Der Unterricht in der dritten Fremdsprache setzt besonders im Vergleich zum Englischen spät ein, in Klasse acht oder neun, oder erst in der Oberstufe, in Klasse 10 bzw. Klasse 11. Die Lernzeit beträgt folglich manchmal nur zwei, häufig drei bis fünf Jahre. Das heißt, verglichen mit dem Englischen, handelt es sich um eine wesentlich kürzere Lernstrecke, die überdies zu einem deutlich späteren Zeitpunkt im Schülerleben beginnt. Dies hat didaktische Auswirkungen.

Auf Lernendenseite begegnet man häufig einem statischen Textmodell: Literarische Texte werden als feste Größe betrachtet, als Textblock, der Wort für Wort entschlüsselt werden muss. Häufig führt dieses Textmodell zu einem linearen und detaillierten Lesestil, einem Wort-für-Wort-Übersetzen, wobei empirisch ungeklärt ist, ob bzw. in welchem Umfang die erwartbaren Interkomprehensionspotentiale (vgl. z. B. Meißner & Reinfried 1998, Meißner 2010) genutzt werden. Die Lesehaltung des „tiefen Lesens" (*deep reading*, Wolf & Barzillai 2009; Hall & O'Hare & Santavicca & Falk Jones 2015) wird genau wie das Leseziel des globalen Textverstehens demgegenüber vernachlässigt. An dieser Stelle setzt das Unterrichtsverfahren „Schwere Texte leicht gemacht" an. Es zielt auf einen Konzeptwechsel bei den Lernenden: Ziel ist es, mittel- und langfristig vom Konzept des detaillierten linearen zum Konzept des globalen überfliegenden Textverstehens zu wechseln, Texte überdies als veränderbare Größe zu entdecken, als literale Produkte, die von Lesenden und Sprachenlernenden ‚manipuliert' werden können und dürfen, um auf diese Weise von einem statischen Textmodell in den Köpfen der Lernenden zu einem dynamischen Textmodell zu gelangen (vgl. Schrott & Tesch 2018).

Um dieses Ziel zu erreichen, können methodische Zugänge wie die Texttransformation – beispielsweise mit Hilfe von Inszenierungen (Standbilder, szenisches Spiel usw., vgl. z. B. Küppers & Schmidt & Walter 2011) und Drehbüchern (vgl. Kepser 2010; Henseler & Möller & Surkamp 2011) genutzt werden, d. h. ein bestimmtes komplexes Textformat wird in ein anderes sprachlich weniger komplexes Format transformiert, das in der Regel kreative oder auch spielerische Ressourcen mobilisiert. Eine Sonderstellung nimmt dabei das Verfahren der Textvereinfachung ein, d. h. der kooperativen oder kollaborativen Herstellung einer *lectura simplificada* (vgl. Schrott & Tesch 2018).

2. Zur Entstehung des Unterrichtskonzepts „Schwere Texte leicht gemacht"

Im Rahmen der Qualitätsoffensive Lehrerbildung wurde an der Universität Kassel in der ersten Projektphase 2016-2018 ein Vernetzungsprojekt von romanistischer Fachwissenschaft und Fachdidaktik gefördert, dessen Kern gemeinsame linguistisch-fachdidaktische Seminare zur Förderung der didaktischen Textkompetenz angehender Lehramtsstudierender bildeten. In den fachdidaktisch zentrierten Seminaren wurden darüber hinaus Lernaufgaben für den Spanischunterricht entwickelt. Kernelement des zweiten Förderabschnitts ab 2018 ist der Transfer von Erkenntnissen in die Lehrerbildung der zweiten und dritten Phase u. a. mit Hilfe einer online-Plattform. Diese wird neben einer Reihe von ausgearbeiteten Lernaufgaben für den Spanischunterricht auch eine Sammlung annotierter Texte enthalten, deren Komplexitätsgrad empirisch bestimmt und für den Einsatz im Spanischunterricht kommentiert wird. Basisbausteine der ersten Förderphase waren für die linguistische Seite u. a. das Textkomplexitätsraster „TextSem" (vgl. Gardt 2012) und für die fachdidaktische Seite die KMK-Bildungsstandards für die Allgemeine Hochschulreife für die fortgeführte Fremdsprache (KMK 2012/2014). Auf Grundlage dieser beiden normativen Dokumente wurde ein Diagnosetest für gemeinsame linguistisch-fachdidaktische Hochschulseminare entwickelt, der Informationen über die spezifischen Schwierigkeiten im Umgang mit komplexen zielsprachigen Texten sowie über die linguistisch-fachdidaktische Kompetenzentwicklung der Studierenden lieferte. Parallel zur Entwicklung dieses Tests wurden von fachdidaktischer Seite zwei Modelle der Textkompetenz zu Grunde gelegt, ein Modell für die Textkompetenz von Schülerinnen und Schülern gemäß Bildungsstandards (vgl. KMK 2012/2014) sowie ein eigens entwickeltes Modell für die didaktische Textkompetenz von Lehrkräften:

Abb. 1: Textkompetenz von Lernenden (eigene Darstellung)

Die fremdsprachliche Textkompetenz von Lernendenden umfasst das Erkennen von Textmerkmalen und das Integrieren von vorhandenem Sprach(lern)wissen auf der Basis didaktischen Vorwissens[2], das Erkennen von Kontextmerkmalen und das Integrieren von Welt- und Sachkenntnissen sowie (auf fortgeschrittenem Niveau) die Produktion eigener Texte, die Reflexion des eigenen Textverstehens und die Selbstregulation des Leseprozesses (Bearbeitung von Blockaden, Leseplan, Lesemotivation, Selbstvergewisserung) (vgl. Pette & Charlton 2002; Kloppert & Ronge 2018). Die besondere Herausforderung des literarischen Textverstehens besteht auf unteren Lernniveaus darin, dass es häufig ein überhohes Maß an symbolischem Verstehen auf der Wort- und Satzebene verlangt, das wiederum nur unzureichend durch Textsorten-, Textmuster- und

---

[2] Die Bezeichnung „didaktisches Vorwissen" knüpft an die wissenssoziologische Sprachverwendung im Sinne von explizitem und implizitem Wissen an (vgl. Tesch i. V.) und meint hier das gesamte Sprach(lern)wissen von Schülerinnen und Schülern aus den vorgelernten Sprachen. Darunter fällt das Sprachwissen bezogen auf Mutter-, Verkehrs- und Fremdsprachen, aber auch das meist implizite Transferwissen bezogen auf die Methodik des vorausgegangenen Fremdsprachenunterrichts. Schließlich umfasst das didaktische Vorwissen auch das implizite Wissen über die eigene Haltung zum Sprachenlernen.

Textstrukturwissen, durch Kontextwissen sowie durch Welt- und Sachwissen gestützt werden kann. Erst wenn es den Lesenden gelingt, von den lexikalischen und lexiko-morphologischen Hürden zugunsten eines Gesamtverstehens der Textorganisation und des Textsinns zu abstrahieren, d. h. unverstandenes Vokabular und unverstandene Formen auf der lokalen Ebene zunächst zu übergehen, um ein globales Modell des Textes in seiner Vorstellung zu rekonstruieren, kann auch ein gewisser Lesefluss entstehen. Dieser wiederum bildet die Voraussetzung, den Textsinn z. B. in Gestalt einer bestimmten Erzählperspektive, einer Personenkonstellation, besonderer Charaktere etc., zu erfassen.

Auf der Seite der angehenden Spanischlehrerinnen und -lehrer bedeutet die lernseitig hohe Hürde der literarischen Textrezeption eine besondere Herausforderung bei der Textauswahl und der Unterrichtsplanung, ja bei der eigenen Textkompetenz (vgl. Krenn 2002). Die folgende Graphik stellt die didaktischen Herausforderungen im Überblick dar:

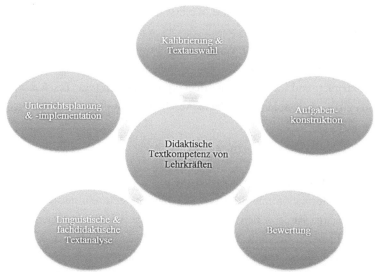

Abb. 2: Die didaktische Kompetenz von Fremdsprachenlehrkräften (eigene Darstellung)

Die didaktische Textkompetenz Lehrender umfasst bezogen auf literarische Texte, das literarische Textverstehen theoretisch zu modellieren und Texte mit Blick auf Lernniveaus zu kalibrieren, sodann einen Text für eine bestimmte Jahrgangsstufe oder Klasse auszuwählen, Aufgaben zu diesem Text zu konzipieren, den Unterricht zu diesen Aufgaben zu implementieren sowie den eigenen Unterricht zu evaluieren (vgl. Schrott & Tesch 2018; Tesch 2019). Kern dieser hochkomplexen Kompetenz bildet die Fähigkeit, zunächst die sprachlichen und ästhetischen Merkmale von Texten zu bestimmen und im selben Zuge auch das didaktische Potential im Hinblick auf ein bestimmtes Lernniveau zu identifizieren. Diese Aktivität bezeichnen wir als Textkalibrierung. Erst im nächsten Schritt fällt die Entscheidung für eine konkrete Textauswahl, d. h. warum ein bestimmter Text eingesetzt soll und andere theoretisch ebenfalls geeignete Texte verworfen werden. Die Textkalibrierung erlaubt es anschließend, auch die Aufgabenkonstruktion in die richtige Bahn zu lenken und geeignete Teil- und Zwischenschritte zu konzipieren, die es den Schülerinnen und Schülern ermöglichen, ihre literarische Verstehenskompetenz im Spanischen aufzubauen und zu vertiefen. Damit steht aber noch die Transformation des didaktischen Plans in individuelle Verstehensprozesse aus, die erst in der unterrichtlichen Interaktion diskursiv umgesetzt werden kann (vgl. Tesch i. V.).

Im nun folgenden Abschnitt wenden wir uns einigen Aufgabenbeispielen zum literarischen Textverstehen zu, die von Studierenden in fachdidaktischen Seminaren konzipiert und im realen Unterricht erprobt wurden (vgl. Tesch & Pelchat & Ulloa 2018). Es wurden dabei die in Abschnitt 1 erwähnten Transformationsstrategien umgesetzt.

3. Aufgaben- und Unterrichtsbeispiele

Die Texttransformation mit Hilfe von Standbildern stellt ein mittlerweile etabliertes Verfahren dar, das sich insbesondere für die Arbeit mit längeren Texten eignet (Küppers & Schmidt & Walter 2011; Haas 2015; Hallet & Surkamp 2015; Scheller 2019). Die Standbilder dürfen in ihrer Verstehensleistung nicht unterschätzt werden, denn sie setzen voraus, dass nicht nur die Handlung, sondern auch die individuellen Situationen und Stimmungslagen der Figuren vorher erfasst wurden.

Abb. 3: Standbilder zu *También la lluvia* (Fotos privat)

Die Abbildung zeigt Schülerinnen und Schüler beim Nachspielen ausgewählter Momente des Drehbuchs von Paul Laverty (2010/2015) zum Film *También la lluvia*. Der Oberstufenkurs arbeitete mit Auszügen aus dem Drehbuch. Hier erfolgte also keine eigene sprachliche Produktion, sondern es ging vielmehr darum, das globale Textverstehen eines längeren Textauszugs zu sichern und tiefes Verstehen in Bezug auf inhaltliche und kulturelle Zusammenhänge darstellend zu vermitteln. Die Standbilder greifen die Seiten 69-72 (*Costa y Daniel en el almacén base*) und 163 (*Costa y Belén en la oficina de correos*) des Drehbuchs auf.

Ein völlig anderes Vorgehen wurde bei der Arbeit mit dem Kurztext *La composición* (Skármeta 1998/2018, 115-116) in einer neunten Klasse im zweiten Lernjahr angestrebt: Die Herausforderung lag hier in den geringen Vorkenntnissen der Schülerinnen und Schüler im Spanischen bei gleichzeitig bereits gut ausgeprägtem didaktischem Wissen in zwei anderen Fremdsprachen. Der Arbeitsauftrag lautete, den Text in das Drehbuch für ein Kurzvideo mit Spielfiguren aus Kunststoff zu transformieren. Als vorbereitende Teilaufgabe zur Sicherung des Textverständnisses diente ein zweifaches *text mapping* (vgl. Webster 2019). Die Schüler sollten in einer Farbe alles unterstreichen, was ihnen besonders wichtig und in einer anderen Farbe all das, was ihnen unverständlich erschien. Das didaktische Ziel ist hier, das *text mapping* als Brücke zur Textproduktion einzusetzen: die als wichtig markierten Passagen werden in der Kleingruppe oder in der Dyade zunächst abgestimmt, die als unverständlich markierten so weit wie möglich geklärt. Eine detaillierte Textbearbeitung entfällt wie auch beim obigen Beispiel zu *También la lluvia*. Die Textproduktionen selbst fallen bei dem gegebenen Lernstand rudimentär aus. Sie haben zunächst vor allem einen motivatorischen Wert im Kontext eines handlungsorientierten bzw. aufgabenorientierten Ansatzes. Die Zielaufgabe, einen kleinen Dialog mit Kunststofffiguren zu spielen, motiviert dazu, den Text vorher vertieft zu bearbeiten. Solche ‚Umwege' zum literarischen Textverstehen sind im Fremdsprachenunterricht und vor allem im Tertiärsprachenunterricht auf Grund der oben skizzierten Ausgangslage (Spanisch nach Englisch und Französisch) didaktisch sinnvoll, denn auch in den vor- oder parallelgelernten modernen Fremdsprachen sorgt die lineare Textverarbeitung nicht selten für Ermüdung oder gar Demotivation. Handlungsorientierte Ansätze sind daher für die Literaturvermittlung im Spanischen als Gegenhorizonte zur linearen Textanalyse besonders geeignet.

Eine anders geartete Methode stellt die Hervorbringung eines *texto simplificado* dar. Im Unterschied zur Arbeit mit einem *texto fácil* bzw. *easy reader*, also einem fertigen Verlagsprodukt, das bereits im Hinblick auf ein bestimmtes Lernniveau vereinfacht wurde, besteht das Unterrichtsziel bei diesem Verfahren darin, einen Textauszug tief zu durchdringen, um auf dieser Basis einen aus Lernendensicht vereinfachten Text selbst zu generieren und diesen dann wieder mit dem authentischen Text zu vergleichen. Der didaktische Ansatz beinhaltet also, einen Text zu transformieren, aber diesmal nicht in eine andere Textsorte, sondern in einen scheinbar einfacheren Text. Der Originaltext verschwindet bei diesem Verfahren nicht, sondern wird als Modell erlebt, das bestimmte komplexitätsgenerierende Merkmale enthält, die im Plenum reflektiert werden können. Die Einschätzung als Vereinfachung beruht auf dem rein subjektiven Urteil der Lernenden – manche Vereinfachung kann sich im Nachhinein sogar als komplexitätssteigernd erweisen.

Auch bei diesem Verfahren wird wieder das doppelte *text mapping* eingesetzt. Bei der Bearbeitung eines Auszugs aus Rivas (1996), *La lengua de las mariposas* im fünften Lernjahr, Klassenstufe 12, wurden drei Farben verwendet, um noch zwischen grammatischen und lexikalischen Verstehensschwierigkeiten unterscheiden zu können.

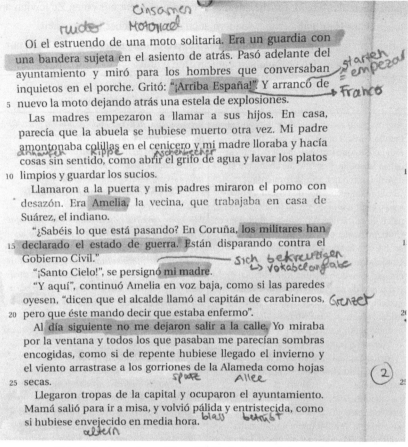

Abb. 4: *Text mapping* zu Rivas (1996), *La lengua de las mariposas*

Die Abbildung zeigt, dass diese Schülerin oder dieser Schüler den Text intensiv kartographierte und zusätzlich noch Notizen zum Vokabular einfügte. Es ist zu erkennen, wie der Arbeitsauftrag bereits ein tiefes Lesen nahelegt, denn im nächsten Schritt muss in der Kleingruppe oder mit einem Partner ermittelt werden, welche Textelemente unverzichtbar erscheinen und welche weggelassen, ersetzt, paraphrasiert oder auf andere Weise vereinfacht werden könnten. Da die Sinnkonstruktion interaktional verhandelt wird, verspricht die Verwendung des

Spanischen als Arbeitssprache auf dieser Lernstufe nicht nur einen Zugewinn an sprachlicher Habitualisierung, sondern auch an sprachlicher Bewusstheit.

Bei dem nun folgenden Beispiel einer Textvereinfachung sieht man, dass nur sehr behutsam in den Originaltext eingegriffen wurde:

Original	Vereinfachter Text (ohne Fehlerkorrektur)
Algo extraño estaba sucediendo. Todo el mundo parecía tener prisa, pero no se movía. Los que miraban hacia delante, se daban la vuelta. Los que miraban para la derecha, giraban hacia la izquierda. Cordeiro, el recogedor de basura y hojas secas, estaba sentado en un banco, cerca del palco de la música. Yo nunca había visto a Cordeiro sentado en un banco. Miró hacia arriba, con la mano de visera. Cuando Cordeiro miraba así y callaban los pájaros, era que se avecinaba una tormenta. Oí el estruendo de una moto solitaria. Era un guardia con una bandera sujeta en el asiento de atrás. Pasó adelante del ayuntamiento y miró para los hombres que conversaban inquietos en el porche. Gritó: "¡Arriba España!". Y arrancó de nuevo la moto dejando atrás una estela de explosiones. Las madres empezaron a llamar a sus hijos. En casa, parecía que la abuela se hubiese muerto otra vez. Mi padre amontonaba colillas en el cenicero y mi madre lloraba y hacía cosas sin sentido, como abrir el grifo de agua y lavar los platos lo limpios y guardar los sucios. Llamaron a la puerta y mis padres miraron el pomo con desazón. Era Amelia, la vecina, que trabajaba en casa de Suárez, el indiano.	*Algo extraño **ocurre**. Todo el mundo parecía tener prisa, pero no se movía. Los que miraban para la derecha, **viraban cara a la izquierda**. Cordeiro, el recogedor de basura y hojas secas, estaba sentado en un banco, cerca del palco de la música. Yo nunca **le** había visto a Cordeiro **sentar** en un banco. Miró para arriba, con la mano **sobre los ojos**. Cuando Cordeiro miraba así y callaban los pájaros, era que **venía** una tormenta. Oí el **ruido** de una moto solitaria. Era un guardia con una bandera sujeta en el asiento de atrás. Pasó adelante del ayuntamiento y miró para los hombres que conversaban inquietos/**en silencio** en el porche. Gritó: "¡Arriba España!" Y **empezó** de nuevo la moto dejando atrás una estela de explosiones. Las madres empezaron a llamar a sus hijos. En casa, parecía que la abuela **muere** otra vez. Mi padre **fumaba mucho** y mi madre lloraba y hacía cosas sin sentido, como abrir el grifo del agua y lavar los platos limpios y guardar los sucios. Llamaron a la puerta y mis padres miraron **el picaporte** con **miedo**. Era Amelia, la vecina, que trabajaba en casa de Suárez, el indiano.*

Häufig zeigt sich eine Tendenz, möglichst wenig am Original zu ändern. Hier wurde die Grammatik – inkorrekt – vereinfacht (z. B. *muere* statt *se hubiese muerto*), Vokabular ersetzt und vereinfacht (*amontonaba colillas en el cenicero*). Interessant ist hier u. a., dass eine offenbar schwierige Vokabel (*pomo*) durch eine andere schwierige (*picaporte*) ersetzt wurde, die aber nicht gleichbedeutend ist. Bei anderen Beispiele wurden von den Lernenden Strukturen mehrfach in Schritten vereinfacht und ersetzt.

Das Spannende sind die Diskussionen in den Kleingruppen über die Frage, ob und, wenn ja, was wie ersetzt, ergänzt oder weggelassen werden soll. Die Lernenden setzen sich auf diese Weise intensiv mit der semantischen und ästhetischen Funktion sprachlicher Mittel auseinander. Das Ganze wiederholt sich zudem nach der Gruppenarbeit beim Vergleich der verschiedenen Textvarianten im Plenum. Das Verfahren ist unbestritten zeitintensiv, fördert im Gegenzug jedoch das oft vernachlässigte tiefe Lesen.

Das folgende Beispiel zeigt eine etwas mutigere Vorgehensweise. Hier wurden ganze Textpassagen zusammengefasst – Fortsetzung des Auszugs (s. o.):

Original	Vereinfachter Text (ohne Fehlerkorrektur)
¿Sabéis lo que está pasando? En Coruña, los militares han declarado el estado de guerra. Están disparando contra el Gobierno Civil." "¡Santo Cielo!", se persignó mi madre. "Y aquí", continuó Amelia en voz baja, como si las paredes oyesen, "dicen que el alcalde llamó al capitán de carabineros, pero que éste mando decir que estaba enfermo". Al día siguiente no me dejaron salir a la calle. Yo miraba por la ventana y todos los que pasaban me parecían sombras encogidas, como si de repente hubiese llegado el invierno y el viento arrastrase a los gorriones de la Alameda como hojas secas. Llegaron tropas de la capital y ocuparon el ayuntamiento. Mamá salió para ir a misa, y volvió pálida y entristecida, como si hubiese envejecido en media hora.	*Algo extraño estaba pasado. (Tudo el mundo parecía como querría hacer las cosas rápidamente, pero no se movía. Todos se daban cuenta que algo horrible podría pasar en breve^{pronto}.) Oí el ruido de un(a) moto(ciclo) de un guardia con una bandera de los nacionales. Pasó por la gente y gritó "¡Arriba España!" .Todos sintieron pánico y no sapieron qué ^{pueden} hacer. Amalia llamó por la puerta. Les contó: "Los militares han declarado el estado de guerra en Coruña y están disparando ^{schießen} contra el Govierno Civil". Además el alcalde obligó al capitán de policía decir que estaba enfermo." Al día siguiente no me dejaron salir a la calle. Llegaron tropas de la capital y ocuparon el ayuntamiento. Mi madre estaba en pánico y dijo que mi padre tenía que quemar los pruebas que era republicano. Yo tenía que mentir que no regaló el traje al maestro.*

Das letzte Beispiel *Instantes* (Borges, *Plural* 1989) illustriert eine Möglichkeit des Umgangs mit einem nicht narrativen literarischen Text.

Si pudiera vivir nuevamente mi vida.
En la próxima trataría de cometer más errores.
No intentaría ser tan perfecto, me relajaría más.
Sería más tonto de lo que he sido,
de hecho tomaría muy pocas cosas con seriedad.

Sería menos higiénico, correría más riesgos.
Haría más viajes, contemplaría más atardeceres,
subiría más montañas, nadaría más ríos.

Iría a más lugares adonde nunca he ido,
comería más helados y menos habas,
tendría más problemas reales y menos imaginarios.
...

Das Gedicht ist recht bekannt und daher auch in Schulbüchern zu finden. Es wurde hier in einem dritten Lernjahr, in einer 10. Klasse mit einer klassischen vorentlastenden *pre-reading*-Aufgabe anstelle eines *text mapping* eingesetzt:

Ejercicio de anticipación:
"Si pudiera vivir nuevamente mi vida..."
¿Cómo podría continuar la frase?

Por ejemplo:
Si pudiera vivir nuevamente mi vida...   haría más deporte.
(Si puedo vivir nuevamente mi vida...   quiero hacer más deporte.)

Darauf folgte bereits die Textvereinfachungsaufgabe:

¿Cómo se puede facilitar el texto?
- parafrasear
- añadir explicaciones
- usar otra palabra en lugar de una palabra difícil
- dejar fuera palabras difíciles
- utilizar un sinónimo/antónimo
- usar palabras de otros idiomas que conocéis
- _____
- _____
- _____

Ejemplo: "Si pudiera vivir nuevamente mi vida."
            → "Si pudiera vivir mi vida otra vez."

Das folgende Lernendenergebnis (ohne Fehlerkorrektur) lässt erkennen, wie versucht wurde, Vokabular zu ersetzen oder hinzuzufügen und schwierige Grammatik zu vereinfachen.

Si pudiera vivir nuevamente mi vida.
Si pudiera vivir mi vida otra vez.
En la próxima trataría de cometer más errores.
vida
No intentaría ser tan perfecto, me relajaría más.
quiero
Sería más tonto de lo que he sido,
Quiero ser como antes
De hecho tomaría muy pocas cosas con seriedad.
hacería
Sería menos higiénico, correría más riesgos. -> risk (englisch)
~~hacería~~
hacer
Haría más viajes, contemplaría más atardeceres.
cuando el sol se va

Auch hier bleibt das Originalgedicht als Referenz bzw. Modell erhalten, aber die Schülerinnen und Schüler lernen, wie oben theoretisch begründet, dass ein Text keine feste Größe sein muss, sondern dass er Anlass sein kann, Paralleltexte bzw. eigene kreative Texte zu erzeugen. Lernende werden dadurch unbemerkt zum Schöpfer eigener Texte, die sie immer wieder mit dem Original vergleichen können. Sie lernen überdies, auch die schöpferische Leistung des Originals zu würdigen, ohne in der submissiven Haltung des Sprachanfängers verharren zu müssen.

Alle vorgestellten Verfahren zeichnen sich durch ein hohes Maß an Kooperation aus. Es werden Sozialformen privilegiert, die Vereinzelung und Motivationskrisen überwinden können.

4. Fazit und Ausblick

Bereits zu Beginn des Beitrags wurde auf zwei Säulen des o. g. interdisziplinären Projekts hingewiesen, nämlich einerseits die Modellierung der Textkomplexität durch die Textsemantik (vgl. Gardt 2012) und andererseits durch eine fachdidaktische Modellierung der didaktischen Textkompetenz. Die Textsemantik wird derzeit im Rahmen einer sprachwissenschaftlichen Dissertation (Dziuk Lameira i. V.) untersucht, die didaktische Textkompetenz in einer fachdidaktischen Dissertation (vgl. Ulloa i. V.). Im Rahmen der fachdidaktischen Dissertation wurden die Gruppengespräche Studierender bei der Erarbeitung von

Textaufgaben für den Unterricht mit Audioaufnahmegeräten aufgezeichnet und ausgewertet. Hiervon sind Erkenntnisse über metakognitive und soziale Prozesse in Hochschulseminaren der ersten Phase und Verbesserungsmöglichkeiten für dieses Seminarkonzept zu erwarten.

In der sprachwissenschaftlichen Dissertation wurden Probandenratings zur Textkomplexität durchgeführt und empirisch ausgewertet. Solche Ratings werden im o. g. Projekt auch im Rahmen von Fortbildungsworkshops der dritten Phase durchgeführt, um für Textsemantik zu sensibilisieren. Die Texte werden anschließend in demselben Workshop von den Ratern in Kleingruppen kalibriert, d. h. ihre Tauglichkeit für bestimmte Lernstufen eingeschätzt und anschließend nach der oben beschriebenen Methode vereinfacht, um die Teilnehmenden mit dem Verfahren der Textvereinfachung vertraut zu machen.

Als Fazit bleibt festzuhalten, dass hier ein praktikabler Ansatz vorliegt, die hochkomplexe aber gleichzeitig ganz elementare didaktische Textkompetenz zukünftiger wie auch aktiver Spanischlehrkräfte aufzubauen und zu trainieren. Auf Lernendenseite zeigt sich die Bedeutung des doppelten *text mappings* für die Textverarbeitung. Hier dürfte es in künftigen empirischen Untersuchungen von besonderem Interesse sein, die verbalen Interaktionen in der Phase des Textvergleichs zu analysieren, um mehr über die Tiefe des Textverstehens bei den Lernenden – auch im Spanischen – zu erfahren.

Literaturverzeichnis
BORGES, Jorge Luís. 1989. „Instantes", in: *Plural*, 4-5 (Urheberschaft ungesichert).
DZIUK LAMEIRA, Katharina. i. V. *Lesen und Verstehen: Komplexitätsprofile spanischer Texte.* Kassel.
GARDT, Andreas. 2012. „Textsemantik. Methoden der Bedeutungserschließung", in: Bär, Jochen & Müller, Marcus. edd. *Geschichte der Sprache und Sprache der Geschichte. Probleme und Perspektiven der historischen Sprachwissenschaft des Deutschen. Oskar Reichmann zum 75. Geburtstag.* Berlin: Akademie-Verlag, 61-82.
HAAS, Gerhard. 2015. *Handlungs- und produktionsorientierter Literaturunterricht: Theorie und Praxis eines "anderen Literaturunterrichtes" für die Primar- und Sekundarstufe.* 11. Auflage. Seelze: Klett & Kallmeyer.
HALL, Maureen & O'HARE, Aminda & SANTAVICCA, Nicholas & FALK JONES, Libby. 2015. „The power of deep reading and mindful literacy: An innovative approach in contemporary education", in: *Innovación Educativa* 15, 1665-2673.
HALLET, Wolfgang & SURKAMP, Carola. edd. 2015. *Handbuch Dramendidaktik und Drama-*

pädagogik im Fremdsprachenunterricht. Trier: WVT.

HENSELER, Roswitha & MÖLLER, Stefan & SURKAMP, Carola. 2011. *Filme im Englischunterricht. Grundlagen, Methoden, Genres*. Seelze: Klett & Kallmeyer.

KEPSER, Matthis. 2010. „Handlungs- und produktionsorientiertes Arbeiten mit (Spiel-)Filmen", in: Kepser, Matthis. ed. *Fächer der schulischen Filmbildung. Mit zahlreichen Vorschlägen für einen handlungs- und produktionsorientierten Unterricht*. München: kopaed, 187-240.

KLOPPERT, Katrin & RONGE, Verena. 2018. „Versuch einer Typologie der Rezeption von Vielschichtigkeit", in: Nickel-Bacon, Irmgard. ed. *Ästhetische Erfahrung. Textseitige Potenziale – rezeptionsseitige Prozesse – didaktische Schlussfolgerungen*. München: kopaed, 133-158.

KMK = SEKRETARIAT DER STÄNDIGEN KONFERENZ DER KULTUSMINISTER DER LÄNDER IN DER BUNDESREPUBLIK DEUTSCHLAND. edd. 2012/2014. *Bildungsstandards für die fortgeführte Fremdsprache (Englisch/Französisch) für die Allgemeine Hochschulreife*. Köln: Wolters Kluwer.

KRENN, Wilfried. 2002. „Wir lesen anders. Überlegungen zur Textkompetenz von Lehrenden", in: Portmann-Tselikas, Paul & Schmölzer-Eibinger, Sabine. edd. *Textkompetenz. Neue Perspektiven für das Lehren und Lernen*. Innsbruck & Wien: Studienverlag, 63-90.

KÜPPERS, Almut & SCHMIDT, Torben & WALTER, Maik. edd. 2011. *Inszenierungen im Fremdsprachenunterricht. Grundlagen, Formen, Perspektiven*. Braunschweig & Bad Heilbrunn: Diesterweg & Klinkhardt.

LAVERTY, Paul. 2010/2015. *También la lluvia. Guión original de Paul Laverty. Spanischer Text mit deutschen Worterklärungen*. Michaela Schwermann. edd. Ditzingen: Reclam.

MEIßNER, Franz-Joseph. 2010. „Grundlagen der Tertiärsprachendidaktik: inferentielles Sprachenlernen", in: Meißner, Franz-Joseph & Tesch, Bernd. edd. *Spanisch kompetenzorientiert unterrichten*. Seelze: Friedrich Verlag, 28-46.

MEIßNER, Franz-Joseph & REINFRIED, Marcus. 1998. *Mehrsprachigkeitsdidaktik. Konzepte, Analysen, Lehrerfahrungen mit romanischen Fremdsprachen*. Tübingen: Narr.

PETTE, Corinna & CHARLTON, Michael. 2002. „Empirisches Beispiel: Differenzielle Strategien des Romanlesens. Formen, Funktionen, und Entstehungsbedingungen", in: Groeben, Norbert & Hurrelmann, Bettina. edd. *Lesekompetenz. Bedingungen, Dimensionen, Funktionen*. Weinheim: Juventa, 195-213.

RIVAS, Manuel. 1996. „La lengua de las mariposas", in: Rivas, Manuel. *¿Qué me quieres, amor?* Übers. Gallego-Español von Dolores Villavedra. Madrid: Alfaguara.

SCHELLER, Ingo. 2019. *Szenische Interpretation. Theorie und Praxis eines handlungs- und erfahrungsbezogenen Literaturunterrichts in der Sekundarstufe I und II*. 5. Auflage. Seelze: Klett & Kallmeyer.

SKÁRMETA, Antonio. 1998/2018. *La composición*. Berlin: Cornelsen

SCHROTT, Angela & TESCH, Bernd. 2018. „Textkomplexität und Textkompetenz im Spanischen – Konzeptwechsel in einer linguistisch-didaktischen Hochschullernumgebung", in Meier, Monique & Ziepprecht, Kathrin & Mayer, Jürgen. edd. *Lehrerausbildung in vernetzten Lernumgebungen*. Münster: Waxmann, 159-170.

TESCH, Bernd & PELCHAT, Linda & ULLOA, Marta. 2018. „Aufgabenorientierung in der sprachdidaktischen Hochschullehre. Ein Projekt zur Förderung der Studierendenautonomie durch Praxisseminare", in: *Fremdsprachen Lehren und Lernen* 47/2, 99-112.

TESCH, Bernd. 2019. „La competencia textual didáctica en la formación docente de lenguas extranjeras", in: Schrott, Angela & Tesch, Bernd. edd. *Competencia textual y complejidad textual. Perspectivas transversales entre didáctica y lingüística*. Berlin: Lang, 15-28.

TESCH, Bernd. i. V.. „Theoretisches und vortheoretisches Wissen im Fremdsprachenunterricht", in: Harant, Martin & Küchler, Uwe & Thomas, Philipp. edd. *Theorien! Horizonte für die Lehrerbildung*. Tübingen: Tübingen University Press.

ULLOA, Marta. i. V. *Die didaktische Textkompetenz im Lehramt Spanisch*. Kassel.

ULLOA, Marta & TESCH, Bernd. 2017. „La competencia textual y mediática en el aula de ELE", in: *Foro ELE* 13, 301-311.

WEBSTER, Jerry. 2019. *Text Mapping – A Technique to Build Skills for Understanding Text*; https://www.thoughtco.com/text-mapping-as-a-strategy-3110468, 10.03.2019.

WOLF, Maryanne & BARZILLAI, Mirit. 2009. „The importance of deep reading", in: *Educational Leadership* 66/6, 32-27.

Verzeichnis der Autorinnen und Autoren

Dr. Agustín Corti ist Assoziierter Professor für Spanische Literatur- und Kulturwissenschaft und Fremdsprachendidaktik an der Universität Salzburg. Zu seinen Forschungsschwerpunkten gehören die Fremdsprachendidaktik der Kultur, Interkulturalität und Transkulturalität, Plurizentrismus der spanischen Sprache aus didaktischer Sicht, Lehrwerkforschung, Biographie und Autobiographie in der visuellen Erzählung sowie Narratologie der Comics.

Dr. Manuela Franke ist wissenschaftliche Mitarbeiterin im Bereich der Fachdidaktik der romanischen Sprachen und Literaturen an der Universität Potsdam. Sie hat Englisch, Spanisch und Französisch auf Lehramt studiert, in spanischer Literaturwissenschaft promoviert und war nach dem Referendariat an verschiedenen Universitäten tätig. Aktuell ist sie wissenschaftliche Mitarbeiterin an der Universität Potsdam. Zu ihren Forschungsschwerpunkten gehören Lehrwerksforschung, Digitalisierung und Lehrerbildung.

Dr. Ute von Kahlden ist Lehrerin für Spanisch, Französisch und Mathematik am Helmholtz-Gymnasium Heidelberg. Sie hat in romanischer Literaturwissenschaft promoviert und gibt an der Universität Heidelberg Seminare zu Fachdidaktik Spanisch, die thematisch mit einem fachwissenschaftlichen Seminar verschränkt sind. Daher ist einer ihrer aktuellen Forschungsschwerpunkte die didaktische Rekonstruktion von literatur-, kultur- und sprachwissenschaftlichen Inhalten. Darüber hinaus beschäftigt sie sich mit individualisierter Kompetenzförderung und dem Sehverstehen.

Dr. Corinna Koch ist Professorin für Romanistische Fachdidaktik an der Westfälischen Wilhelms-Universität Münster. Nach ihrem Lehramtsstudium, ihrer fremdsprachendidaktischen Promotion sowie der Vertretung einer W1-Professur an der Ruhr-Universität Bochum absolvierte sie vor ihrer Juniorprofessur an der Universität Paderborn das Referendariat. Ihre Forschungsschwerpunkte beinhalten derzeit Seh-Lese-Verstehen, Mehrsprachigkeit, Literatureinsatz sowie die kommunikationsorientierte Vermittlung sprachlicher Mittel.

Dr. Eva Leitzke-Ungerer ist Professorin für Didaktik der romanischen Sprachen an der Martin-Luther-Universität Halle-Wittenberg. Nach dem Studium der Anglistik und Romanistik und dem Referendariat war sie an den Universitäten München, Rostock und Göttingen tätig und vollzog dabei auch den Wechsel von der Sprachwissenschaft (Promotion) zur Fremdsprachendidaktik (Habilitation). Zu ihren Forschungsschwerpunkten gehören Film- und Literaturdidaktik, Mehrsprachigkeitsdidaktik, Varietäten des Französischen und Spanischen im Fremdsprachenunterricht, bilingualer Sachfachunterricht sowie szenische Arbeit im Fremdsprachenunterricht.

Julia Peitz ist wissenschaftliche Mitarbeiterin am Institut für Erziehungswissenschaft in der AG Schulpädagogik/Schulforschung an der Johannes Gutenberg-Universität Mainz. Sie hat die Fächer Spanisch und Geographie auf Lehramt studiert und fertigt derzeit ihre Promotion im Bereich der Lehrerbildung in der zweiten Phase an. Ihre Arbeitsschwerpunkte umfassen Schul- und Unterrichtsforschung, Unterrichtsqualität, Lehrerbildung und Professionalisierung in der ersten und zweiten Phase sowie *Peer*beziehungen in schulischen und außerschulischen Kontexten.

C.R. Raffele hat 2018 den Master of Education für die Fächer Spanisch und Geschichte an der Johannes Gutenberg-Universität Mainz abgeschlossen und ist dort seit Juli 2019 wissenschaftlicher Mitarbeiter im Bereich Qualitätsoffensive für Lehrerbildung. Zu seinen aktuellen Forschungs- und Lehrschwerpunkten gehören die Didaktik der spanischen und französischen Sprache und Literatur, digitale Medien im Fremdsprachenunterricht sowie die Bedeutung von Geschlecht im schulischen Kontext im Sinne der *diversity*-Forschung. Überdies begann er 2020 seine Promotion mit dem Arbeitstitel „Text- und Medienkompetenz divers – Geschlecht im romanischen Klassenzimmer".

Dra. Sonia Sánchez Martínez es editora y fundadora de la *Revista de Estudios Filológicos Verbeia* (UCJC) que publicó su Número 0 en abril de 2015. Las principales líneas de investigación y docencia son: la didáctica de la lengua y la literatura, la didáctica de la gramática, la gramática cognitiva y su aplicación en la enseñanza de ELE. Investiga, además, en el campo de la Literatura, la producción dramática de Paloma Pedrero, vida y obra de las escritoras del 27 y la ausencia de las mujeres escritoras en los libros de texto.

Dr. Elena Schäfer ist Lehrerin für Spanisch, Französisch und Englisch an einem Gymnasium in Rheinland-Pfalz. Nach ihrem Lehramtsstudium promovierte sie in der Fremdsprachendidaktik (Französisch/Spanisch) und war als wissenschaftliche Mitarbeiterin am Lehrstuhl für die Didaktik der romanischen Sprachen und Literaturen der Universität Frankfurt a. M. beschäftigt. Im Anschluss daran absolvierte sie ihr Lehramtsreferendariat. Ihre Forschungsschwerpunkte umfassen u. a. Hör-Seh-Verstehen, Lehrwerkforschung, Varietätenkompetenz, digitale Medien sowie den Einsatz von Spielbüchern im Fremdsprachenunterricht.

Dr. Claudia Schlaak vertritt die Professur für Fremdsprachenlehr- und -lernforschung: Didaktik des Französischen und Spanischen an der Universität Kassel. Nach ihrem Lehramtsstudium in den Fächern Französisch, Politische Bildung, Spanisch und DaF/DaZ war sie an den Universitäten Potsdam, Heidelberg, Münster, Mainz und Kassel wissenschaftlich und parallel als Lehrkraft an verschiedenen Schulen tätig. Zu ihren Forschungsschwerpunkten gehören derzeit Mehrsprachigkeitsdidaktik, Inklusion im Fremdsprachenunterricht, Digitalisierung und Kreativität im fremdsprachlichen Literaturunterricht. Darüber hinaus wurde 2019 ihr Habilitationsverfahren an der Johannes Gutenberg-Universität Mainz eröffnet.

Frank Schöpp ist Akademischer Oberrat für die Didaktik der romanischen Sprachen am Neuphilologischen Institut der Julius-Maximilians-Universität Würzburg. Nach dem Studium der Romanischen Philologie und der Vergleichenden Sprachwissenschaft mit dem Abschluss als Magister Artium sowie dem Lehramtsstudium der Fächer Französisch und Italienisch an den Universitäten Mainz und Lausanne absolvierte er das Referendariat in Frankfurt a. M. Auf eine mehrjährige Tätigkeit im hessischen Schuldienst mit einer Teilabordnung an die Universität Marburg folgte der Wechsel nach Würzburg, wo er neben fachdidaktischen Lehrveranstaltungen auch Kurse in der italienischen und spanischen Sprachpraxis anbietet. Seine Arbeitsschwerpunkte liegen in der Literatur- und der Mehrsprachigkeitsdidaktik.

Dr. Bernd Tesch ist Professor für die Romanistische Fachdidaktik an der Eberhard Karls Universität Tübingen. Er unterrichtete Französisch, Spanisch und Geschichte an Schulen im In- und Ausland, promovierte in Fachdidaktik der romanischen Sprachen an der Freien Universität Berlin, arbeitete als Projektkoordinator am Institut zur Qualitätsentwicklung im Bildungswesen (IQB) an der Humboldt-Universität zu Berlin und als W2-Professor für die Didaktik der romanischen Sprachen in Kassel, bevor er 2018 auf eine W3-Professur nach Tübingen wechselte. Sein Arbeitsschwerpunkt ist die Rekonstruktive Fremdsprachenforschung.

Dr. Sylvia Thiele ist Professorin für Fachdidaktik der romanischen Sprachen und Literaturen an der Johannes Gutenberg-Universität in Mainz. Sie hat Französisch, Italienisch und Spanisch auf Lehramt studiert, in allgemeiner romanischer Sprachwissenschaft promoviert und war nach dem Referendariat im Schuldienst sowie an der Westfälischen Wilhelms-Universität Münster tätig. Zu ihren Forschungsschwerpunkten gehören die Mehrsprachigkeit, bilingualer Unterricht (Französisch und Sport/Musik/Darstellendes Spiel), Grammatikographie, Fachsprachen, Sprachtypologie und Dolomitenladinisch.

Dr. Victoria del Valle Luque ist Juniorprofessorin für Didaktik des Französischen und des Spanischen an der Universität Paderborn. Nach dem Studium der Kunstgeschichte und des Französischen und Spanischen auf Lehramt an der Ruhr-Universität Bochum, beendete sie ihre Promotion an der Leibniz-Universität Hannover. Den Vorbereitungsdienst für das Lehramt am Gymnasium absolvierte sie in Niedersachsen. Ihre Forschungsschwerpunkte liegen in der kommunikations-, kreativitäts- und gegenstandsorientierten Literaturdidaktik, im Einsatz hybrider und popkultureller literar-ästhetischer Texte und im performativen, theaterpädagogischen Fremdsprachenunterricht.

Romanische Sprachen und ihre Didaktik (RomSD)

Herausgegeben von Michael Frings, Andre Klump & Sylvia Thiele

ISSN 1862-2909

1 Michael Frings und Andre Klump (edd.)
Romanische Sprachen in Europa. Eine Tradition mit Zukunft?
ISBN 978-3-89821-618-0

2 Michael Frings
Mehrsprachigkeit und Romanische Sprachwissenschaft an Gymnasien?
Eine Studie zum modernen Französisch-, Italienisch- und Spanischunterricht
ISBN 978-3-89821-652-4

3 Jochen Willwer
Die europäische Charta der Regional- und Minderheitensprachen in der Sprachpolitik Frankreichs und der Schweiz
ISBN 978-3-89821-667-8

4 Michael Frings (ed.)
Sprachwissenschaftliche Projekte für den Französisch- und Spanischunterricht
ISBN 978-3-89821-651-7

5 Johannes Kramer
Lateinisch-romanische Wortgeschichten
Herausgegeben von Michael Frings als Festgabe für Johannes Kramer zum 60. Geburtstag
ISBN 978-3-89821-660-9

6 Judith Dauster
Früher Fremdsprachenunterricht Französisch
Möglichkeiten und Grenzen der Analyse von Lerneräußerungen und Lehr-Lern-Interaktion
ISBN 978-3-89821-744-6

7 Heide Schrader
Medien im Französisch- und Spanischunterricht
ISBN 978-3-89821-772-9

8 Andre Klump
„Trajectoires du changement linguistique"
Zum Phänomen der Grammatikalisierung im Französischen
ISBN 978-3-89821-771-2

9 Alfred Toth
Historische Lautlehre der Mundarten von La Plié da Fodom (Pieve di Livinallongo, Buchenstein) und Col (Colle Santa Lucia), Provincia di Belluno unter Berücksichtigung der Mundarten von Laste, Rocca Piétore, Selva di Cadore und Alleghe
ISBN 978-3-89821-767-5

10 Bettina Bosold-DasGupta und Andre Klump (edd.)
Romanistik in Schule und Universität
Akten des Diskussionsforums „Romanistik und Lehrerausbildung: Zur Ausrichtung und Gewichtung von Didaktik und Fachwissenschaften in den Lehramtsstudiengängen Französisch, Italienisch und Spanisch" an der Johannes Gutenberg-Universität Mainz (28. Oktober 2006)
ISBN 978-3-89821-802-3

11 Dante Alighieri
De vulgari eloquentia
mit der italienischen Übersetzung von Gian Giorgio Trissino (1529)
Deutsche Übersetzung von Michael Frings und Johannes Kramer
ISBN 978-3-89821-710-1

12 Stefanie Goldschmitt
Französische Modalverben in deontischem und epistemischem Gebrauch
ISBN 978-3-89821-826-9

13 Maria Iliescu
Pan- und Raetoromanica
Von Lissabon bis Bukarest, von Disentis bis Udine
ISBN 978-3-89821-765-1

14 Christiane Fäcke, Walburga Hülk und Franz-Josef Klein (edd.)
Multiethnizität, Migration und Mehrsprachigkeit
Festschrift zum 65. Geburtstag von Adelheid Schumann
ISBN 978-3-89821-848-1

15 Dan Munteanu Colán
La posición del catalán en la Romania según su léxico latino patrimonial
ISBN 978-3-89821-854-2

16 Johannes Kramer
Italienische Ortsnamen in Südtirol. La toponomastica italiana dell'Alto Adige
Geschichte – Sprache – Namenpolitik. Storia – lingua – onomastica politica
ISBN 978-3-89821-858-0

17 Michael Frings und Eva Vetter (edd.)
Mehrsprachigkeit als Schlüsselkompetenz: Theorie und Praxis in Lehr- und Lernkontexten
Akten zur gleichnamigen Sektion des XXX. Deutschen Romanistentages an der Universität Wien (23.-27. September 2007)
ISBN 978-3-89821-856-6

18 Dieter Gerstmann
Bibliographie Französisch: Autoren
Zweite erweiterte und aktualisierte Auflage
ISBN 978-3-8382-1322-4

19 Serge Vanvolsem e Laura Lepschy
Nell'Officina del Dizionario
Atti del Convegno Internazionale organizzato dall'Istituto Italiano di Cultura Lussemburgo, 10 giugno 2006
ISBN 978-3-89821-921-1

20 Sandra Maria Meier
„È bella, la vita!"
Pragmatische Funktionen segmentierter Sätze im *italiano parlato*
ISBN 978-3-89821-935-8

21 Daniel Reimann
Italienischunterricht im 21. Jahrhundert
Aspekte der Fachdidaktik Italienisch
ISBN 978-3-89821-942-6

22 Manfred Overmann
Histoire et abécédaire pédagogique du Québec avec des modules multimédia prêts à l'emploi
Préface de Ingo Kolboom
ISBN 978-3-89821-966-2 (Paperback)
ISBN 978-3-89821-968-6 (Hardcover)

23 Constanze Weth
Mehrsprachige Schriftpraktiken in Frankreich
Eine ethnographische und linguistische Untersuchung zum Umgang mehrsprachiger Grundschüler mit Schrift
ISBN 978-3-89821-969-3

24 Sabine Klaeger und Britta Thörle (edd.)
Sprache(n), Identität, Gesellschaft
Eine Festschrift für Christine Bierbach
ISBN 978-3-89821-904-4

25 Eva Leitzke-Ungerer (ed.)
Film im Fremdsprachenunterricht
Literarische Stoffe, interkulturelle Ziele, mediale Wirkung
ISBN 978-3-89821-925-9

26 Raúl Sánchez Prieto
El presente y futuro en español y alemán
ISBN 978-3-8382-0068-2

27 Dagmar Abendroth-Timmer, Christiane Fäcke, Lutz Küster und Christian Minuth (edd.)
Normen und Normverletzungen
Aktuelle Diskurse der Fachdidaktik Französisch
ISBN 978-3-8382-0084-2

28 Georgia Veldre-Gerner und Sylvia Thiele (edd.)
Sprachvergleich und Sprachdidaktik
ISBN 978-3-8382-0031-6

29 Michael Frings und Eva Leitzke-Ungerer (edd.)
Authentizität im Unterricht romanischer Sprachen
ISBN 978-3-8382-0095-8

30 Gerda Videsott
Mehrsprachigkeit aus neurolinguistischer Sicht
Eine empirische Untersuchung zur Sprachverarbeitung viersprachiger Probanden
ISBN 978-3-8382-0165-8 (Paperback)
ISBN 978-3-8382-0166-5 (Hardcover)

31 Jürgen Storost
Nicolas Hyacinthe Paradis (de Tavannes) (1733 - 1785)
Professeur en Langue et Belles-Lettres Françoises, Journalist und Aufklärer
Ein französisch-deutsches Lebensbild im 18. Jahrhundert
ISBN 978-3-8382-0249-5

32 Christina Reissner (ed.)
Romanische Mehrsprachigkeit und Interkomprehension in Europa
ISBN 978-3-8382-0072-9

33 Johannes Klare
Französische Sprachgeschichte
ISBN 978-3-8382-0272-3

34 Daniel Reimann (ed.)
Kulturwissenschaften und Fachdidaktik
Französisch
ISBN 978-3-8382-0282-2

35 Claudia Frevel, Franz-Josef Klein und Carolin Patzelt (edd.)
Gli uomini si legano per la lingua
Festschrift für Werner Forner zum 65. Geburtstag
ISBN 978-3-8382-0097-2

36 Andrea Seilheimer
Das grammatikographische Werk Jean Saulniers
Französischsprachige Terminologie und Sprachbetrachtung in der *Introduction en la langue espagnolle* (1608) und der *Nouvelle Grammaire italienne et espagnole* (1624)
ISBN 978-3-8382-0364-5

37 Angela Wipperfürth
Modeterminologie des 19. Jahrhunderts in den romanischen Sprachen
Eine Auswertung französischer, italienischer, spanischer und portugiesischer Zeitschriften
ISBN 978-3-8382-0371-3

38 Raúl Sánchez Prieto und M.ª Mar Soliño Pazó (edd.)
Contrastivica I
Aktuelle Studien zur Kontrastiven Linguistik Deutsch-Spanisch-Portugiesisch I
ISBN 978-3-8382-0328-7

39 Nely Iglesias Iglesias (ed.)
Contrastivica II
Aktuelle Studien zur Kontrastiven Linguistik Deutsch-Spanisch-Portugiesisch II
ISBN 978-3-8382-0398-0

40 Eva Leitzke-Ungerer, Gabriele Blell und Ursula Vences (edd.)
English-Español: Vernetzung im kompetenzorientierten Spanischunterricht
ISBN 978-3-8382-0305-8

41 Marie-Luise Volgger
Das multilinguale Selbst im Fremdsprachenunterricht
Zur Mehrsprachigkeitsbewusstheit lebensweltlich mehrsprachiger Französischlerner(innen)
ISBN 978-3-8382-0449-9

42 Jens Metz
Morphologie und Semantik des Konjunktivs im Lateinischen und Spanischen
Eine vergleichende Analyse auf der Grundlage eines Literaturberichts
ISBN 978-3-8382-0484-0

43 Manuela Franke und Frank Schöpp (edd.)
Auf dem Weg zu kompetenten Schülerinnen und Schülern
Theorie und Praxis eines kompetenzorientierten Fremdsprachenunterrichts im Dialog
ISBN 978-3-8382-0487-1

44 Bianca Hillen, Silke Jansen und Andre Klump (edd.)
Variatio verborum: Strukturen, Innovationen und Entwicklungen im Wortschatz romanischer Sprachen
Festschrift für Bruno Staib zum 65. Geburtstag
ISBN 978-3-8382-0509-0

45 Sandra Herling und Carolin Patzelt (edd.)
Weltsprache Spanisch
Variation, Soziolinguistik und geographische Verbreitung des Spanischen
Handbuch für das Studium der Hispanistik
ISBN 978-3-89821-972-3

46 Aline Willems
Französischlehrwerke im Deutschland des 19. Jahrhunderts
Eine Analyse aus sprachwissenschaftlicher, fachdidaktischer
und kulturhistorischer Perspektive
ISBN 978-3-8382-0501-4 (Paperback)
ISBN 978-3-8382-0561-8 (Hardcover)

47 Eva Leitzke-Ungerer und Christiane Neveling (edd.)
Intermedialität im Französischunterricht
Grundlagen und Anwendungsvielfalt
ISBN 978-3-8382-0445-1

48 Manfred Prinz (ed.)
Rap RoMania: Jugendkulturen und Fremdsprachenunterricht
Band 1: Spanisch/Französisch
ISBN 978-3-8382-0431-4

49 Karoline Henriette Heyder
Varietale Mehrsprachigkeit
Konzeptionelle Grundlagen, empirische Ergebnisse aus der Suisse romande und didaktische Implikationen
ISBN 978-3-8382-0618-9

50 Daniel Reimann
Transkulturelle kommunikative
Kompetenz in den romanischen
Sprachen
Theorie und Praxis eines neokommunikativen
und kulturell bildenden Französisch-, Spanisch-,
Italienisch- und Portugiesischunterrichts
ISBN 978-3-8382-0362-1 (Paperback)
ISBN 978-3-8382-0363-8 (Hardcover)

51 Beate Valadez Vazquez
Ausprägung beruflicher
Identitätsprozesse von
Fremdsprachenlehrenden am Beispiel
der beruflichen Entwicklung von
(angehenden) Spanischlehrerinnen und
Spanischlehrern
Eine qualitative Untersuchung
ISBN 978-3-8382-0635-6

52 Georgia Veldre-Gerner und Sylvia
Thiele (edd.)
Sprachen und Normen im Wandel
ISBN 978-3-8382-0461-1

53 Stefan Barme
Einführung in das Altspanische
ISBN 978-3-8382-0683-7

54 María José García Folgado und
Carsten Sinner (edd.)
Lingüística y cuestiones gramaticales
en la didáctica de las lenguas
iberorrománicas
ISBN 978-3-8382-0761-2

55 Claudia Schlaak
Fremdsprachendidaktik und
Inklusionspädagogik
Herausforderungen im Kontext von Migration
und Mehrsprachigkeit
ISBN 978-3-8382-0896-1

56 Christiane Fäcke (ed.)
Selbstständiges Lernen im
lehrwerkbasierten
Französischunterricht
ISBN 978-3-8382-0918-0

57 Christina Ossenkop und Georgia
Veldre-Gerner (edd.)
Zwischen den Texten
Die Übersetzung an der Schnittstelle von
Sprach- und Kulturwissenschaft
ISBN 978-3-8382-0931-9

58 Stéphane Hardy, Sandra Herling und
Sonja Sälzer (edd.)
Innovatio et traditio – Renaissance(n)
in der Romania
Festschrift für Franz-Josef Klein zum 65.
Geburtstag
ISBN 978-3-8382-0841-1

59 Victoria del Valle und Corinna Koch
(edd.)
Romanistische Grenzgänge: Gender,
Didaktik, Literatur, Sprache
Festschrift zur Emeritierung von Lieselotte
Steinbrügge
ISBN 978-3-8382-1040-7

60 Corinna Koch
Texte und Medien in
Fremdsprachenunterricht und Alltag
Eine empirische Bestandsaufnahme per
Fragebogen mit einem Schwerpunkt auf Comics
ISBN 978-3-8382-0873-2

61 Eva Leitzke-Ungerer und Claudia
Polzin-Haumann (edd.)
Varietäten des Spanischen im
Fremdsprachenunterricht
Ihre Rolle in Schule, Hochschule, Lehrerbildung
und Sprachenzertifikaten
ISBN 978-3-8382-0865-7

62 Claudia Schlaak und Sylvia Thiele
(edd.)
Migration, Mehrsprachigkeit und
Inklusion
Strategien für den schulischen Unterricht und
die Hochschullehre
ISBN 978-3-8382-1119-0

63 Vera Knoll
Elternarbeit und Französischunterricht
- eine quantitative Untersuchung zu
Elternarbeit und
Fremdsprachenunterricht an
Gymnasien
ISBN 978-3-8382-1129-9

64 Dieter Gerstmann
Exercices de nominalisation – Übungen
zur Nominalisierung
ISBN 978-3-8382-1152-7

65 Christine Michler
Lehrwerke für den Unterricht der
romanischen Schulsprachen
Begutachtung ausgewählter
Untersuchungsfelder
ISBN 978-3-8382-1145-9

66 Frank Jodl
Fremdsprachenunterricht und
Linguistik-Studium:
'Wozu brauchen wir das eigentlich?'
Eine Orientierungshilfe für
sprachübergreifendes Lehren auf
kontrastiver Basis
ISBN 978-3-8382-0908-1

67 Aline Willems, Sylvia Thiele und
Johannes Kramer (edd.)
Schulische Mehrsprachigkeit in
traditionell polyglotten Gesellschaften
ISBN 978-3-8382-1292-0

68 Marietta Calderón und Sandra Herling
(edd.)
Namenmoden syn- und diachron
ISBN 978-3-8382-0790-2

69 Regina Schleicher und Giselle Zenga
(edd.)
Autonomie, Bildung und Ökonomie
Theorie und Praxis im Fremdsprachenunterricht
ISBN 978-3-8382-0969-2

70 Christoph Gabriel, Jonas Grünke &
Sylvia Thiele (edd.)
Romanische Sprachen in ihrer Vielfalt
Brückenschläge zwischen linguistischer
Theoriebildung und Fremdsprachenunterricht
ISBN 978-3-8382-1289-0

71 Christophe Losfeld (ed.)
A la croisée des chemins ...
Wege einer fachübergreifenden
Fremdsprachendidaktik
Festschrift für Eva Leitzke-Ungerer zum
65. Geburtstag
ISBN 978-3-8382-1405-4

72 Corinna Koch, Claudia Schlaak und
Sylvia Thiele (edd.)
Zwischen Kreativität und literarischer
Tradition
Zum Potential von literarischen Texten in einem
kompetenzorientierten Spanischunterricht
ISBN 978-3-8382-1283-8

ibidem.eu